在22岁 等你

黄启友　著

山东大学出版社
·济南·

图书在版编目（CIP）数据

在 22 岁 等你/黄启友著．—济南：山东大学出版社，2021.6

ISBN 978-7-5607-7011-6

Ⅰ.①在…　Ⅱ.①黄…　Ⅲ.①智商－青少年教育－家庭教育②情商－青少年教育－家庭教育　Ⅳ.①G782

中国版本图书馆 CIP 数据核字（2021）第 110688 号

策划编辑　陈一家
责任编辑　张韶明
文案编辑　刘晓燕
封面设计　李立峰

出版发行　山东大学出版社
社　　址　山东省济南市山大南路 20 号
邮政编码　250100
发行热线　(0531)88363008
经　　销　新华书店
印　　刷　济南华林彩印有限公司
规　　格　787 毫米×1092 毫米　1/16
　　　　　22 印张　256 千字
版　　次　2021 年 6 月第 1 版
印　　次　2021 年 6 月第 1 次印刷
定　　价　118.00 元

序

前些日子，一位老友送来《在22岁 等你》书稿，让我为此书作序。一看到书稿，就被书的名字所吸引。《在22岁 等你》给予我充足的想象空间，联想到自己陪孩子成长的经历和家长们对孩子的美好期盼，让我即刻翻阅书中内容。

一般情况下，孩子在22岁时已是大学毕业的年龄，大多已经或开始走向社会，家长陪跑的任务基本完成。每位尽责的父母都有教育孩子的丰富经历或经验，但能够将培养孩子的经历和经验用文字总结得如此详尽的人并不多见。作者一定是位尽职并用心思考的人。

从书中目录可以看出，所述内容涵盖广、理念新、视角独到，有让人耳目一新的感觉。该书语言平实、通俗易懂，提出了学以致学、学于无形的治学理念，建立了“认识、思路、方法、结果”和“前后、左右、上下、内外”的认知体系，提出了凡事皆背景、凡事皆条件、凡事皆方法、凡事皆规律和不盲听、不盲信、不盲从的思维方式，界定了智商和情商的概念内涵和培育路径，同时介绍了学习方法、考试方法、面试方法和工作方法等，实为一部教育管理著作。

孩子培养与教育问题是社会和家庭的痛点和难点，许多家长未能全面了解孩子成长过程不同阶段的需求，缺乏与孩子的有效沟通交流，导致部分孩子出现这样那样的问题。此书对有效帮助孩子建立正确的“三观”，培育孩子健全的人格和健康的心理，甚至对大人学习、工作和生活等诸方面，会提供有益的参考和帮助，值得一读。

陈志华

2021 年 6 月

前　言

多年以来，蒙父母教导养育之恩，受孩子全面发展之荣，亲人和朋友常邀我帮助教育孩子。个人认为，教育是高水准、高境界、最神圣的事情，自己何德何能敢称“教育孩子”呢！一直以来，窃以为人是平等的，孩子有独立的人格，不是父母的私有财产。如果自己不能教育好自己，未能为社会作出一定的贡献，达不到被社会认可的程度，又有何资格敢称“教育”他人。

个人认为，与孩子相处20多年，为孩子的付出充其量是“培养”，“培育”之“培”，“养育”之“养”，非“教育”也，实为与孩子共处，尽家长之责，与孩子一起成长，从中学到很多知识，实现自我提高，内心深处对孩子存有感谢之意。近几年来，身边亲人朋友问及培养孩子的方法，加之一些年轻人求学习、工作、生活之道术，建议公布培养孩子和对生活工作的认识、思路和方法。今日，终于鼓足勇气与大家分享，但求对朋友和亲人们有点滴的启发和帮助。

12岁时，我从农村考入县重点中学。开学之时，母亲拉着我的手告诉两句话，要求铭记在心！母亲说的第一句话：出门千万别丢老家人！第二句话：能帮人就帮人，千万别踩人！当时年龄尚小，只明白第一句话的意思是好好学习，在学习成绩方面不给家人丢脸。第二句话的意思是助人为乐，善待同学。现在来看，母亲的两句话

包含着丰富的人生哲理，体现着深邃的人格魅力。

个人认为，“不丢老家人”，从小处讲，要求我们好好学习、努力工作，做好人、做好事，不给老人、亲人丢脸，同时也给自己争口气。从中处讲，要为家庭家族争光，让父母亲人以自己为荣，让左邻右舍以自己为傲，对得起养育自己的一方水土。从大处讲，就是“爱国主义”。试想，我们离开养育我们的国家，祖国也就成为“老家”，这是母亲的家国情怀啊！人要有家国情怀，这是人生的要求和境界！“能帮人就帮人，千万别踩人。”这句话包含朴素的善良，与人为善，做人之根本。但凡人世间正能量的事情，善良都是其基础。这句话告诉我们：要学会换位思考，要具有长远眼光。人生活在世界上都不容易，多从别人的角度考虑问题，不到万不得已，不要与他人计较。

要把社会与他人对自己的不公平、曲折与坎坷和承受的委屈与痛苦，当作人生的磨砺，以求提高自我思想境界和综合能力，把困难当成获得人生成功的最好礼物。帮人与踩人，这里的“人”是身边人。母亲这句话具有辩证道理和团队意识。人一辈子都在和身边人或者遇到的人打交道，善待身边人，就是要有团队意识，身边人是最可能帮助我们的人。人来源于团队，依靠于团队，没有团队精神，事业必受损害。当然，身边人也是最可能损害自己的人，处理不好与身边人的关系，也难以获得个人成功！

参加工作20多年，父亲常说：“这一辈子，在与人的交往中宁愿吃亏，吃亏会带来福报。”刚听到这句话的时候，内心也偶尔产生过对父亲的不屑，感觉父亲在能力方面存在问题，不知道“吃一堑长一智”的道理，缺少风险意识和自我保护能力，甚至过于“实在”。但随着时间的推移，越来越感到父亲的善良与伟大，坚持做“好人”，一辈子做“好人”，难能可贵！越来越感到自己的无知和渺小！父母从没有把别人看得那么坏，与人交往不设防，宁愿自己在金钱和物质上吃亏，甚至把吃亏当作福报的基础。被一些人欺骗多少次、多少年，依然坚持做人的底线，善待交往的每一个人，真是难能可贵啊！父亲可能把人生看透，虽然经历了艰辛岁月，受尽人间疾苦，但依然享受生活的阳光，坚守内心那片善良的净土！

而今，两位老人离我而去已多年，谆谆教诲在我心里烙下深深印记。老人的善良、质朴、吃苦、向上等优秀品质，成为我学习、工作和生活的准则，传递正能量成为我人生践行的目标和要求。每每想起老人的话语，仿佛就在昨日，老人的教导让子孙受益良多，给予我们祥和的生活，但在幸福之余总有一种自责在心头，诸多方面与老人教导和期待存有较大差距，只有努力、努力、再努力，以不负老人！

人生最大的意义在于传承，从生物学角度讲是物种的传承。试想，一个国家综合国力再强大、经济科技再发达，如果国民不再生育，这个国家还敢称“强大”吗？从社会学角度讲，人生的意义在于文化的传承！包括思想的传承、精神的传承、家风的传承和民族优秀文化的传承。我们国家历来重视对下一代的培养和教育，如果家长能够明白这个道理，清楚自身承担的责任，就不会放松对下代人的教育和培养。那么，我们的社会也会变得更加和谐，国家也会更加强大！

个人认为，教育促进文化传承，是传承之基石。教育可分为家庭教育、学校教育、社会教育和自我教育。前三个方面的教育是从孩子成长历程来讲的，从家庭、学校、走向社会，一直受环境所影响。个人认为，自我教育在上述四种教育中起关键作用。

比如，有的人虽然从小没有父母，虽然缺失家庭教育，但最后成为了不起的人物，这样的人一定是自我教育的高手，听到别人说的话、做的事，能够从中学到道理和知识，见贤思齐汲取正能量，不断指导自己走向成功。有的人虽然接受良好的家庭和学校教育，但由于自我教育能力太差，也可能会走向邪路！大家明白人学好不容易、学坏太简单的道理，从同一家庭走出来的孩子，同一父母、同样的学校教育或者在同一个单位工作，做人做事的差距也会相当大！所以说，在家庭、学校、社会教育同样的情况下，自我教育对一个人的“成功”（包括做人与做事）与否起着决定作用。但就一个人的四种教育来看，家庭教育对社会来讲是最重要的，如果家庭在教育孩子方面不负责任，又何谈学校教育和社会教育呢？

人生是一部管理学，更是一门艺术。人生在世无时无刻不与管理打交道。人在社会中，应管理好自己，不应总想着管理别人，应思考与人打交道时如何影响他人，形成行动自觉，一起传递人生正能量。影响是无形的手，能够产生巨大的能量。这个世界上，没有几人愿意被别人管理！对待孩子不应总想着让孩子听家长的，更不要认为“听话”的孩子就是好孩子。任何事情都具有两面性，如果说中华民族是个“顺从”的民族，这个说法肯定是不对的！我们应严格要求并积极提高自己，为孩子树立学习、工作、生活的榜样，共同为孩子营造良好的环境，影响孩子自发地去改变和提高自己，这是家庭教育的基本要求。

正人先正己，言传身教就是这个道理。我们的一言一行、说话做事要有基础和依据。在孩子面前，没有基础的话不说，没有依据的事不做。在日常生活中应注意培养孩子的依据意识。比如，为什么这样说话，这样说话想达到什么目的？为什么这样做事，这样做事是否符合做人做事的道理和伦理要求？应常思常悟，如何才能更好地影响孩子，怎样才能真正获得属于家长的那份尊重。

曾有人问，如何才能幸福？个人认为，拥有正确的世界观、人生观、价值观，“三观”正确才会获得真正的幸福。否则，不管你身居高位还是腰缠万贯，有权有势所带来的所谓“幸福”，都只能是暂时的，也可能是虚假的浮华，没有正能量的花朵，不会结出幸福的果实。有什么样的“三观”，决定做什么样的人。当下之人大多迫于生活的压力，工作的脚步总是停不下来，一味地追求挣钱养家，让孩子过上所谓的“好日子”，却不在意孩子是否喜欢和接受。一些家长喜欢为孩子做好人生设计，习惯于将自己的想法强加给孩子，甚至将自己没有完成的梦想强压给孩子，却不关心孩子是否乐意，无形中给孩子戴上思想枷锁！有的人一直处于想要得到结果的焦虑或忙碌状态，却忘了欣赏身边或过程中的美丽景色。人生像一次旅程，我们不可忘记欣赏旅途的美景。人生虽短，但经常会遇到诱惑和挑战。曾有人问我，怎样生活才不会迷茫？我的回答是：在你去世后，想得到后人对你怎样的评价。根据身后评价审视一生所为，能否得到想要的结果。

我才疏学浅，非教育工作者，亦不是教育管理者，所从事的工作与教育行业没有交集，随意而写粗陋文章，内容大多是浅尝辄止。经不住友人再三要求，也只好听其劝告，遂其心愿，意欲整理成书。本书名字为《在 22 岁 等你》，共分三个部分。第一部分：培养孩子的基本原则。第二部分：培养孩子的理论和方法（分为四个阶段：婴幼儿期 0～6 岁、童年期 6～12 岁、少年期 12～18 岁、青年期 18～22 岁）。第三部分：结束语。本书近 30 万字，包括学习方法、考试方法、面试方法、工作方法和人生感

悟。大家可以根据自己的喜好和需要，选择性翻看。如果能够给予丝毫的帮助，传递点滴社会正能量，达到与大家分享的初衷，将是我莫大的荣幸！

在此，对山东大学博士生导师陈志军教授在百忙之中为本书作序，并给予本书较高的评价，我深表感谢！陈志军教授作序对我个人和本书来讲，更是至上的荣光！

黄启友

2021 年 6 月

目 录

目录

目
录

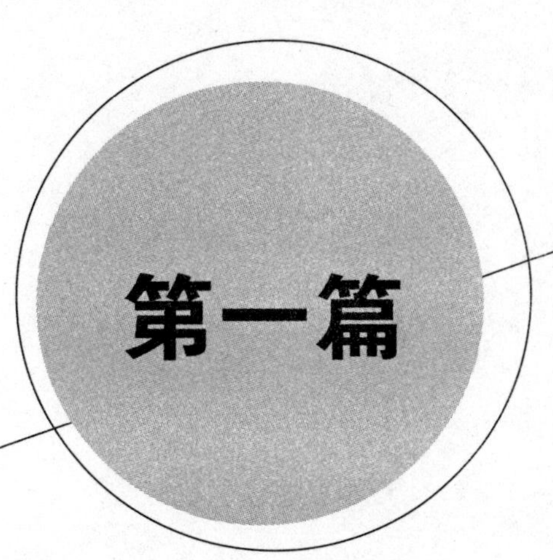

第一篇

培养孩子的基本原则

凡事预则立，不预则废。不论是立和废，都离不开原则。原则是理论与实务的交集，理论在前实务在后，寓意着原则在理论之中（后半部分），理论是原则的基础，原则来源于理论。同时，原则又是实务的一部分，给实务提供方向和指引（前半部分），学习、生活和工作均具有所应遵循的原则。

一、尊重用心

（一）尊重孩子的原因

主要基于以下几点考虑：一是孩子具有独立的人格，享有法律赋予的权利，享受法律保护，不容任何人侵犯和侵害！孩子是家庭的希望、祖国的未来，是父母生命的延续，不是父母的私有财产。应不断完善对孩子的保护机制，一个不重视保护孩子权益的国家和民族是没有希望的。二是人与人之间的交往，尊重是最基础的事情。包括尊重父母、尊重老师、尊重领导、尊重同事、尊重朋友、尊重下级，等等。一个不尊重他人的人是没有教养和涵养的，当然，也不会得到他人和社会的尊重。三是尊重孩子可以培养孩子良好的意识和习惯。父母尊重孩子，孩子在与他人交往时也会自觉地尊重他人。尊重他人会为孩子立足社会、融入社会、为社会作贡献奠定良好基础。四是如果社会尊重孩子的意识浓厚，遗弃孩子、漠视孩子、不关心孩子、打骂孩子的问题会大大减少，我们的家庭会更加幸福，社会将更加和谐！

（二）如何做到尊重孩子

1. 思想认识要到位

尊重孩子的人格、想法、做法，了解孩子的优缺点和个性特点，与孩子保持平等身份。

2. 具体行为上要到位

尊重孩子不是被动的。孩子在成长期间，他（她）的一些想法和行为可能是无意识的，不可因为尊重孩子就什么事情都顺着孩子。当然，这里需要家长的观察和鉴别能力。在与孩子共同成长过程中，做家长的不可简单粗暴地纠正其问题或呵斥、教训孩子，应考虑孩子的年龄、阅历、习惯、特点、基础等因素。孩子犯了错，要耐心讲道理，讲危害，让孩子体会到关心和关爱，与孩子形成良好互动，让孩子体会和体谅家长的良苦用心。

3. 和孩子交朋友

这句话在社会上比较流行，和孩子交朋友可以帮助建立良好的父子（女）与母子（女）关系。那么，如何和孩子交朋友呢？个人认为，应掌握好分寸，毕竟家长和孩子不是一般性的朋友关系。与好朋友可以无话不谈，朋友熟悉了什么话都可以讲，可以海阔天空，可以不讲究方式方法，甚至说错了也无所谓。但与孩子交往时不可太随便，言谈举止应得当。因为，家长负有为孩子当老师、做榜样、正向影响孩子的义务和责任。尤其是在孩子缺乏鉴别能力的时候，家长应多用正面事例教育和引导孩子。即使孩子长大成人，有些话也不可随便讲。比如，成年人之间的私密话语不可以与孩子分享。总之，与孩子交往应注意分寸！

（三）对“用心”的认识

个人认为，“用心”是在责任心基础上，为顺应社会、改造世界、完善自我而形成的要求和产生的方法。用心属于方法论范畴。世上无难事，只要肯“用心”！为什么要“用心”呢？

首先，“用心”是对人生成功者的基本要求，但凡想要把事情做好，都离不开“用心”，除非你是一个无欲无求的人、自甘堕落的人或没有任何责任心的人。“用心”无处不在，不“用心”的人大有人在！

其次，在培养孩子方面，家长只有做到“用心”，才能对孩子的一贯表现了如指掌、心知肚明，为客观、准确地评价和评判孩子提供基础。比如：孩子的表现是否符合其年龄？孩子在哪些方面表现优秀？在哪些方面存在不足？不“用心”对待事物和事情的人，可能会简单粗暴地处理问题，甚至把孩子的优点当作缺点。把好事情变成坏事情，也可能将孩子引向歧途。

最后，培养孩子不“用心”的父母，难以从培养孩子中获得自我提高。与人交往具有反作用。“用心”的父母能从培养孩子中认识自我、反思自我，发现自己的不足之处，确定努力和提高的方向，学到说话做事的方法和技巧，不断完善自己。“用心”与不“用心”的结果相去甚远。人们思想与行为均需要“用心”，有责任心会促使“用心”，责任心强的人会更加“用心”。能够充分认识培养孩子的重要性，并把孩子教育当作强烈责任的家长，会“用心”地观察孩子的一言一行、点滴变化，客观正确分析孩子的优缺点，认真学习和研究培养孩子的方法。

（四）怎样才能做到用心

说一千道一万，如何做到“用心”才是关键！王再荣老师曾提到，就“尊重用心”而言，做到“尊重”较容易，做到“用心”实在太难！“用心”存在一般性概念，可以按照对孩子的重视程度、关注内容、方式方法、有效性等进行划分。比如，可以针对孩子的身体健康、读书习惯、学习方法、爱好兴趣、人格培养等方面去“用心”。“用心”可以是全面的，也可以是局部的，可以根据自身优势与孩子的具体情况自由选择。在孩子的培养上，每一位“用心”的家长都值得尊敬！当然，我们不能因为“用心”太难做到，而不积极探索和实践，更不能把教育或培养孩子的任务和责任推给学校、老师和其他家庭成员。在中国传统文化中女性承担相夫教子的重任，但不能成为男人们不尽培养孩子义务的理由，请记住“子不教，父之过”！

1. 做好“调查研究”，全面了解孩子的情况

了解孩子的过程是用心观察和收集孩子有关信息的过程，应

全面了解孩子的思想认识及倾向、生活习惯及变化、学习态度与能力、行为（说话做事）偏好，等等。掌握孩子情况后，应对相关信息进行归类、汇总、分析、加工，只有通过分析研究，找到孩子优缺点的深层次原因，才能为培养孩子打下坚实的基础。做家长的如果不了解孩子，会失去培养孩子的话语权。正如毛泽东所说“没有调查，就没有发言权”。为人父母，与孩子相处机会多、时间长，为什么不积极发挥自己的优势呢？

俗话说“知子莫如父”，这句话具有深刻道理。个人认为，孩子自身天性的内容会遗传父母，家长与孩子在一起的时间较长，具有比老师、同学或其他人了解孩子的优越条件，应该更加了解自己的孩子。同时，在孩子的培养中，父母负有不可推卸的责任和义务，不去了解、不深入了解、不全面了解自己的孩子，不是称职的父母。有的父母每天花最多时间陪伴孩子，用最大精力管理孩子吃穿住行，但缺少了解孩子的意识，不清楚孩子的优点和缺点，缺少培养和引导孩子的能力，充其量做了孩子的“保姆”，这是悲哀的、不幸的！经常听到一些家长说，真心想把孩子培养好，但是不知道如何做。表面上这句话是缺少培养孩子的能力，说到底是没有做到真正“用心”，没有深刻认识培养孩子的重要意义，缺少自我改变和提高的动力，没有认识与孩子一起成长，更没有将培养孩子与改变自己和整个家庭的命运结合起来。

2. 讲求方法注重实效，帮助改正缺点弥补不足

（1）正确认识和评价孩子的优点和不足

对不同年龄段的孩子，评价其优点和缺点不可用同一标准，更不能根据自己的喜好来评价孩子。比如，3～6岁的孩子比较淘气，可能不是坏事情。即使面对孩子的优点，我们也应理性认识，认真分析其优点是由于先天性因素，还是有意而为。另外，对孩子的优点和缺点，应进行深入研究。常言道：缺点不致命，优点由何生！只要不是致命的缺点，家长用不着大惊小怪，但如果缺点一直存在，则应认真分析其原因并加以解决。

（2）指出孩子的缺点和不足，应讲究科学性和艺术性

在指出他人的缺点或不足时，不管你的态度多么真诚、语气多么委婉，对方都可能会产生被批评的感觉，产生挫败感。作为家长不要在孩子吃饭或不高兴时对其进行批评。如在吃饭时教育孩子，久而久之不仅影响孩子的食欲，还可能导致其他问题。在不高兴时，孩子难以听进忠言。教育孩子应考虑可能产生的结果和不利影响，要选时择地，不可随意而为。

（3）帮助孩子查找缺点和不足产生的原因

对小孩子来讲，大多习惯于感性认识、直线思维，难以做到查找缺点产生的原因。当然，由于自身知识、阅历、能力等因素的制约，难以发现自己的缺点及原因。作为家长，应帮助孩子查找缺点产生的原因。比如：由于孩子不懂道理产生的缺点，如喜欢欺负小朋友，应给孩子讲道理；由于缺少风险意识导致的缺点，如胆子太大不考虑行为危害后果，应给孩子讲清利害关系。

（4）帮助孩子制定计划和传授改进方法

制定改进计划是很必要的，书面计划可以让孩子直观地知道自己存在的缺点，可以给孩子提个醒，让孩子脑子里有根弦，有利于孩子有意识地去改变。同时，改进计划要科学设置改正期限，帮助孩子审视缺点改正的难易程度，防止因期限设置不合理，挫伤孩子的积极性、自尊心和自信心。当然，也应防止孩子小缺点改正不及时演变成大错误。让孩子改正缺点或改进不足时，务必给孩子提供改进方法。前几年我总结出“认识、思路、

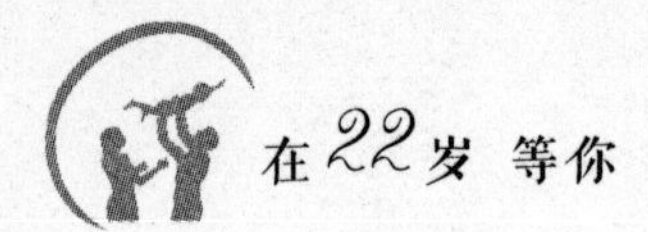

方法、结果”八个字，可以适用学习、工作和生活诸多方面。八字之中方法是关键。如果孩子没有好的改进方法，迫于家长压力去改正缺点或错误，可能带来不好的结果。比如，有的孩子自控能力差，家长让其提高自控能力，但不传授孩子改进方法，其自控力难以提高。孩子在成长阶段处于劣势地位，对家长存有敬畏之心，如果家长处理方式存在问题的话，孩子不敢与家长沟通，缺点长期存在或被家长、老师批评，久而久之，孩子会产生自卑和不自信心理，甚至会疏远家长，这对孩子的成长是不利的。

(5) 理解孩子

作为家长要设身处地为孩子着想，对优点要表扬，对缺点要理解，理解万岁！人都不容易，做家长的也应理解孩子不容易。为什么这样讲呢？主要原因是一些家长总是考虑自己不容易，当孩子不顺从家长的心意时，习惯性地把负面情绪转移到孩子身上。经常听一些家长讲，孩子初中以后大多不愿意与父母交流，宁愿将内心世界暴露给同学，也不愿意将自己的意愿告诉家长。究其原因，主要是家长不了解孩子的思想和真正的需求。想要成为孩子的知心朋友，必须清楚孩子在某个阶段应具备的认识水平和生存能力，说话做事符合孩子所处的阶段。孩子在小学时与其讲小学生的话语，初中时和其讲初中的话题，高中时谈高中生所知晓的道理，大学时和其谈谈国家大事。从孩子的小学时期至大学阶段，我和儿子一直沟通无极限，沟通交流与孩子年龄保持同步是主因。比如，缺少父爱的女孩子早恋的比较多。孩子在不被理解时容易出现叛逆倾向。

(6) 关注孩子优点和缺点的转化

世界上没有一成不变的事情，孩子的优点和缺点也会转化。应对孩子的优点和缺点应进行持续、跟踪管理。对家长来讲，孩子的优点也不可掉以轻心，应持续进行关注，不能让原有的优点变成日后的缺点。应及时提醒孩子保持和发挥优点，让优点更优，亮点更亮。当然，应更加关注孩子的缺点，是否随着年龄和认知的增长，缺点越来越少，缺点越来越不突出，关注其致命的缺点是否得到彻底纠改。

（7）培养孩子要有耐心，适时体现对孩子的关心

与孩子交流时，应有意识地体现对事物、事情认知的深度，表现出对其关心的温度。应注意与孩子交流和相处的方式方法，说话不在乎多少，对孩子有用即可。提出的建议不在乎多少，孩子接受即可。教孩子处事的方法不在乎多少，能够产生好的效果即可。我们应静下心来，心平气和与孩子相处，表现家长足够的耐心。培养孩子是个系统工程，没有耐心啥事都难成！在与孩子共处时，应主动建立孩子对我们的信赖，形成对家长的崇拜，这是培养孩子的高境界，有利于和孩子形成有效互动，省时省力，事半功倍！

3. 加强自我提升，为培养孩子做好保障

多年来，态度决定一切成为大家公认的道理。对此，我不敢苟同。个人认为，能力决定一切！因为，态度也被能力所左右，好的态度来自自控力，自控力不强，不会产生好的态度。有的家长和老师对学生评价为学习态度不够端正，其背后的原因是孩子自控能力不强。“用心”培养孩子需要家长的能力做保障，在培养孩子过程中需要家长拥有多种能力，如认识事物的能力、与孩子沟通交流的能力、风险防范能力、问题研判和处理能力等等。孩子被小朋友“欺负”了怎么办，参加家长会需要了解哪些事情，如何看待孩子在校与在家表现不一致、孩子每个年龄段应该达到什么程度，等等，做家长的应心知肚明，采取积极有效的方法，指导孩子少走弯

路，避免走错路。“用心”本身也是一种能力，提高能力的方法可以从“前后、左右、上下、内外”中学习和借鉴，在本书的后面章节会重点介绍。

培养孩子与日常工作并不矛盾，一些家长讲，由于工作太忙而顾不上教育孩子。这句话乍听起来有些道理，其实是没有做好工作与培养孩子的结合。上面谈到，孩子并不喜欢家长唠叨，每天说几句对孩子生活与学习有用的话语就足够了。只要平时做到用心，回到家观察一下就可以掌握孩子的情况。我们可以把工作中好的经验、做法和能力与培养孩子结合起来。建议大家做工作、学习、生活的用心人，将工作、生活和学习中遇到、听到、学到、用到的知识和方法，融会贯通至培养孩子之中。就“用心”方面而言，建议大家做时刻提醒自己、严格要求自己的人，坚持身体力行、严格一言一行、做到审慎而行，善于思考、勤于总结、精于研究，提高自我素质，在增强能力的同时，给孩子做好榜样，实现工作、生活、学习、家庭、社会利益的最大化。

二、感恩孩子

大约在 15 年前，我曾提出这个观点（理念）。作为父母要感恩孩子！当时，这个观点不被周围人认可，更有人对此嗤之以鼻！但我一直坚持这个理念，成为我培养孩子的重要原则。坚守感恩孩子原则，付之与孩子共同成长之中，成就父子间多年良好的交流与沟通，结下深厚的父子情意，并伴孩子健康成长，一步步走向人生的巅峰。

（一）感恩孩子的主要原因

1. 孩子给予父母做人的尊严

作为公民，不论男女都具有生育权，生育权是最基础的人权。没有生育或没有生育能力，是一件很遗憾的事情，有的人甚至会感到很自悲。

2. 孩子给予家长生活的快乐和幸福

孩子出生后，一般都会给家庭带来快乐和幸福，对中国传统家庭来讲，添丁加口是大事和喜事。孩子是父母生命的延续，代表着家庭血脉的传承。对某些小家庭来讲，孩子出生后，年轻的父母也会因“为人父”“为人母”而出现角色转变，多一份生活的责任，会变得更加有担当和成熟，原有小两口的矛盾或者问题，也可能会随之解决。家庭趋于稳定，生活更加幸福，工作也会快乐。孩子在成长过程中给家庭带来欢声笑语。比如，孩子第一次叫“妈妈”和“爸爸”、第一次给爸妈端杯水、第一次说“爸妈辛苦了”，等等，相信做家长的一生都难以忘怀。孩子升初中、上高中、考上大学，也会给家庭（父母）带来莫大的快乐和幸福。等你我老了，孩子对我们的照顾与陪伴、赡养与孝顺、贴心与知心，都足以让我们安享晚年。所以，孩子会带给父母许多天伦之乐。

3. 孩子给予我们生活的希望

孩子是我们的希望和寄托，是祖国的花朵和民族的未来。没有希望或看不到希望的人是悲哀的、可怜的！家长的多数希望来自孩子，尤其在40岁以后。比如，一些没有生育的家庭，通过收养孩子，夫妻合力把孩子培养成社会栋梁，孩子为家庭为父母争光争气，成为家庭的骄傲和自豪。这样的父母也必定是幸福的，而且更加让人尊敬和尊重！个人认为，可能会比一些家长更幸福、更自豪！因为，孩子成人、成才是父母对孩子最大的希望。

综上，如果家长们明白感恩孩子的道理，真正做到感恩孩子，就会减少对孩子不负责任的行为，社会也将变得更加和谐。

我们要感恩孩子，孩子给予我们尊严、快乐和希望。我们应感恩天地万物、人与自然，感恩供我们生活、工作和学习的一切。多年来，我始终带着感情与万物相处，使用过的物品不舍得丢掉。比如，一件衣服虽然价值不高、不太值钱或用处不大，但它曾给我遮风挡雨，也应对它感恩！

（二）常怀感恩之心

作为自然人，应常怀感恩之心，感恩自然的馈赠和社会的关怀。感恩社会给我们带来的美好事物，感恩这个伟大的时代，给予我们丰富的精神文化和物质文明。感恩身边的人，为我们带来生活的光明，让我们在黑夜里不再孤单。试想，如果这个世界上只有你自己，你内心将是什么感受？人类与其他生物和谐共生，这是自然法则，谁都无法改变，只能积极适应。对于大自然不仅要感恩，且要心存敬畏，每个人都有责任努力减少对自然的破坏。感恩是做人的基础，是做人的首选，不懂得感恩的人，内心是阴暗的、无情的，做人做事终将失败！

三、全面发展

一直以来，德智体美劳全面发展是中国教育的优良传统，是快速提高国民素质的必然选择。在培养孩子过程中，应坚持让孩子尽可能地全面发展。

（一）德智体美劳是不可或缺的整体，相互依存并发挥作用

对个人成长来讲，五个方面都发挥着积极的作用，是健全人不可或缺的部分。比如：美育是审美观和发现美好事物的能力，德行可以促进我们发现更美好的东西，美可以养德；劳动不仅是体力劳动，广义的“劳”贯穿于德智体美全过程，当然也包括脑

力劳动。做好“劳”首先是善于思考和身体力行。善于思考的人最可敬！因为“悟性”是在善于思考基础上的那分灵感！悟性的高低在某种程度上决定人的成败！劳可修德，劳可促勤，勤可补拙，劳动着并快乐着！好德行可以为自己营造好的学习和生活环境，体育运动帮助强身健体，为学习和生活提供良好的身体条件，也会促进智育的发展。

（二）全面发展的意识和能力呈下降趋势

就近年来中学、大学学生的总体情况看，由于多数学校片面追求升学率，孩子全面发展的意识和能力呈下降趋势。就身体素质来看，“80 后”“90 后”学生的身体素质和“60 后”“70 后”同龄学生身体素质相比，差距相当大。孩子们学习和上网打游戏时间占比较大，特别是在高中阶段，一切为了学习成绩的理念，导致主动打球、跑步等锻炼身体的学生越来越少，放松或自由时间打游戏成了首选。一周七天时间不能主动锻炼身体的学生大有人在。参加社会活动、主动思考人生的更少，以至于在高考结束后，一些学生不清楚填报什么专业。从近几年单位考入的大学毕业生来看，几乎没有会打篮球、排球的，更谈不上运动方面有出色表现。

（三）追求全面发展的人，有着追求完美的特质

追求全面发展的人，对自己要求会高于常人。从面上讲，全面发展的人有着广阔的视野，有长远眼光，可登高望远，辩证思维，均衡发展。从条线上讲，全面发展的人对待事情要求精益求精，力争做到更好。求全面发展的人，是我们经常说的“全才”。各种能力之间看似风马牛不相及，但道理和方法其实是相通的，追求完美会得到意想不到的成果。俗话说“艺多不压身”，就是这个道理。

（四）坚持以德为先

如今社会以法治国，以制度治国，选人用人坚持以德为先，抓住了做人的根本和原则。培养孩子首先做好人，即“成人”，先成人再成才。成人是对教育的最基础要求，在成人的同时力争成才，是教育的最佳结果。以德为先，讲的是把道德培养放在首要位置，人在其他方面都可以有欠缺，唯独不可以“缺德”。

（五）遵循因材施教

坚持因材施教与追求全面发展并不矛盾。从一个人的天赋来讲，孩子不可能在德智体美劳全方位出类拔萃，经济学讲偏好，培养孩子讲特长。比如，有的学生数学学习能力强，语文方面一般；有的孩子在艺术、体育方面有天赋或特长，文化课成绩却显薄弱等等。因材施教是让孩子优点更优，亮点更亮，有利于为国家培养专业人才和领域拔尖人才。坚持全面发展也应突出孩子每个阶段的核心或主业，有选择地或重点地进行培养。

（六）全面发展理念可以促进收益最大化

学习是学道、悟道、用道的过程，并追求效果最大化。记得母亲常说的一句话：做人做事不要“单打一”。“单打一”的意思是简单地、孤立地、片面地看问题，或者不能全面掌握说话做事可能带来的综合效果，就事论事不能融会贯通、学以致用。同时，在做一件事情时，应积极考虑事情本身带来的其他效果。比如，看一部电影或电视剧，除了欣赏剧情、演技、享受视觉盛宴之外，还应分析剧情的筹划及告诉我们的道理，思考对自己的思想启迪，如何将方法智慧运用到学习、生活和工作之中，对日常存在的问题和风险进行规避。

（七）家长和老师不可过分关注孩子学习成绩

多数家长和老师过分关注孩子的学习成绩，有的人甚至只关心孩子的学习成绩。比如，有的老师讲，“只要学习好，啥都不用管”，这是很可笑的！人们大都了解智商和情商，智商和情商是相互促进和提高的，做家长的不能仅盯着孩子的学习成绩，而影响孩子全面发展和健康成长。社会不需要高分低能者，生活也会抛弃心理不健康的人！

四、完美人格

在日常生活中，我们经常用拥有人格魅力来评价优秀的人。个人认为，人格魅力是指人们做人做事获得社会高度认可和个人追求的最高境界。有人格魅力的人让人佩服，受人尊敬、达到做人的最高境界。上面谈到培养孩子应以德为先，注重做人道德的培养。把人做好属于道德范畴。在中华民族优秀文化熏陶下，把人做好成为寻常家庭绵延千年的基本要求。一般来讲，什么样的人格，决定什么样的人生！在这个世界上没有人不希望自己拥有高质量的人生，但很少有人懂得如何才能拥有它？那就是要拥有高品质的人格！

（一）什么是人格

人格是什么呢？它是一个人的心灵、品格和整体精神世界。人的精神世界内涵非常丰富，包括世界观、人生观、价值观等重大观念，也包括思维模式、行为方式、处世态度，还包括性格、气质、能力和习惯，等等。人格是一个人相对恒定的总体品质，也是一个人区别于他人的最根本特征。人在这个世界上生存，尽管不能缺少种种物质的东西，但最终让我们感觉过得好与不好的决定性力量不是物质的，而是我们的人格！

（二）完美人格即高品质人格

对普通人来讲，能“把人做好”就是高品质人格。应坚持先做人再做事！人都做不好，怎么可能把事情做好呢？有的人目光短浅，一切以个人利益出发，有的甚至教给孩子一些不吃亏的方法，如何想尽办法钻营、巴结，占国家、社会和他人的便宜，都是在做人方面出了问题！这种人也可能会得到短暂的“成功”。但长远看来只能是败坏了家风、害了自己、坑了孩子，不可能长久！俗话讲，“不是不报，时候未到”，这句话具有科学的道理。从近几年走上断头台的贪官污吏身上，这句话的道理已经得到验证！

近年来，社会浮躁现象较盛，坚持“做人”原则的少了，个人利益为重的多了！有骨气的人少了，人格不健全的多了！试想多少贪官污吏、不良明星大腕，又有几人能把人做好？又有多少人具有完美的人格？尤其是在比较浮躁的社会，修行去功利、独善其身是很难做到的！有的人踩着别人的肩膀当官，违反道德发昧心财，这都不是真正的成功！用辩证的、长远的眼光来看，这只是让“功名利禄之浮云”遮住了双眼，对危险视而不见，充耳不闻！只从眼前的利益出发，难以参透世事，只能落得一生糊里糊涂！人世间，除了正确的思想和真挚的情感可以传递，可以穿越时空而经久不衰，那些虚有的名利，又算得了什么呢？高贵的人格追求长远，低劣的品行只重眼前！

就国家工作人员来讲，高贵的人格应是：守得住清贫，耐得住寂寞，经得起工作和历史考验，以奉献社会为人生追求。有的领导在位时好风光，下台后处境令人怜惜！有些人在位时就被“请进”牢房，可悲啊！国家、单位、团队需要脊梁，通过钻营、违法违规、出卖良知等手段获得的地位和利益，都不是真正的成功，很有可能是给自己和子孙后代挖的“坑”！真正的成功是拥有完美的人格，不违反社会公德、法律法规、能够经得起历史检验，讲责任、求奉献、传递人间正能量！即使没有成就轰轰烈烈的事业，也会留一分青白于天地人间！

总的来说，培养孩子的四个原则，感恩孩子是基础，是胸怀。全面发展是要求，是格局。尊重用心贯穿与孩子相处始终，特别是用心，是自我管理的最高境界。完美人格是培养孩子的方向，是终极目标。为人父母应坚持“用心”做人做事，并通过“用心”加强自我修养，坚持能力的核心位置，努力提高培养孩子的能力。培养和教育孩子的过程是加强自我修养、改进自身缺点、丰富工作方法、提高管理能力的过程，是与孩子共同成长进步的过程。前几年，我悟出“认识、思路、方法、结果”关于做人做事的一些道理。个人认为，认识是基础，思路是统领，方法是关键，让结果来评判。在培养孩子过程中，如能做到认识到位、思路清晰、方法得当，就一定会在与孩子一起成长中实现自我价值，获得最大的成功，不负作为父母的那份责任和担当！

第二篇

培养孩子的理论与方法

本部分是本书的主要部分，重点介绍培养孩子的理论认知和方法体系。本书以“认识、思路、方法、结果”和“前后、左右、上下、内外”（十六字诀）作为基础和统领，探索形成了智商和情商培养的理论和方法体系，建立了学习、工作、生活的管理架构。每一章（节）、段落能够体现“十六字诀”的理论运用，基本做到理论与实践相结合，请大家认真品读。

本部分共分四篇，把对孩子的培养分为四个阶段，分别为幼儿时期（0 ~ 6 岁）、童年时期（6 ~ 12 岁）、少年时期（12 ~ 18 岁）和青年时期（18 ~ 22 岁）。在每一阶段，对孩子的特点、培养孩子的方法、培养孩子容易出现的问题、培养孩子的理论探讨等进行详细介绍。

在本部分，提出了“学以致学”“学于无形”和“凡事皆背景”“凡事皆条件”“凡事皆方法”“凡事皆规律”的学习理念。在“童年时期”重点介绍“认识、思路、方法、结果”（八字诀）和智商、情商的相关内容和培养方法，将智商分为学习能力、执行力、认知能力三部分，将情商分为情操、性情、情绪管理三部分。在“少年时期”对“语文”“数学”等九门课程的学习方法进行了介绍。在青年时期重点介绍“前后、左右、上下、内外”（八字诀）和学习、工作的主要方法。本书每一章节均可自成体系，大家在阅读时，建议与学习、生活和工作相结合，提高综合能力，实现阅读效果最大化。

第一章 幼儿时期

孩子0～6岁，可以统称为“婴幼儿时期”。其中，0～3岁属婴儿期，3～6岁属于幼儿期。在培养孩子过程中，这个阶段容易被人们忽视，主要原因是大多数人认为孩子太小，无自主意识，吃好、睡好、玩好即可，不用进行培养，即使培养也不会起到大的作用。一般情况下，孩子在3岁左右上幼儿园，由幼儿园老师带领孩子玩耍或认识一些简单的汉字或字母。培养孩子是个系统工程，需要20多年的持续关注和跟踪培养。婴幼儿、童年、少年、青年四个阶段，每个阶段均有其独特的培养意义，都非常重要，应高度重视。幼儿期是人生的开始时期，孩子虽然意识不够明显，不需要学习太多知识，但是，这个时期是培养孩子习惯的关键期、基础期。常言道：基础不牢，地动山摇。培养孩子应未雨绸缪，从娃娃抓起。

我对0～3岁的孩子了解不多，主要是初为人父至孩子3岁前，缺少培养孩子的意识，不知道小孩子需要教育，更欠缺培养孩子的方法。从对孩子3岁前的一些记忆来看，3岁之前的孩子都是很可爱的，给家长留下美好的回忆。家长对这个年龄段的孩子一般要求不高，吃得饱、睡得香、健康成长即可。个人认为，对这个年龄段的孩子来讲，家长对其身体健康、个人安全、不良表现等应关心关注。比如，孩子可以自己走路却要求爸妈抱着，看到玩具或吃的东西要求爸妈去买，对身边人不友好、不礼貌等，家长应根据具体情况对孩子进行教育。尤其在孩子对身边人不礼貌时，要进行及时制止和纠正。对2岁以后的孩子，可以通过讲故事进行文化熏陶，在日常生活中告诉孩子一些生活的道理，培养安全意识等。孩子在3岁时应该具有吃饭、穿衣服、上厕所等基本生活能力。这个阶段，由于孩子太小和爸妈工作较忙，爷爷、奶奶或姥姥、姥爷照看孩子的情形较多，隔代教育容易出现溺爱孩子现象，做爸妈的应多加注意。

本章重点介绍3～6岁孩子的培养。在这个阶段，应注重启蒙孩子的思维意识，规范孩子的具体行为，帮助形成良好习惯。从成年人身上的一些缺点来看，大多可以从这个阶段寻找问题的根源或答案。人的缺点或不良习惯一旦形成，纠改起来非常困难！经常听人讲：一个缺点，一辈子改正不了！不是不想改，改起来太难了！

第一节　幼儿时期的主要特点

为什么提及这个阶段孩子的特点呢？个人认为，对孩子特点的了解是培养孩子的基础，是对孩子认识的过程。认识是改造世界的基础，是做好一切事情的根本，培养孩子也不例外。了解孩子的特点能够帮助采取针对性的培养方法，达到好的培养效果。对孩子的特点认识深刻、全面、到位，能够帮助我们更加深入分析孩子的言行，指导培养孩子的思路，选择更加科学、有效的方法，获得更好的培养效果。兵法云：知己知彼，百战不殆。

一、思维和行为以“天性”为主

从人类记忆能力看，绝大多数人对4岁之前的事情记忆不深，记忆能力差的人可能对 6 岁之前的事情也很模糊。有的人即便是对幼儿时期存在印象，也可能是点滴或片段性的。从记忆的规律看，我们对有意而为的事情，往往记得比较长久。有意而为在大脑中留下深刻的印象，像受到夸奖或挨到批评的事情，对大脑进行强烈地刺激，往往会记得比较深刻，比较长久。

个人认为，这个阶段孩子的各种表现，大多来自天性，且天赋、性格等都会有所体现。俗话讲："三岁看大，六岁看老。"曾经看过美国一个科普节目，叫"子宫日记"。科学家们通过对 100 多对双胞胎或多胞胎进行跟踪监测，发现孩子在子宫时就表现出一些性格的特征。比如，在观察一对龙凤胎中发现，女孩和男孩在子宫内时，女孩喜欢活动，也比较"强势"，她常把小男孩挤到妈妈子宫的角落里，小男孩却没有进行反抗。两个孩子出生后，小女孩成为姐姐，她的性格比较外向，胆子也较大；小男孩性格比较内向，胆子较小，孩子长到 2 岁后，小女孩开始"欺负"小男孩（不管是言语上还是行动上），小男孩不敢还手，直到六七岁还是这样！可见，人的性格在娘胎里就已形成，多是来源于遗传基因。

婴幼儿阶段的孩子天真无邪，孩子们笑时能够开心，哭，也哭得"伤心"，没有任何掩饰。即便是哭，也可能会让大人们捧腹大笑。这是儿时的童真，没有夹杂世俗的浮尘，它像雪莲一样美丽高洁，像天空一样深邃湛蓝，让人神往！此时此刻，对孩子曾带来的幸福快乐，浮想在脑海，映入眼帘。让我们感恩孩子吧，今生莫忘！

二、特别喜欢玩耍

从人生的各个阶段看，这个阶段的孩子对玩耍情有独钟，没有哪个阶段比这个阶段更加喜欢。比如，孩子可以和玩具长时间

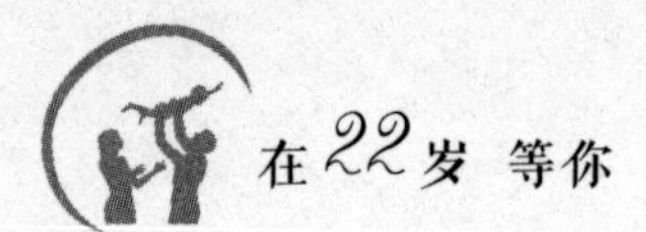

玩耍。对玩具少的孩子来讲，一个玩具可以陪伴其好多年。孩子们爱玩的同时，还存在一种现象：大多孩子喜欢与比自己年龄稍大的孩子玩，不喜欢和比自己年龄小的孩子玩。个人认为，这一现象由以下三个原因导致：

一是和比自己年龄大的孩子玩，能够找到安全感。年龄大点的孩子能够照顾年龄小的孩子，年龄小的孩子会产生被爱护的感觉，并享受这种感受。小时候，经常听到家长对年长的孩子说，“带着你弟弟妹妹好好玩”，这句话里包含照顾弟弟妹妹的要求。

二是年龄大点的孩子玩耍的经验丰富，方法也比较多，年龄小的孩子可以体会到玩耍的乐趣，学习新鲜事情，可以帮助拓宽眼界，满足孩子的好奇心，并从中学习知识或积累玩耍经验。

三是年龄小的孩子理解能力、行为能力、配合能力相对较差，与年龄较小的孩子玩耍，难以获得玩耍的快乐。孩子们小时候，年龄相差不大，但能力相差较多。年龄往往差上一岁半岁就会出现能力方面的较大差距，而无法进行交流和配合。总之，培养这个阶段的孩子应结合孩子爱玩的天性，利用好玩耍的时机，融入安全教育、玩耍方法、人格培养等元素，适时进行指导和帮助，培养意识，学习知识，让孩子在玩耍中品味快乐。

三、好奇心比较强

好奇心，是人们不懈探索世界和追求美好生活的原动力。好奇心是探索和认识世界的意识，是求知欲的本能体现。这个阶段孩子的好奇心具有本能特性，孩子来到世界上，什么都是新鲜的。好奇心强是正常孩子的特点，如果缺少好奇心，其发育可能不太正常。好奇心与生俱来，但随着年龄、知识、阅历、能力等方面的增长，好奇心会逐渐降低，直至消失。

凡事皆有两面性，好奇心也会给孩子带来一些问题，如安全隐患。“好奇害死猫”，即这个道理！对于孩子，家长应保护和呵护孩子的好奇心，不能因为好奇心或可能会产生风险，而把孩子的求知热情无情地浇灭。比如：孩子喜欢问“十万个为什么”，天上为什么有太阳，晚上为什么有月亮，我从哪儿来的，等等。对孩子的好奇心，家长应做好相关准备。回答孩子提出的问题要讲究科学性、趣味性和艺术性，不可让孩子感到没有解决问题、不被重视或者出现尴尬的状况。在保护孩子好奇心、求知欲的同时，让孩子掌握提问的分寸。比如，有的孩子向家长提问不分场合或提问不经过大脑思考或过滤，家长应及时进行提醒、制止和引导，给孩子启发式思考与学习，不能因为保护孩子的好奇心，让孩子成为不喜欢思考的人。

四、缺少安全感

安全感是人们对周围环境的感知和控制能力，它与人们的能力成正向关系，能力越强的人，安全感越高。相反，能力越差安全感越差。缺少安全感是孩子们普遍存在的问题，是与生俱来的，主要表现为对身边人的依赖。比如，有的孩子对身边人的依赖感特别强，看不到爸妈时会哭闹，还有的孩子需要爸妈抱着哄睡，放在床上可能总睡不着，但在妈妈怀里会很快睡去。缺少安全感的表现形式存在差异。比如，有的孩子天生怕黑，有的孩子怕接触陌生人。每个孩子缺少安全感的程度也不一样，有的孩子天生胆子较大，有的特别胆小。其实，成年人也或多或少地存在安全感不足问题，这与个人性格、综合能力、自信心、敏感度等有一定关系。成年人缺少安全感多是因为缺少自信，也可能由于过度追求或担心失去所导致。

五、自我保护能力弱

在18岁之前，孩子的自我保护能力一直较弱，尤其是在婴幼儿时期，属于“任人宰割”的阶段，没有能力反抗或者保护自己。这里谈及孩子自我保护能力弱的特点，在童年、少年、青年阶段不再进行介绍。孩子自我保护能力弱，主要表现在以下方面：一是安全意识差。孩子成长之初像一张白纸，对身边的风险认识能力不足，觉察不到可能产生的风险结果。需要通过吸收营养使自己身体器官强健，大脑得到发育，产生思维意识，需要积累经验，防范安全风险。二是行为能力差。小孩子受身体的限制行为能力较差，自我保护能力弱是个不争的事实。比如，缺少力量拿不起较重的东西，身材矮小缺乏保护自己的能力，容易被坏人欺负。大脑不够发达、经验不足，容易相信他人的谎言，上当受骗或被伤害，甚至被拐卖。三是容易成为不良父母发泄情绪的对象。这个年龄段的孩子不能为家庭做事情，也不太明白如何讨爸妈欢心，年轻父母在工作生活压力较大时，容易把孩子当成“出气筒”。

上面讲的道理很浅显，为什么还要提及呢？主要目的在于让家长们更加深刻地认识幼儿阶段孩子的弱点，孩子像温室的花朵一样脆弱、娇嫩容易受到伤害，需要家人细致入微地呵护。要真正、全面、切实做到对孩子有爱心、有耐心，不可轻易对孩子发脾气。同时，针对孩子自我保护能力不足的问题，应更加注重提高孩子的自我保护能力。如果家长用心呵护，孩子就会茁壮成长。如果家长缺少培养意识，做得不够精细，孩子就会受到委屈。孩子经受的委屈，其可能觉察不到，或者无法用语言进行表达。在这里，忠告年轻的家长们，不要等到自己年龄大了，懂得了这个道理，但已错过这个阶段，无法弥补给孩子造成的伤害，而留下终生遗憾！

从孩子出生时这张“白纸”，让我想起点滴道理。从某种意义上讲，这张“白纸”像是孩子给家长出的题目、布置的作业，看家长们如何作答。培养出全面发展并获得成功的孩子，这张白纸将会变成或给世人展示一幅美丽的图画：线条清晰、泾渭分明、五颜六色、风景优美、登高望远、心旷神怡，高山大海，前途似锦。否则，没有把孩子培养成功，孩子没有能力养活自己甚至走向歧途……这张白纸像是被无情地摧残、撕毁、消失。每个孩子都是家长一生最重要的作品，想要孩子成为一幅美丽图画，需要家长辛苦的付出，更需要智慧和艺术。大家都清楚，绘画是一门艺术，它寓意着人们生活的艺术。影响他人更需要艺术，我们应强化发现美的能力，为孩子营造和创造美的环境，享受每一天的美好时刻。

六、思维意识开始显现

人类是具有灵性的动物。一般来讲，孩子在娘胎时可以与母亲进行交流，这是胎教的理论基础。随着生产生活水平的提高，孩子在娘胎里不缺少营养，辅之优生优育的一些方法，高科技成为日常消费，新产品层出不穷，社会信息量无限增大，孩子生活的环境与改革开放之初有着天翻地覆的变化，在这样的环境中成长，对孩子思维意识和能力的提升带来较大的帮助。

个人认为，孩子在 2 岁以后思维意识显现更加明显。比如，有的孩子会讲一些讨好父母的话语，有的孩子会主动给爸妈捶背，有的孩子会在做事情之前观察爸妈脸色和反应，有的孩子为了引起爸妈注意会假装哭闹，有的孩子会在父母争吵时进行劝解，等等。再如儿子两岁半时上幼儿园。第一天，吃完早饭，送

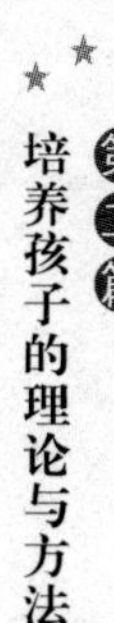

到幼儿园时，他不让爸妈走，反应很强烈，大哭不止。第二天，拒绝起床，强行起床后不吃早饭，估计是意识到又要去幼儿园了……这样持续了近一个多月，儿子对上幼儿园这件事情，不再那么抵触。

为什么谈及孩子的思维意识呢？因为多数家长认为孩子还很幼小，没有意识或者意识较差，而忽视孩子思维意识的培养。个人认为，在孩子思维意识刚刚萌芽的时候，加强认识或认知能力的培养，会让孩子更好地形成思考的习惯，从而把潜意识的事情推向前台，形成规范和自觉。利用好孩子思维意识的萌动，帮助孩子解决可能存在的一些缺点或问题。家长不可认为，即使做不正确的事情，反正孩子年龄小、记不住或者认为孩子不懂得道理，而在孩子面前无所顾忌。虽然孩子在 4 岁前的记忆比较模糊，但在这个阶段，家长的行为对孩子今后的行为和心理都会产生影响。比如，对孩子的粗暴行为或者有损父母形象的事情，可能给孩子留下一生的心理阴影。

七、培养孩子的难度与成本较低

在这个阶段，家长除了照顾好孩子的吃饭、穿衣、身体健康、安全等方面，没有多少特别难的问题需要解决，这个阶段的孩子是家长最省心的，也是最容易教育的。比如，家长不需要辅导孩子的作业，不会因为孩子学习成绩而发愁，孩子也不会给家长惹来多大灾祸。再如，改正这个阶段孩子身上的缺点，比戒掉网瘾要容易得多，孩子的培养费用与其他年龄段孩子的花费相比，相对较少。

认识到孩子这个阶段培养难度和成本较低，加之对孩子一生的重要作用，家长应充分利用这个阶段，加强对孩子的培养和教育。通过一些办法给孩子立下规矩，孩子的缺点可能会立马改正。在这个阶段，我们应培养孩子一些好习惯，尽量减少坏毛病，经济实用且意义深远，何乐而不为呢？在孩子3岁左右，应该有意识地规范孩子的言行，立下“规矩”，养成好的习惯。这个阶段如果没有养成好习惯，时间久了再扭转会劳神费力。当然，也不一定会有好的效果。人，天性是懒惰的，如果提供现成的美食，相信没有几人愿意亲自做饭。孩子，天性也是懒得动脑筋，只有积极主动地动脑思考，才会获得智力上的成长。所以，家长应抓住这个阶段，加强对孩子的培养和教育，规范孩子的言行，培养良好习惯。好的习惯一旦养成，将终身受益！

第二节　培养孩子的方法和注意事项

个人认为，培养幼儿阶段孩子的总体思路是：以玩乐为基础，以启发为主导，以观察为方法，以规范为目标，全面提高孩子的能力，促进孩子健康成长。总的来讲，这个阶段是孩子玩耍的年龄，是没有作业压力、没有生存压力的阶段，无忧无虑是这个阶段孩子的天性要求，由自然规律决定。培养孩子也应如此，违反规律不会有好结果，也可能出力不讨好。这个阶段的孩子应以玩耍为主，不要让孩子背上沉重的包袱。比如，让孩子参加一两个兴趣班就足够了，不苛求孩子学习多少知识，掌握音乐、舞蹈等多少技巧，寓教于乐是最好选择。在玩耍的时候，家长要有意识地培养孩子的安全意识，思考安全问题，学习待人接物的基本道理，不可毫无意识、毫无目的地“瞎玩”。下面，重点介绍培养孩子的方法和应注意的事项。

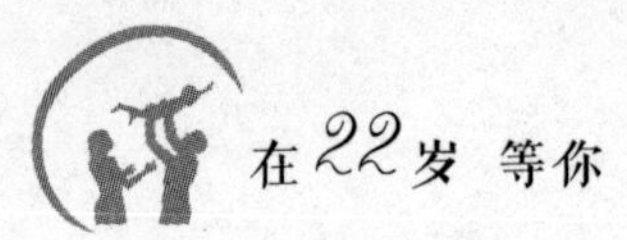

一、观察和了解孩子的天赋

全面掌握信息是解决问题的基础和方法，人生是一部管理学，管理学的基础是充分占有信息资源。前面提到全面深入了解和掌握孩子的表现（信息），是孩子培养的基础，观察是基本的方法。幼儿时期的观察重点是观察掌握孩子的天赋，在此基础上为培养孩子指明方向。

（一）观察孩子的性格

孩子的性格具有先天性区别，有的孩子属于外向型，有的孩子属于内向型。有的孩子生来哭声较大，有的孩子哭声细弱，除身体强壮与否外可能还存在性格因素。比如，有的孩子个性较强，对家长的批评表现强烈，有的孩子对想要的东西，如果不能得到就反应强烈等，这些都是性格强硬的表现。反之，则性格比较弱（温顺）。人们常说，江山易改，秉性难移。这里的秉性多指性格。个人认为，性格是可以改变的。人们随着生活、工作、学习的环境不同，经历和阅历可让性格发生较大变化。原本内向的人可能变成外向，柔弱也可能变得刚强。

（二）观察孩子的记忆能力

在孩子不识字的情况下，我们可以通过给孩子读书的方式，观察孩子的记忆能力。比如，有的孩子虽然不认识文字，但对某一段文字如果给起个头，他可能就会背诵出来。有的孩子在家长讲完一个故事后他可以重复一遍，或者在过几天后仍能清晰地记起这个故事。对没有经过专门训练的孩子来讲，这是记忆能力较强的表现。

（三）观察孩子的理解能力和对事物事情的接受能力

可以通过给孩子讲道理，观察孩子的理解能力。曾经和一位幼儿园老师交流，她经常说做游戏这件事情，同样是 3 岁左右的小朋友，有的孩子接受能力强，表现为老师讲过后就做得很好；有的孩子比较“笨”，甚至两三天也学不会。记得母亲曾说过：在家务能力方面人分三等：一等人一看就会，二等人一学就会，三等人得费好大劲才能学会。理解能力转化为动手能力，理解能力也可以表现为对做人做事道理的认知能力，包含“悟性”的内容和成分。

（四）观察孩子的语言表达和交流能力

语言表达能力是人的重要能力，人具有社会属性，存有相互之间交流的基本需求，孩子 4 岁左右时是语言功能培养的关键时期。如果发现孩子语言功能较差，请多加注意，及时提高孩子的语言能力。

（五）帮助和促进孩子全面发展

可以通过让孩子参加一些兴趣班，培养音乐、美术、体育等方面的爱好，促进孩子全面发展。同时，启蒙或者考察孩子在某些方面的天赋。

二、培养孩子的行为能力

幼儿孩子的行为能力培养是这个阶段孩子培养的重要内容。本部分重点介绍孩子的安全意识、自理能力、语言表达能力、与人相处的能力等，主要介绍培养方法。这些能力是孩子人生的基本能力，应从娃娃抓起。

（一）培养安全意识

1. 结合玩耍可能遇到的危险讲解存在的安全隐患

比如，孩子在吃饭时，不小心把碗推到地上，可能会烫伤、砸到孩子或者伤及身边人。再如，孩子拿锐器玩耍时，可能会扎伤自己，等等。

2. 结合看到的危险事例培养孩子的安全意识

随着孩子年龄的增长，给孩子讲一些书本上、电视上看到的一些安全风险事例，让孩子直观地看到不注意安全带来的危害。比如，孩子看到电视上的火灾时会产生恐惧感，此时给孩子进行安全教育，效果会较好。

3. 结合听到的安全事例培养孩子的安全意识

可以给孩子讲一些我们听到的安全事例。当然，为了教育孩子需要，也可以编造一些安全事例，培养孩子的安全意识。比如，可以给孩子讲，有的孩子吃饭时不听话，手脚不老实，结果把碗推倒了，烫伤自己特别疼不说，还需要住进医院，打针吃药(抓住绝大多数孩子都有打针、吃药的痛苦经历，抓住孩子对医院的恐惧心理)。

4. 做好对陌生人的防范

告诉孩子不要和陌生人说话，自己一个人家时不要给陌生人开门，不接受他人送的礼物（特别是食物），不要轻信他人的话语（家庭以外的人），等等。经常看到电视上拐卖孩子的案例，熟人作案的也不在少数，要做好提前应对。

5. 加强对孩子身体的保护

告诉孩子身体的哪些部位只能允许爸爸或妈妈触碰，或者不允许任何人接触。强化孩子身体安全意识，以免孩子受到侵害。

6. 给孩子营造安全的生活环境

在对孩子进行安全意识培养的同时，家长也应做好相关事情，减少家中物品带来的安全隐患。比如，把电源、火源、锐器、打火机、火柴、药物、成人用品等，放在孩子看不见、摸不着、找不到的地方。比如，家里地板不要太滑，家具应尽量减少棱角，桌子高低要适当，板凳应稳当，等等。下面讲两个事例，提高大家对孩子安全意识的认识。

小时候听母亲讲过一个故事。故事中孩子的奶奶在家照看 4 岁的孙子，这个家庭中爷爷做木匠，家里有做木工的锉，孩子发现后拿来玩，奶奶拗不过孙子。结果孩子摔倒后锉插入眼睛内，造成终身残疾。爷爷回家后责备奶奶，说："为什么让孙子拿锉玩耍?"奶奶说："我也不知道他从哪里找到的，给他要也要不过来。"从这个悲剧故事看，家长存在以下问题：一是在家庭中有小孩子的情况下，没有把危险的物品或工具放好，导致孩子找到危险物品。二是家庭中这个奶奶，对孩子的危险行为及可能造成的危险后果评价不足。三是存在侥幸心理，防护措施不到位。参加工作后听到一个更加悲剧的故事。某县城一个家庭有一对 1 岁左右的双胞胎，由孩子奶奶在家里照看，家庭很富裕，养着两条狼狗。在两个孙子熟睡后，奶奶跑到邻居家打麻将，两条狼狗挣脱栓绳后，把两个孩子咬死了。这个悲剧故事也是因为缺少安全意识或存在侥幸心理导致的啊！常言道：一失足成千古恨！孩子的事没小事啊！尤其是安全问题应高度重视！

母亲经常说，照看孩子的功劳不一定大，但责任可不小！这句话道出了安全责任的真谛！这个阶段，孩子被烫伤、烧伤、碰伤的比比皆是，留下一生的生理和心理创伤。家长们应时刻提醒孩子建立安全意识，提前考虑不安全因素，且忌粗心大意，忌侥幸心理！粗心大意属于安全意识差，侥幸心理更要不得。为什么这样说呢？粗心大意是安全意识方面的能力问题，侥幸心理是明知道存在风险却放任风险的发生。国家法律规定，未满 8 周岁的孩子属无民事行为能力人，意识不到风险和危害，不承担任何民事责任。为此，我们应尽最大的努力，把可能给孩子带来的风险因素降到最少，把可能给孩子带来的风险降到最低，甚至做到没有任何风险！

一位亲人曾告诉我，她的女儿两岁多，胆子有点大，经常从高约半米的桌面上跳到地上，不害怕摔着或碰着。这种情况可能由以下原因导致：一是孩子身体比较皮实，对疼痛反应不够敏感。二是对风险预知能力差，潜意识里可能对风险不考虑，风险意识较差。三是看到家长表现出的惊恐，对其来讲可能有成就感，也可能为引起家长的关注。四是由于在第一次跳的时候，家长没有及时制止或没有告诉风险让其感到受打击。建议围绕孩子的缺点综合施策，改正孩子的不良习惯。一是把桌子搬走不给孩子跳的机会，让其失去表演的平台，这是最好的办法。二是在孩子做出一些危险事情之前，要提前预判危险动作可能带来的不好结果，冰冻三尺，非一日之寒！孩子的一些行为，之前应有一些表现，要及时制止，不要让其发展到危险的程度，给孩子造成伤害。三是这个阶段的孩子缺少安全感，抓住他的缺点，不给买玩具、关黑屋等都是行之有效的办法。四是冷落孩子的表现欲望。在孩子过于关注某项事情时，如果家长不去关注或关心，其表现欲望和行为将得到收敛或有所控制。

（二）培养自理能力

个人认为，孩子在幼儿阶段其自理能力包括基本生活能力、处理家务能力、规范摆放自己的物品、树立外在形象等方面，下面进行重点介绍。

1. 基本生活能力

（1）吃饭的能力

孩子 1 周岁后，可以试着让孩子自主吃饭。当然，在这个事情上，应因孩子具体情况而异，也可以在 2 周岁以后，甚至 3 周岁以后，都是可以的。但是，有的家长在孩子玩耍或逃避吃饭时，想尽一切办法给孩子喂饭，或者孩子能够自主吃饭而喂饭，这些做法值得商榷。孩子吃饭时应注意安全，孩子吞咽能力弱，防护能力差，孩子吃饭或者吃其他食物时存在较大风险，尽量让孩子细嚼慢咽。生活中经常出现因果冻、花生米等食物给孩子带来安全问题。为此，家长可以学习一些应急自救方法，有备无患。同时，还要注意培养孩子吃饭的习惯和效率。有的小孩子生来吃饭慢，有可能是性格方面的问题（慢性子），也可能是牙齿发育存在问题，咀嚼能力受限。做家长的应分析原因，及时进行纠正和矫正。

（2）培养穿衣服、上厕所的能力

一般情况下，2 岁半的孩子可以自主做这些事情，最迟在 3 岁时也应学会。如果 3 岁多还需要他人代劳，只能说明孩子能力差，也可能因为家长没有让孩子学习和锻炼。古人云："三岁看大，六岁看老。"3 岁的孩子，可以看出他的内在秉性、性格、能力。一般情况下，小孩子自己穿衣服容易出现比较拖沓的情况，可以在时间方面进行限制，减少磨蹭，提高效率。

2. 参与处理力所能及的家务

让孩子参与家庭事务有利于培养孩子的家庭意识、角色意识、参与意识、责任意识和团队意识。孩子最终要走向社会，团队意识、荣誉意识，团队成员之间的相互帮助、相互关心、共同完成一件事情是相当重要的。家长可以指导孩子做一些手工的东西，如做玩具、风筝等，提高孩子的动手能力。

在儿子 5 岁的时候，我曾对他说："你不小了，是个大学生了。"孩子反驳说："俺姥爷姥娘说我是小孩。"我说："是的，你在老人眼里永远是小孩！"我们可以让孩子培养小大人意识，根据孩子的具体情况制定学习和提高的目标。在孩子能力目标的设定上，应大于孩子实际年龄1～2岁。在幼儿、童年、少年时期用高标准要求孩子，是很好的选择，他将比同龄的孩子早一点成长，多一分成熟。

3. 规范管理书籍和物品

在孩子成长过程中，除家长陪伴外，相关物品是陪伴孩子的重要部分。日常生活中，家长应引导孩子规范摆放自己的玩具、衣物、书籍等物品，把应由自己保管的物品进行分类管理。比如，在书籍的摆放方面，指导孩子应把书籍放在什么地方，如何规范摆放，减少随意性。规范孩子摆放物品的习惯，能够帮助孩子培养自我管理意识，也可以培养和增强孩子管理事物的条理性，外部规范会有效影响内部规范，帮助孩子建立条线思维。养成规范习惯对人生意义重大。比如，孩子在写作业时，由于书本或作业本保管不规范，随意摆放或者家长帮助摆放好，孩子看过或用过后没有放回原处，总是出现不能马上找到书本或作业本的现象。费时费力找到书本或作业本，既耽误时间又影响写作业的心情，降低学习效率和效果。“用心”的人可以发现，孩子养成规范摆放和管理物品的习惯，一辈子将节约好多时间。

这里，想起小时候在老家的一些事情。有的家庭没有规范的习惯，物品摆放、存放很随意，往往是物品使用后随手一丢，到了使用的时候半天找不到。比如，我的一位远亲，某一天在其吃过早饭后，邻居约他一起干农活，这位远亲由于没有找到农具，让邻居先走了。等那位邻居从地里干完农活回到家里，那位远亲还在家里找农具。这件事，说起来真的好可笑！找不到农具不仅浪费农忙时间，还会把找不到农具的责任推到其他家庭成员身上，甚至出现相互埋怨，影响家庭成员之间的感情和家庭和睦。

4. 规范外在形象

人的外在形象相当重要，外在形象包括坐姿、站姿、走路姿势等。记得老人曾教育我们：要坐有坐相，站有站相，走路有走路的形象。男孩要有男孩的粗犷，女孩要有女孩的端庄。男儿不要“娘炮”，女孩不应过分奔放。总之，孩子在行为上要有适当的规范。提及孩子走路方面，想起中国家庭与外国家庭在小孩子摔倒后的不同应对。

个人认为，在孩子摔倒后家长扶不扶的问题上，除了家长对孩子的疼爱、教育理念的差异之外，还存在“面子”问题。中国家长大多好“面子”，特别是一些老年人。如果爷爷奶奶照看孩子，孩子摔倒后，不去扶一把或者拉一把，可能会不被他人理解，还可能会被当作笑谈。在培养孩子方面，应以提高孩子自主意识和能力为核心，不应顾及“面子”。当然，在孩子摔倒扶不扶、帮不帮的问题上，要具体情况具体对待，如果孩子存在身体状态不好、情绪不好、面临危险等情况时，应迅速帮助孩子。

（三）培养语言表达能力

语言表达能力是人的重要能力。语言表达是人际交往的基本需求，对人生的成功起着至关重要的作用。语言自成体系是一门艺术，一般情况下，工作的“三大法宝”是“能写、会查、善演讲”。“能写”是指文字写作能力，“会查”是指业务能力，“善演讲”是指语言能力、沟通交流能力。就语言体系来讲，首先是表达能力。说话，首先应让人听得明白。有说话清晰的成分，也有话语的运用成分，做到词能达义。其次，讲话应坚持逻辑性。什么是基础，哪些是表现，原因是什么，提出什么要求，方式办法如何等，都应向交流对象交代清楚。第三，讲话要有艺术性。要有语言的艺术，讲话的声音该洪亮时洪亮，该低沉时低沉，该严肃时严肃，该委婉时委婉，等等。另外，如果有个好声音，也会让人产生美的享受。好的语言表达能力，会给人生成功增添成色。否则，语言能力受到限制，交流也会出现问题。

幼儿阶段是培养孩子语言表达能力的重要阶段。孩子在2～4岁阶段，是其语言表达发育的关键时期，对其一生的发音方式、声带、表达能力会有较大的影响。家长应注意孩子说话的习惯，说话语速过快与过慢都不太好，应保持正常的语速。有的孩子说话吞吞吐吐、含糊不清，要及时进行纠正。告诉孩子说话要清晰，表达意思要准确，说话前做到有准备。有的孩子性子急，可以让他慢慢说话或者思考后再说话。研究发现，语言表达能力强的人多出自大城市，小城市或农村走出来的人比较少。我们在与孩子交流时，应尽量使用规范化语言。培养孩子的语言表达能力，能够帮助培养孩子的思考和总结能力。

（四）培养与人相处的能力

人生活在社会中离不开与他人交往和相处。交往与相处能力是人安身立命的重要能力。人的社会性决定了协作性，与人相处时，应注重培养孩子的团队意识，没有家庭、朋友和同事的帮助，无法达到最好的结果。

1. 与人相处应体现尊重

常言道：与人为善是与人交往应坚持的基本原则。即使出于自我保护的目的，也不可轻易或主动与人交恶。社会上，有的人习惯于高人一等，有的人讲话不考虑他人的感受，有的人喜欢找别人的麻烦，等等。这都是不尊重他人的表现，是很愚蠢的！

首先，教育孩子要尊重家庭成员，说话做事要有礼貌。其次，要尊重家庭成员的劳动成果。比如，爸爸或妈妈把家里卫生做好后，孩子应保持整洁。又如，家里有两个孩子，一个哥哥、一个妹妹，哥哥或者妹妹做的积木模型、画的图画、写的作业等，做妹妹或做哥哥的不能随意破坏。再如，告诉孩子要珍惜自己的食物和物品，尊重爸妈或其他家庭成员的劳动成果。如果住的是楼房，应告诉孩子在楼上楼下邻居休息的时候，少一些蹦蹦跳跳或吵闹。在家中应给孩子穿软底鞋，多加注意左右、上下邻居的感受。最后，与家庭成员以外的人交往也要尊重，要有礼貌，从而赢得良好的生活环境。对性格较弱的孩子，家长应教育孩子在与人相处时的平等意识，人和人之间是平等的，成功的机会只能靠自己争取。要敢于拼搏进取，敢于迎接挑战。我们经常遇到懂礼貌的孩子被不懂事的孩子欺负，有的孩子不骂人、不打人，不是因为胆子小，而是懂得“打人骂人”是错误的基本道理，是家庭良好教育的功劳，而非不敢为。有内涵、有教养的人往往被小人欺负，如果孩子遇到有不良习惯的小朋友，“躲着走”不失为正确的应对方法。

2. 与人相处要有分寸

(1) 选择性交朋友

孩子是祖国的花朵，天真烂漫。那么，为什么要选择性交朋友呢？首先，随着年龄的增长、家庭教育和培养中的不同方法和理念，小孩子在四五岁之后可能变得千差万别，一些孩子可能存在不良习惯。其次，幼儿阶段是培养孩子良好习惯的重要阶段，在没有真正养成良好习惯时，过多接触存有不良习惯的孩子，会影响其良好习惯的培养。

(2) 关键看行动

人是复杂的动物。有的孩子 3 岁左右时就可能谎话连篇，家长应告诉孩子尽量减少与这类孩子交往。家长应主动观察孩子的交往伙伴及其家庭情况，重点观察其家长做人方面的情况，不要被当官

挣钱等表面现象所蒙蔽。观察一个人关键看行动，从现象看本质，我们经常说的“事上见”就是这个道理。

（3）理性看待说话内容和方式

为什么提及这个话题呢？经常遇到孩子之间不经意的话语，导致孩子产生误会，甚至引起家长之间的矛盾。这个年龄段的孩子语言表达能力较差，孩子说话大多比较感性，家长应告诉孩子要理性看待小朋友表达的真实意思。有的孩子说话很不礼貌，但也不一定具有恶意或者是故意，可能与家庭教育不到位有关。教导孩子全方面、多角度看问题，根据说话的场景或者个人说话的特点、习惯等综合判断。比如，有的人说话比较随意，不讲究方式方法，有的人说话很严肃，有的人不会表扬他人。

（4）把握说话的艺术和分寸

告诉孩子在与人交往时，要注意审查自己表达的意思是否准确，说话的态度是否端正，尽量避免无意识而得罪人的问题。要掌握说话的分寸，“打人不打脸，骂人不揭短”。人们容易发现他人身上的缺点，往往看不到自己的不足，这是人性的弱点，是动物本能的保护。人们在被批评或羞辱时，会本能地作出心理或生理反应。多年来，我们一直提倡：“严以律己，宽以待人”，但真正做到的不太多，多数情况下存在“严以律人，宽以待己”的问题！俗话说“老鸹站在猪（黑猪）身上，只看到他人黑”。作为家长，在教育孩子懂道理、要求孩子养成好习惯时，应认真反思是否做到“己所不欲，勿施于人”。对一些不明白的道理，家长应学习、学深、学透，以更好地培养孩子。家长应积极改掉一些坏毛病，更好给孩子树立榜样，与孩子一起成长。

3. 善于欣赏和赞赏他人

个人认为，懂得欣赏的人和善于欣赏他人的人，能够发现美好的东西，其内心是宁静的，生活是幸福的！老人经常要求我们，说老实话，办老实事，并作为做人的基本原则。之前，片面认为如果夸奖别人就不是“说老实话”，就好像对人不负责任，而且把那些喜欢夸别人的人当作虚伪的人看待。习惯于找别人身上的缺点和问题，每每回想起来，真的感觉很可笑！善于欣赏和赞美他人，不是虚伪！当今社会，讲真话的氛围不太好，人们也比较浮躁，故出现一些不正常的情况。比如：只要是女性，都会被称为“美女”，不论年龄大小、不论是否长得俊俏，男性会被称为“帅哥”或“资深帅哥”。当然，有时还存有工作上的语言贿赂。比如，一个人在某局上班，就会被同学和朋友称为“局长”，在学校供职会被称为“校长”，等等，不胜枚举。近几年，社会上出现了“捧杀”一词。“捧杀”用于别有用心的人，与欣赏和赞美他人不沾边。

个人认为，善于欣赏和赞美别人，不是告诉大家对他人讲美丽的语言，更不是引导大家奉承别人。善于欣赏和赞美别人是生活态度、思想境界、生活智慧和学习能力的综合反映。在培养孩子欣赏和赞赏能力方面，应做到以下几点：首先，应培养孩子发现美的能力。从一点一滴中发现生活之美，打好欣赏和赞美他人的基础。其次，在与人交往时养成发现他人优点的习惯，形成思维定式和行为偏好。通过发现他人的优点，查找自身缺点和不足，不断提高和完善自己。最后，讲善于欣赏和赞美别人，不是忽略他人的缺点，如果发现他人存在重大缺点和错误，应及时讲出来，以求共同进步。

对孩子行为能力的培养中，应根据孩子的具体情况，采取针对性的方法和措施。比如，可以通过帮助孩子制定行为规范，悬挂在孩子房间或客厅醒目位置，提醒和监督孩子规范自己的行

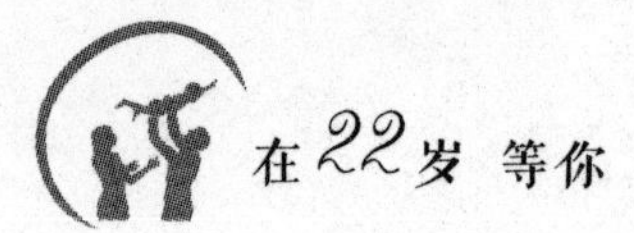

为，帮助孩子形成行动自觉。行为规范的内容可以根据具体情况而定。比如，在家中和家外均要讲礼貌，对老人说话要尊敬，感谢他人的馈赠，和小朋友交往不说脏话，把自己的玩具和书册摆放整齐，每周打扫几次卫生，等等。行为规范忌笼统、概念不清、不便执行。同时，家长也应加强自我约束，制定自己的行为规范，让孩子进行监督。

三、培养孩子的荣辱感和羞耻心

荣辱感是人们意识和认识的重要内容，属于“三观”的范畴。决定人们一生的格局、境界和层次。个人认为，荣辱感有先天的成分，有强弱之分，可表现为好强性格与普通性格，也可表现为原则性和上进心的强弱。比如，有的孩子性格要强，对没有做好的事情表现强烈，出现不吃饭、哭泣等表象。有的孩子学好学差一个样，无所谓状态。比如，有的孩子学习不努力，对学习成绩好与差不敏感，受到家长批评时，甚至和学习成绩更差的孩子相比。

什么是羞耻心呢？个人认为，羞耻心与荣辱感意思相近，都属于精神世界内容，荣辱感常表现在外，羞耻心常表现在内。荣辱感表现为大是大非及原则的内容较多，羞耻心偏重于生活和日常行为。比如，有的女孩子八九岁时光着屁股在家里乱跑，是羞耻心不足所致。那么，如何提高孩子的荣辱感呢？

（一）对要强性格的孩子

应帮助树立正确的“三观”，告诉其做人做事的基本道理，培养高尚的人格和品质。对要强的孩子来讲，在其自我压力过大时，家长要做好减压工作。特别是一些女孩子，懂事较早，对学习、生活等方面要求较高，如果长时间压力过大，生理心理均可能出现问题。家长应教育孩子正确看待荣誉，提高自我减压的能力。

（二）对荣辱感较差的孩子

家长可以结合孩子的优点和缺点，进行适当地奖惩，通过对做好与做坏之间进行奖惩，刺激孩子的荣辱感。同时，告诉孩子做好人、做好事是获得社会认可及被人尊重的基本要求和前提。缺少荣辱感，不求上进，没有一技之长，在社会上难以立足。人要脸树要皮，没脸没皮难做人。增强羞耻心，让孩子知荣知耻，并做到知耻而后勇。

（三）对荣辱感一般的孩子

应不断提高其自身能力。比如，学习好会得到老师、同学的表扬和认可。一般情况下，被关注能够提高孩子的荣辱感。孩子荣辱感的缺乏，剔除先天因素外，主要原因是孩子没有意识或认识到荣辱感对做人做事的意义，没有明白对人生的作用，是角色定位不够和责任心不足的问题。不想当将军的士兵不是好士兵！应启发孩子积极承担个人、家庭乃至社会的重任，做一个要强的人、有责任心的人，要从小打好基础，不留人生遗憾。要强和好强相去甚远，要强是对自己的要求，是从内心产生的高标准、严要求。要强的人有人生追求，并以责任、担当和奉献为基础。好强则不然，好强的人喜欢逞能、凡事居上风、不愿吃亏，甚至无理占三分，不被社会认可！

四、培养孩子的读书习惯

孩子的读书习惯应是重点培养的习惯。在幼儿阶段培养孩子读书的习惯相当重要，不应在乎孩子能够认识多少文字、学到多少知识。孩子学习能力的培养是从养成习惯、产生兴趣至产生责任意识的过程，这里的“读书”是泛指，不仅指某一类书籍，应博览群书。

（一）陪孩子读书

常言道：陪伴是最好的教育。在孩子童年阶段具有一定道理。陪伴是关心关爱孩子的外在表现，我们要客观辩证地看待陪伴。一些有责任心的家长，由于工作、生活原因不能陪伴孩子左右也是可以理解的。陪孩子读书与孩子自己读书相比更有实用性，好处较多。因为，在培养孩子读书习惯的同时，还可以启发或告诉孩子一些生活道理和人生哲理。下面重点谈一谈“陪伴”。

大家都清楚陪伴老人和孩子的意义，怎样全面深入理解和做到更好地陪伴呢？个人认为，陪伴老人和孩子不是形式上的，与老人、孩子暖心交流才是最好的陪伴。作为儿女应常回家看看，父母在70岁以后，盼望孩子回家的意愿更加强烈，儿女们回到家，给老人捶背揉肩，聊聊家常、工作事情和生活见闻等，可以达到良好的陪伴效果。良好的交流才会达到陪伴的真正目的。老人需要的不仅是陪伴，更重要的是交流。如果回家待上一天，大多时间在玩手机，还不如不回家，老人会感到不被尊重，认为孩子们回家是走过场。如果能够经常和老人打个电话、视频通话，也是用心的“陪伴”，老人们也会得到心灵的慰藉。

同样，孩子也需要我们的陪伴，陪伴孩子更需要交流，因为孩子需要获得人生的道理和知识，与孩子的交流也应更具智慧。为孩子树立榜样是家长的义务，我们的一言一行影响着孩子。比如，孩子小时候总是问“十万个为什么”或问一些稀奇古怪的问题，做好回答需要大智慧。父母是孩子的第一任老师，怎么才能当好这个老师呢？我们应该从哪些方面做好这个老师呢？人，往往是对别人要求高、要求多，对自己要求低、要求少的，爱一个人需要耐心，爱一个人需要宽容。做家长的大多对教师们要求高，但对自己（孩子最重要的老师）往往要求不太高。每一个父母都期待孩子取得成功，望子成龙，望女成凤。但是，怎样才能让孩子成为栋梁或一生平安幸福呢？家长需要提高自己的能力，即启蒙或影响孩子的能力。

（二）给孩子营造读书的氛围

在培养孩子读书习惯时，家庭读书氛围相当重要，家庭各成员应努力给孩子营造良好的读书氛围。孩子在读书时，家长不要看手机、看电视、打游戏等。当然，不在孩子视线范围之内可以看手机和电视。孩子在没有形成读书习惯的时候是不喜欢读书的，发现家长不读书时会不愿意读书。孩子喜欢模仿，如果我们喜欢读书，孩子会模仿的。家长不做而强制让孩子去做时，孩子将产生不平衡心理。比如，孩子在 3 岁以后，妈妈让其看书，他会反驳说："你为啥不看书？"

下面谈谈我儿子 3 岁时的一件事。某天，我在读一本专业书籍，儿子跑过来问："爸爸，你在干什么？"我考虑到孩子还小，给孩子说："爸爸在写作业。"接着问儿子："你幼儿园老师布置作业了吗？"儿子说："有作业，我也要写作业。"然后，转身离去。我立即拉住儿子，并告诉他："儿子，写作业是人们一生的功课，你看爸爸这么大年纪还要写作业。"做家长的要培养孩子终身学习的意识。孩子小的时候，家长们大多很年轻，正是工作学习努力上进的黄金时期，一起读书是两全的选择。另外，我们还可以通过带孩子逛书店、去图书馆等地方，让孩子感受读书的氛围。

（三）给孩子提供读书的条件

一是在孩子的床（头）边、沙发旁等放置一些孩子喜欢的书籍，以便其在上床后、未睡着前或醒来后读书。二是孩子年龄稍大一些，可以给孩子设置专门的书柜、书桌等，为孩子提供良好的条件。三是及时给孩子购买书籍。孩子读书范围应严格筛选，但不能太单一。购买书籍应适合其年龄、知识结构、认知能力，家长可以根据每个阶段孩子的具体情况选择性购买。

读书是增强个人内涵和文化的最佳途径和方法。孩子来到世界上，什么都是新鲜的，家长应做好引导。读书即学习，读书的人除了知识丰富外，还会有思想、有气质，腹有诗书气自华！引导孩子读书与思考并重，加强对基本社会道理的思考，把读书与文化教育结合起来。比如，从动物、漫画书开始，这些书籍除了帮助孩子识字之外，还可以从中学到做人做事的道理。近几年，国人读书习惯不如其他一些国家的人。但是，为什么我们国家的科技发展快且国家强盛呢？个人认为，中国人口基数较大，如果每100人里出现一位世界公认的精英人才，我们国家的精英人数将会超过一些国家的人口总量，这为我国科技在世界上的领先地位提供了强有力的保障。如果国人具有更好的读书习惯，我们的祖国将更加强大。

五、培养孩子的“小”自信

自信与自卑相对应。自信让人充满能量，敢于突破，积极向上，走向成功。自卑使人缺少底气，做事缩手缩脚，不敢尝试。小孩子拥有自信的不太多，自卑的不在少数，其主要原因是缺少知识、经验和能力。个人认为，人的一生都在努力建造自己的自信“王国”。人生是不断提高自信的过程，人们需要通过不断地学习知识、丰富经验、提高能力，获得自信与成功。没有自信，人生难以成功。

那么，什么是自信呢？自信是人们做人做事的信心。自信是一个人能力的体现，是成功者必备的特质。如何培养孩子的自信呢？

（一）从获得小成绩积累自信

让孩子完成一些能够独立完成的事情，获得家人、老师和同学们的表扬和认可。通过做事情获得成功积累孩子的自信。小事情可以积累小自信，大成功会产生大自信

（二）对孩子设定较高的标准

比如，在孩子 4 岁时，可以按 6 岁孩子应具备的能力要求他。孩子 3 岁以后，家长们可以在口头或一定形式上不把他（她）当作小孩子，高标准要求，帮助孩子与同龄伙伴交往时建立自信。自信除来源于成功外，也可以从给他人的比较中获得，而且通过比较得到的信息更科学、更有意义。孩子在 4 岁后可以参加一些兴趣班，如绘画、舞蹈、武术、音乐等，孩子在与其他孩子交往时，也可以通过个人特长增加自信。

（三）利用好孩子的自尊心和虚荣心

帮助孩子做一些事情，满足孩子的虚荣心。比如，和孩子一起绘画，指导完成小手工制作，他的作品可能得到老师的表扬和同学的认可。记得一位亲人曾告诉我他孩子的一些表现。比如，下班后到幼儿园接孩子时，看到别的孩子都高兴地和家长、老师一起玩耍，自己的孩子却要求马上回家。问我这是为什么？我说可能是不自信的表现。后来，通过帮助和指导孩子绘画，孩子的绘画作品得到老师的认可和表扬，孩子不再自卑，见到家长来接也不要求马上回家了。自信，往往来自身边人的认可，一个表现

不突出、不被周围人认可的孩子，难以获得自信。

（四）帮助孩子融入团队和社会

不被团队认可、不能融入团队的孩子，会出现失落感或被抛弃感，时间久了会出现自卑心理，和其他小朋友不能正常玩耍，性格上也可能会趋于内向。

总之，自信从一点一滴的小成绩中而来，帮助孩子取得成功，帮助孩子建立自信是关键。当然，我们要有清醒的头脑，力戒孩子出现“盲目自信”。

六、培养孩子的思考习惯

思考，是人们意识活动的体现，是人们应具备的基本能力，不分年龄大小。孩子们可能勤于思考，但年长者不一定喜欢思考。思考是一种能力，培养孩子思考的习惯和善于思考的能力，对其一生非常重要。思考无处不在，可以随时随地，思考不受心情影响，思考不受年龄制约。思考相伴于认识世界和改造世界的全过程，与总结、归纳相伴相生。前几年，我在《闲为空谈》中提到：人们拥有如此发达的大脑，赋予其强大的思考的功能，应该保持思考的习惯，这是作为人必须做的事情。试想，一个拥有健全的大脑却不喜欢思考的人，又与动物何异呢？

母亲常说：“见一百样，学一百样！”要求我们不要忘记学习和思考。比如，看电视时应学习和思考电视节目寓含的道理。凡事皆规律，思考悟真经！如何培养孩子的思考习惯呢？

一是鼓励孩子对看到的、想到的事情或事物，多问几个“为什么”，孩子在提问题的时候即开始思考了。但是，在对同一问题或家长已多次进行充分回答的情况下，孩子如果仍反复地询问，说明孩子没有进行有效的思考，应引起家长的注意，及时进行纠正！另外，在孩子专注于某项事情时，家长应了解孩子是否在思考。比如，看书、看动画片或者听别人说话时，如果没有思考，应让孩子有意识地思考。可以询问孩子别人说话的意思是什么，书上写了什么内容，小故事告诉什么道理，等等，促进孩子进行思考。

二是对孩子的问题进行启发式回答。启发孩子的目的是促进孩子思考，但应注意在启发中明确答案，提高孩子的思考能力。比如，有的小男孩问爸爸，为什么他的小汽车比哥哥的小汽车跑得快呢？可以让孩子思考他的小汽车和哥哥的小汽车有什么不同。让孩子观察小汽车的外部形状，然后再问："你认为什么样的小汽车能够跑得快呢？"最后，告诉他答案：小汽车跑得快需要电池电量足，哥哥的小汽车用的是旧电池，而你的小汽车用的是新电池，电池能量的不同决定奔跑的快慢。

三是在陪伴孩子时主动给孩子设置一些问题，让孩子进行思考。比如，陪孩子玩火车玩具时让孩子思考，火车为什么是这个样子，轨道为什么这样设计，怎么样才能跑得快，等等。再如，带着孩子去餐馆吃饭，让孩子思考橱窗里菜品摆放状态、厨师们为什么戴着不同形状的帽子、有的人讲话为什么没有礼貌？随时随地让孩子思考，并告诉孩子其中道理。

四是对孩子提出问题（为什么）和解决问题（怎样做）进行奖励。奖励可以是口头的，也可以是物质的。对孩子的奖励应及时，及时奖励效果较好。对思考习惯和思考能力的培养采用物质奖励，比起孩子做家务给予物质奖励，属于较高层次，更有深远意义。

以上介绍了孩子在幼儿时期的特点和培养方法。一些特点在童年期甚至少年期均有所体现。培养孩子是个系统工作，不可能一蹴而就。培养孩子的方法是相通的，只是在每个阶段的培养重点不同。在孩子童年、少年期的培养中，可以参考和借鉴，通用的方法在以后章节不再赘述。比如，安全意识、自理能力、与人相处的方法、读书的习惯、思考的习惯、自信等意识和能力的培养，需要长期坚持，方能形成体系性思维，提高综合管理能力。

第三节　培养孩子容易出现的问题

一、习惯性“代劳”

一切为了孩子是中国家长的优良品德。多数家长为了孩子可以舍弃自己的生命，这是中国父母及老人的伟大品格。讲亲情、重感情是中华民族的传统美德，也是中华文化绵延五千年的深厚积淀。记得2019年中央电视台为李昌钰博士做的一期节目。李昌钰博士在英国工作、生活多年，结交一些英国朋友。有一位朋友因重病住进医院已有一段时间，估计离大去之日不远矣。某日，李昌钰博士想起这位朋友，让自己的小儿子作为代表前去看望。这位英国老人明白李昌钰博士儿子的来意后，感动得老泪横流，激动地说：“还是你们中国文化好，还是中国人好啊！”这位英国朋友因病住院半年多，他的三个孩子几个月都没有去医院看望，甚至连电话也没有打。

为什么提“代劳”这个话题呢？主要原因是多数家长对孩子过于关心和爱护，出现了习惯性“代劳”或溺爱问题。比如，在孩子吃饭方面，有的家长如果不能参与管理孩子吃饭，可能浑身不自在，特别是一些奶奶、姥姥辈的人，在孩子3岁后还要给孩子喂饭，或者明知孩子已经吃饱，却还要想尽一切办法让孩子多吃一口。有的老人为多喂孩子一口饭，甚至端着饭碗在孩子屁股后面不停地追赶。奶奶、姥姥大都五六十岁，挨过饿、受过苦，且大多受教育程度不高，总怕孩子吃不饱情有可原。但是，年轻的妈妈们如果也这样的话，就不好理解了！

习惯性代劳会产生以下不良后果：一是吃饭总有家长喂，孩子会形成依赖感，不利于孩子自主意识的培养。二是人为减少孩子锻炼动手能力的机会，失去吃饭过程中管理风险能力的机会，也会影响大脑发育和身体协调能力。三是从某种程度上讲会造成孩子厌食。习惯于喂饭的孩子，多数存在吃饭困难，因为吃饭的主动性缺失，不明白吃饭这件事情需要自己来做。四是家庭成员之间会产生分歧或摩擦，甚至出现矛盾而影响家庭和睦。

建议年轻的家长们主动作为，在孩子培养方面与老人们达成一致意见，处理好与其他家庭成员的关系。由于“隔代亲”现象的存在，导致出现宠爱或溺爱孩子的问题。培养孩子应与时俱进，老人在家帮助儿女们做一些洗衣、做饭、打扫卫生等内务之事就足够了。培养和教育孩子是父母应做的事情，在家庭中教育孩子出现分歧或者问题，多是因为老人或年轻的爸妈没有认清并摆正自己的位置。

二、教育孩子的时机把握不好

前面谈到教育孩子应选时择地，根据孩子的一贯表现、近期情况、所处环境、缺点严重程度及带来的危害等，分清教育或批评的轻重缓急，采取相应措施。比如，有的家长过于严厉，认为孩子的错误要立刻提出，及时教育。对此，我不敢苟同。个人认为，孩子在幼儿阶段犯点错误没有必要大惊小怪，有些时候并不像家长想象得那么严重。对一个孩子并不多见的缺点或偶尔发生的错误，建议不要马上指出来。因为孩子自尊心较强，通常孩子犯了错误会很胆怯，家长的一个眼神、脸色，孩子可能都会感到不安。前面提及，不要在孩子不高兴时进行教育，孩子不会听进去，也不会记住！

记得儿子 4 岁左右的一天，在与小朋友玩耍时，因为调皮把一个小朋友弄哭了。妈妈在大庭广众之下给儿子“上了一课”，儿子回到家后情绪很沮丧，半天没有缓过神来。几天后的周末，带孩子去公园坐碰碰车，孩子玩得很高兴。趁机，我把孩子抱了起来，右手拍着孩子的肩膀，给孩子说了下面几句话：“儿子，前几天妈妈打你之事，我代表妈妈向你道歉，不管你做了什么，妈妈打人是不对的。”“儿子，妈妈打你，你知道是为什么吗？是想让你成为一个优秀的人，从小时候就应该严格要求自己，爸妈不能给你好的人生基础，让你一生衣食无忧，你只有严格要求自己，及早懂事，一辈子才能拥有幸福的生活。”孩子点点头。我接着说：“儿子知道哪里错了吗？”儿子说：“爸爸，我知道了，不该把××弄哭。”在与儿子的相伴中这样的沟通不知道有多少次，每次成效都不错。因为他在高兴的时候，没有抵触情绪，此时给孩子讲道理，更容易接受。当然，谈话里面存有交流的方法和技巧，请大家品读。

一些不良习惯应及时制止或纠正。在孩子犯了错误后，有的家长给孩子设置“面壁墙”，让孩子进行反思。我给儿子设置了“黑屋”——不开灯的房间。当他犯错误时，如果没有好的认错态度，让他进黑屋单独待着。个人认为，幼儿时期的孩子缺少安全感，让其单独在没有灯光的屋子里，内心会产生恐惧感，会主动求饶。记得儿子在三四岁时，见到其他小朋友为达到让家长为其买玩具的目的，坐在或躺在地上“撒泼”。有一天，我和儿子在家，儿子想要一件东西，我没有答应，儿子便也在地上“撒泼”，我把他拉到房间关“黑屋”，结果把他吓坏了，立马求饶并且认错态度良好。从此以后，孩子再没有这样的举动。等到孩子上学后，听同学老师讲到“撒泼”，还曾问我“撒泼”是什么意思。可见，及时制止孩子的一些不良倾向效果较好，不良习惯一旦养成，是不容易改掉的！

2 岁以后的孩子有较强的意识，个别孩子甚至可以通过观察家长的反应采取下步行动。比如，在儿子两岁半的某一天，逛商场时儿子提出买玩具。之初，对我进行试探，偷偷瞄着我，观察我的反应。从“玩笑”角度看，培养孩子的过程是和孩子“斗智斗勇”的过程。对待反应迟钝的孩子，应注重培养其对周围环境的关注度或敏感度。我曾遇到一个四五岁的孩子，他对环境反应不够灵敏。不论家长对他讲什么，不管什么态度，他的反应均很平淡（冷漠）。不让他玩玩具、叫他吃饭或者别人和他讲话时，总是不理不睬。那么，如何教育这种类型的孩子呢？个人认为，综合其表现可能由以下原因导致：一是对外界事物反应不敏感，考虑不到外部环境对自己可能带来的危害，表现出来为“一根筋”。二是在孩子较小的时候，可能已出现反应不敏感或者对他人的要求置之不理的缺点，家长没有及时制止。三是缺少礼貌规范教育，缺少基本的行为规范。这种情况如果不能改变，将会导致很多问题。对外部因素反应不够敏感，在课堂上可能会不专注听课，把老师的话当作耳旁风，与其他小朋友交往也可能会遇到障碍。如何改变这种状况呢？找到他的关注点是解决问题的关键，同时，设置一些标准运用奖惩措施，建立行为“规矩”。比如，在爸爸妈妈叫他的时候，应立即作出回应，如果不作出回应，会受到什么样的惩罚。教育的核心是影响孩子，如果采取的方法不能起到干预作用，教育将大打折扣。

三、培养孩子全家齐上阵

多数家庭在教育孩子时会出现家人齐上阵的现象。比如，在一起吃饭的时候，奶奶给孩子夹菜，妈妈给孩子拿馍，爷爷也可能给孩子端汤，一家人恨不得把孩子宠到天上去，让孩子感觉像个“小皇帝”。一些家长埋怨孩子不听话或者说是家中的小皇帝、小祖宗。但是，很少有人去思考孩子是如何成为小皇帝、小祖宗的！再如，孩子在做一件事情的时候，奶奶看到会教导一下，爷爷见到会指导一番，七大姑八大姨遇到又会“指点江山”，等等。越是大家庭，给孩子的指导越是“丰富”，导致孩子不清楚哪位是“高人”，应该听谁的办法和方法！这里只是举个例子，我们大都经历过这些事情。培养和教育孩子是爸妈的义务，他人大多不懂装懂。曾做过一个调查，真正读懂孩子的家长不太多，真正懂得如何教育孩子的人更少。大家庭成员给孩子的学习方法或生活技巧，大多是一面之词，甚至存在错误。打着关心他人孩子的旗号让其无所适从，也可能会误人子弟！

培养和教育孩子是父母的责任和义务。但在现实生活中经常出现父亲只管挣钱，把教育孩子的责任交给妻子承担的现象，甚至不配合妻子营造培养孩子的良好氛围。比如，有的男士到家后想玩手机时玩手机、想看电视时看电视，不顾及妻子和孩子的感受，不利于孩子的成长，应引起高度重视。

四、家长行为不够得体

（一）拿邻家孩子教育自己孩子

一般来讲，拿自己与其他孩子相比，从中找到差距或优点，是科学的。因为孩子年龄、阅历相差不大，具有可比性，但应注意方式方法。一是让孩子学习他人不可指名道姓。孩子们自尊心较强，指出孩子缺点时，孩子容易产生挫败感。反复地讲向某人学习，孩子会感到爸妈不疼爱自己，降低安全感。一些家长对孩子评价不全面，在与其他孩子作比较时，看不到自家孩子的优点。二是注意与其他孩子比较后产生的效果。家长将自家孩子与其他孩子比较时，即使孩子没有出现明显的烦躁，但其不积极改正缺点或没有向好的变化时，家长应高度关注。孩子如果不再理会家长的话语，也可能是孩子疏远家长的信号。三是和孩子共同研究分析，给予孩子学习和生活的方法，帮助孩子提高自己的能力，这是家长们应该做的，也是教育孩子过程中最关键的！

（二）不注意保护自己和孩子的隐私

比如，在孩子五六岁以后不分床或不分屋居住，和孩子一起洗澡不注意遮挡隐私部位等。家长千万不可认为小孩子不懂事，可以在孩子面前为所欲为。家长要注意成人间的隐私，注意成人间亲昵的动作，不可让孩子过早接触到成人的生活。在给 3 岁以上孩子洗澡时，建议爸妈要穿着内裤。不建议爸爸给 3 岁以上的女儿洗澡，也不建议妈妈给 5 岁以上的儿子洗澡。有的家长认为，反正是一家人，怎么做都没有问题。这是不正确的，对孩子的危害可能会相当大。

（三）把负面情绪带到家里

家庭是温暖的港湾，是幸福的家园。多数人认为从家外回到家里，可以卸掉沉重的铠甲，摘掉伪装的面具，享受生活的美好。个人认为，家长在家庭中应传递一些正能量，负面情绪不可展示在孩子面前。负面情绪更加具有传染性，负面情绪会破坏家庭的和睦与和谐。做父母的不可将不高兴或负向情绪带到与孩子的相处之中，孩子是无辜的！愚蠢的男人或女人会把怨气撒到亲人身上。比如，一些男人缺少工作生活的能力，把负面情绪撒到最需要保护的妻子和孩子身上。对于工作和生活中的不顺心，年轻的父母可以给亲人说说，和朋友谈谈，从中找到解决问题的方法和答案。让我们共同努力，让每个家庭更加和睦温馨，为孩子营造良好的成长环境，让家真正成为温暖的港湾！

五、放任孩子打电子游戏

近几年来，经常遇到一些家长忙于生意、生活和其他事务，让小孩子在手机或电脑上打游戏，每逢此景心里总是很沉重！近期，观看电视节目，谈到孩子打游戏的问题，一位嘉宾谈到美国科学研究已经给出答案：18 个月以下的孩子不可看手机、平板等电子显示屏幕。原因是孩子的神经发育较快，接触电子屏幕会给神经发育带来危害。2～6 岁的孩子，每次可以玩游戏 10 分钟，但间隔应在 1 个小时以上，而且只可以玩电子屏幕不滚动、纯手动的游戏，不可以玩屏幕闪动或滚动的游戏。大家是否清楚孩子不喜欢看书的原因呢？书的画面是静止的，与游戏中滚动的屏幕不同，孩子在视角上产生差异。

我对孩子打游戏是持抵制态度的。个人认为，6 岁之前的孩子尽量不要接触电子游戏，电子游戏容易让孩子上瘾，电子屏幕对孩子的眼睛、皮肤等都会产生不良影响。有的家长说游戏是乐趣，游戏中有快乐，对孩子还可以益智。试想，有几个游戏能够教给孩子做人做事的道理，能够让孩子的学习成绩蒸蒸日上，怎么能说游戏可以益智呢？既然可以益智，为什么迷恋游戏的孩子大多学习成绩较差呢？倒是从身边的同事、朋友、同学的孩子那里听到一些打游戏的失败案例。比如，有的孩子小学时学习较好，中学时迷上电子游戏，早早退学。个人认为，孩子打游戏能够“益智”，多是出自喜欢打游戏的年轻爸妈之口。益智的事情很多，为何只盯着玩游戏呢？陪孩子读书、锻炼身体、给孩子讲人生道理，难道不益智吗？为什么有的家长和孩子打游戏时津津有味，陪孩子读书就失去耐心和兴趣呢？有的人认为让孩子打游戏可以弹性一些，但对 6 岁之前的孩子如何讲弹性呢？孩子们还不具有把握弹性的能力！

多年来，听到许多因为打游戏痴迷而成为问题孩子、学习差的孩子甚至不愿上学的孩子，有的孩子甚至连基本的“成人”都被耽误，有的甚至到外地专门戒除网瘾。没有听到谁家孩子因为喜欢打游戏成为“成人”且“成才”的成功者！没听过喜欢打游戏的人多么具有人生正能量！没见过多少孩子从打游戏过程中学会懂礼貌，学会生活自理，学到多少知识，悟出多少道理！一些家长由于喜欢打游戏影响工作，不做家务，生活邋遢，每天行尸走肉一般，不知所踪，这是极不负责任的表现！

试想，世界上什么事情容易让人上瘾呢？估计大家会想起毒品、传销和游戏，当然，还有一些负能量的事情。正能量的事情容易让人上瘾吗？非也，一生坚持正能量、做好人是相当困难的！需要有坚定的信仰、非凡毅力和韧劲。如果家长不努力让孩子形成读书习惯和学习习惯，又有几个孩子在读书学习方面能上瘾呢？

游戏，可以像打篮球一样，作为一个小兴趣。游戏只能当作生活的佐料。同时，要分清游戏类别并从中悟出道理和方法，如果不能积极去感悟，不打游戏也罢！对小孩子而言，建议在 6 岁以后，可以接触游戏，并根据孩子的生活习惯、学习成绩等综合表现，每周可以挤出一定时间用来打游戏。不建议成年人在小孩子面前打游戏。世界有游戏比赛，像围棋、象棋一样纳入体育比赛，那是少数人做的事情，作为自己的职业。花花世界，无奇不有，我们无法否认世界的丰富多彩。体育项目需要天赋，有的人在这个方面具有天赋，作为家长应认真思考孩子是否有这种天赋，如果没有应控制孩子打游戏；如果孩子在打游戏中确有天赋，则不应阻止其发展。毕竟“三百六十行，行行出状元”！

六、对孩子说教多拥抱少

受中国文化的影响，中国家长在培养孩子的过程中，讲道理多，讲要求多，主动给予孩子拥抱较少。中国人讲感情比较含蓄，但可以在家庭中给孩子一个拥抱。前面提到，孩子在成长阶段缺少安全感，拥抱在形式上能够拉近与孩子的距离，增加孩子的心理安全感。比如，小孩子在成长中会经常犯错误或者受到来自外部的委屈，给孩子一个拥抱，会让孩子感到爸妈的疼爱和温暖，拥抱时听孩子诉说或给孩子讲人生道理，会起到良好效果。个人认为，一个拥抱可以抵上一天的说教，还可能更管用！多年来，我和儿子养成了拥抱的习惯。比如，高兴时拥抱、相见时拥抱。通过拥抱与孩子一起建立了良好的父子关系和深厚情感。

个人认为，与其他家庭成员之间，也可以通过拥抱建立好的亲情关系。夫妻之间一个拥抱，也是较好的交流方式。上班出门、下班到家或夫妻一方劳累或心情不好时，主动拥抱一下是表达爱的有效方式，能够增进理解和感情。另外，兄弟姊妹之间拥抱有利于建立较好的亲情关系。当然，成年人之间拥抱要择时选地。

七、强身健体存在误区

2～6 岁孩子处于好动阶段，不需要专门的体育锻炼促进其身体发育。有的家长为让孩子强身健体，给 3～5 岁的孩子报一些体育兴趣班，如跆拳道、武术、乒乓球等。就单纯的强身健体而言，没有必要报兴趣班。这个年龄段的孩子，如果能够在家里正常的活动，不会影响孩子健康成长。另外，强身健体是一辈子的事情，学武术、练跆拳道等，如果不能长期坚持难以起到作用。比如，家中侄子 4～6 岁参加了两年体育兴趣班。多年后，问及还记得当年学的技能吗？他说："没有印象了。"没有起到强身健体的作用，白白花了很多钱。当然，如果孩子胆子较小，融入社会能力较差的话，可以参加一些体育兴趣班，让孩子多接触一些人和事。想起我们"70 后"，儿时常在地里跑、捉迷藏等，身体素质普遍较好。

在孩子 6 岁以后，坐着的时间会比较多，且孩子各方面发育较快，缺少必要的体育锻炼，难以保证身体素质。建议在课余多带孩子做一些与身体素质有关的游戏，培养体育爱好，如篮球，跑步、乒乓球等。为孩子身体素质提供保障。比如，有的孩子不喜欢运动或较肥胖，会影响身体协调能力，在某种程度上也会影响智力发育，也会带来一定的健康风险，容易出现骨折等问题，影响学业和身体健康。

八、性别意识培养存在偏差

极个别家长会根据自己的喜好给孩子穿衣戴帽，把男孩子打扮成女孩子的样子或把女孩子打扮成男孩子模样，都是不正确的。这个阶段，孩子的意识已经出现，家长应高度重视。培养孩子的性别角色意识，首先是心理认同，包括环境认同，需要从幼儿时进行培养，不可给孩子成长带来不必要的麻烦或留下心理阴影。

第四节　对培养孩子的理论探讨

当前，一般家庭孩子较少，家长比较重视孩子的培养。但是，一些家长在对培养孩子认识方面缺乏鉴别力，往往人云亦云。对一些观点或理念的认识，值得商榷。

一、论“不让孩子输在起跑线上”

多年来，经常听到“不让孩子输在起跑线上”这句话。多数家长为了“不让孩子输在起跑线上”，给孩子报一些兴趣班、培训班，培养一些兴趣，学习一些知识，但效果却不理想。

孩子人生的起跑线在哪里？起跑线是什么呢？个人认为，人生一世不过百年，什么决定一生的幸福呢？我的答案是人格！没有好的品行，学习再多知识也无用，还可能越是学习知识、做事本领越大，越是祸患！可以想一下贪官的下场，贪官大多能力较强，但由于做人的品行较差，飞得越高摔得越惨。人生的起跑线，在于学习做人的道理，建立正确的“三观”，而非“十八般武艺”样样精通。一个人是否成功，重点评价其是否为家庭、为社会传递正能量，是否老老实实做人做事，不做违背良知的事情。前面提到，幼儿阶段是孩子的玩耍时期，可以培养一些好的习惯，建立做人做事的基本规范，不可过多地让孩子参加兴趣班。有的家长看到别人孩子参加兴趣班，如果自家孩子没有参加会着急心慌，感觉孩子失去很多，这是不正确的。从多年观察看，孩子在 6 岁前参加兴趣班，大多是花了大钱未能起到应有的作用。

二、论“孩子都是夸大的”

“孩子都是夸大的”，意思是讲孩子都是在夸奖中长大的。对此，我不敢苟同。

（一）培养孩子首先应鼓励

孩子在小时候，由于能力不足，需要家长鼓励其实践和探索，如通过讲小马过河的故事，鼓励指导孩子去实践。比如，在孩子小时候，学会走路、吃饭、为家长做点事情，家长大多会夸奖，如“儿子你真棒！”这里的夸奖存在较多的鼓励成分。鼓励和建议是对孩子培养的较好方法，随着孩子年龄的增长，拥有一些生活、学习的阅历，会产生自主意识，对事物有自己的看法。此时，需要家长提出建议，供孩子参考和实践。有的家长对孩子控制欲较强，给孩子安排人生规划，甚至谈恋爱也需要经过家长批准，这是不尊重孩子的表现。管理孩子事务太多、代劳太多，孩子容易成为“巨婴”。有的孩子到二三十岁，仍对工作生活缺少主见，一切听从父母的安排，这是教育的悲哀。

（二）孩子成长过程离不开规范和约束

孩子的成长是从培养良好习惯开始，不断提高自己并长大成人的过程。帮助孩子培养良好的习惯，及时制止和约束不良倾向，是孩子成功的基础和条件。家长提醒和孩子自我约束是贯彻孩子一生的内容。孩子的成长过程是发现缺点错误并积极努力改正的过程，不存在经常性的夸奖。

（三）夸奖应在鼓励、建议和约束之后

从理论上讲，孩子在没有取得成果或成功时不应该被夸奖。

孩子在没有实践、行动、没有做出成果时，家长又能夸奖孩子什么呢？即使是夸奖，家长也应先鼓励孩子去做，如孩子做得较好才会得到夸奖。夸奖相当重要，但夸奖不是培养孩子的主要手段，即使在孩子长大成人后，家长对孩子的褒奖也不应太多。比如，和孩子偶见一面，成功的、良好的交流是多了解孩子的情况，提出可行的建议和要求，才是真正地帮助孩子。

（四）努力做到科学审慎夸奖

当然，每个人都需要夸奖，这是人们的正常心理需求。孩子的成长也需要夸奖，夸奖是孩子成长中的重要部分。但是，我们不能盲目地夸奖孩子，否则会给孩子造成不良影响，甚至把孩子引向歧途。

那么，如何夸奖孩子呢？一是夸奖要及时，前面章节已经提到，不再赘述。二是对孩子进行审慎评价。在夸奖孩子前，应进行审慎评估，孩子是否应该夸奖，取决于对做事情的态度、表现出的能力、执行力、耐力和效果等。与同龄大多数孩子相比，分析孩子好在哪里，是某个方面做得不错，还是整体表现较好。同时，也要根据孩子的具体情况进行比较。夸奖应起到导向作用，让孩子清楚哪里做得好，要分清对和错，才能真正实现夸奖的作用。三是夸奖要根据孩子的反应进行。有的孩子自我约束能力较强，如果其认为表现好是分内之事，是应该做的，不一定喜欢或在乎别人夸奖。孩子如果感到家长的夸奖有虚伪成分或者夸奖太廉价，夸奖可能会产生负面作用。比如，大多孩子在 12 岁以后具有较强的自我意识，家长应尽量减少夸奖，孩子或许不大喜欢被夸奖，更不喜欢低俗的夸奖。在孩子的成长中给其讲一些道理和方法才是关键，不可让孩子养成喜欢被夸奖的习惯，一个喜欢被别人夸奖的人，难以达到真正的成熟。同时，大家应把夸奖和认可区分开来。孩子的一些观点、行为等可能更需要被家长理解和认可，彼此产生思想和认识上的共鸣，而不是被夸奖！

三、论“家不是讲理的地方”

近年来，朋友圈里经常看到《家不是讲理的地方》的相关文章，有的文章写得很精彩，也很有可读性。但我对此观点不大认同。个人认为，家是最需要讲理的地方。家庭是社会的细胞，如果每个家庭都不讲理，那么，我们的社会将会怎样？理是什么呢？是道理和规则。人们讲“家不是讲理的地方”多是出于对生活的无奈，多是出于其他家庭成员的“不讲理”，但是生活还要继续，不过是要过多地考虑孩子或老人的感受和利益而已。“家不是讲理的地方”，其实是对其他家庭成员“不讲理”进行的抗争，试想如果每个家庭成员都按伦理道德做人做事，重责任担当，“上对得起老人，下对得起孩子，中间对得起夫妻及兄弟姊妹”，谁还去说“家不是讲理的地方”？做到“三个对得起”，才是每个家庭成员应坚持并努力做的事情，这是人们生活中最基本的“理”！又有谁不期待生活在“讲理”的家庭中呢？

家庭的宽容和包容是家庭成员之间爱的表现，是应提倡的家庭美德。但宽容和包容决不能成为纵容，疼爱和关爱也决不能成为溺爱！家长在疼爱孩子中容易出现溺爱，特别是一些老人。应多给孩子讲一些道理，培养孩子良好的行为规范，如果家长认为家不是讲理的地方，不给孩子讲道理，孩子怎能成人呢？如果一个家庭里长期不讲理或没有规则，结局可想而知！比如，丈夫不做家务，做妻子的不管再苦再累都选择包容。试问，这个妻子做得对吗？我认为不正确！任何一个组织都离不开分工和协作，家庭有基本分工，并根据具体情况进行。比如，有的家庭丈夫或妻子挣钱养家，那么这个家庭的主妇或主夫应该多做一些家务。请大家注意，这里讲的是多做一些，而不能成为挣钱养家的人不做家务的借口！如果双方共同养家糊口，那就做好家务分工。经常看到一些貌似“成功”的男人，在家基本不做家务，认为应该让女人做家务，男人做家务会很丢人。试想，这样的男人是什么样的品格呢？典型的男权主义，封建残余思想浓厚，在亲人面前高高在上。当然，也有一些不太聪明的女性，讲自己的男人是干大事情的，在家里油瓶倒了也不扶，并引以为荣，真是可怜可气又可悲！

总之，提及这个理念的目的在于倡导良好的家庭文化，即形成良好的家风！经常听到一些女士讲“凑合着过吧”。究其原因是为了面子、孩子和自己的利益。再如，娶媳妇不容易，媳妇不讲理也不敢离婚。在此，奉劝一些老年人，不要总把自己的话语当“圣旨”，一辈子任着性子来，让妻子（丈夫）、子女按自己的意见去做。在家庭中不管是谁，不管为家作出多大贡献，都应尊重家庭成员，多角度考虑他人的感受，促进家庭和睦与和谐。

四、论“做家务的孩子成不了大器”

有些人认为：只有整天想着干大事、创大业，做一些与干大事、创大业相适合的事情，才能真的当上大官或挣上大钱。认为做了家务，就会把人的思想变得愚笨，影响人生格局，熟练做家务的人不可能做大事。从此话语中可以感觉到，做大领导的人，就不用做饭，就不用做家务。积水成海，积石成山，集腋成裘，都是从小事情开始。一件小事都做不好，又怎么可能把大事情做好呢？一屋不扫何以扫天下！有的人，甚至不让孩子进厨房，不干家务，一心想着如何学习考好大学，如何一门心思钻营，这是不正确的！对孩子的培养应从大处着眼、细微处着手，让孩子把基本功尽量做得扎实一些，培养一些好的习惯。不可好高骛远，轻看小事情。做家务能够培养孩子的责任意识和家庭观念，培养自主意识和生存能力，促进孩子全面发展。

五、谈“穷养儿富养女”

一段时间以来，社会上流传着“穷养儿富养女”的观念。有的人认为培养男孩子应少给零用钱，让其多吃苦，让他经历艰难困苦，将来才能够成人成才。培养女孩子应多给钱花，否则，女孩子可能出现这样那样的问题。女孩子就应该养尊处优，男孩子就应该经受磨难。个人认为，这种认识不正确。男孩女孩在金钱方面的需求是一样的，不能因为是男孩子，上大学时就让打工，甚至扛麻袋。女孩子就可以不考虑钱的问题。养儿养女的基本要求是一样的，在于确立正确的“三观”。同时，在男孩女孩培养上应有一定区别。前面提到，女孩子应该端庄、大方、温柔一些，男孩子应该粗犷、豪放、担当一些，这是男性阳刚与女性阴柔之美的体现，男人女人在家庭、社会中扮演角色的不同所致。女孩子出现不良问题，不是给多少钱能够解决的，豪门女孩子如果没有正确的“三观”，也会出问题。

“富”养女是让女孩子具有高雅的气质，成熟中体现睿智与理性，更多体现精神上的“富有”。试想，如果给小女孩太多的钱可能会出现什么结果？培养孩子，应规范其行为准则，坚持自己做人做事的原则，以减少不良问题的发生。儿子在高中时曾提到，在社会上能用钱解决的事情，还真不是大事情！有钱人不一定能把孩子培养好，往往寒门出贵子，穷家多孝贤。有的家长，听到个别女大学生为了买手机或其他消费品而陷入网贷，片面认为女孩子应多给钱，这是不正确的。现在的大学生大多不差钱，真是差钱了也可以通过努力学习获得奖学金来贴补，没听说哪个孩子因为买书没钱而借网贷。社会上一些不良女孩子大多是因为“三观”不正，没有听说因为吃不上饭而走向歧途的孩子！君子爱财应取之有道，孩子消费也应适可而止！

第二章　童年时期

6～12 岁是孩子的童年时期，与小学阶段基本吻合。这个阶段，是孩子树立正确“三观”、建立行为规范和形成良好习惯的关键时期。如果说幼儿期为人生的诞生期，那么，童年期应为人生的启蒙期。童年时期，人的意识明显增强，记忆能力突飞猛进。在学习方面，如果孩子不能建立学习意识、养成良好的习惯，久而久之会产生厌学情绪，直至放弃学习！

为什么这样讲呢？一是培养孩子的过程，是由养成良好习惯开始，到转化为兴趣的过程。二是在这个阶段，老师、家长开始关注孩子的学习成绩，学习成绩差的孩子会感到自卑，不利于自信建立。小学时，孩子如果没有养成好的学习习惯，到了初中再培养是相当困难的，即使下较大的功夫，效果也可能不太好。三是小学阶段是打基本的重要阶段，常言道：基础不牢，地动山摇！如果孩子的学习天赋一般，到了初中和高中阶段学习会越来越吃力，有的孩子可能会放弃学习。知识改变命运，如果不能学习丰富的知识，孩子的命运将走向何方？有的孩子小学或初中毕业后，选择辍学或打工。经常听人讲：“小时候没有努力学习，真的好后悔！失去接受高等教育的机会，难以获得一份理想的工作，现在想起，一切都晚了！”

个人认为，大多孩子在童年时没有认识到学习的重要性，而失去继续学习和深造的机会，没有把握好通过学习改变命运的机会，没有把握住人生机遇。从人们的智商情况分析，人的智商呈纺锤形状分布，智商较高和智商较低的人都属于少数，大多数人的智商相差无几。人们表现出来的能力是受天赋影响的，天赋可以决定人们事业的高度。比如，记忆能力、音乐体育天赋、领袖气质与生俱来。但凡成大事者，必须具有好的学习态度，养成良好习惯，勤奋学习，善于学习，拥有高效的学习方法，并将知识与生活工作有机结合，才能逐步走向成功。对天赋一般的孩子来讲，更加需要培养良好的学习态度和学习习惯，不断改进学习方法，提高学习效率，在人生竞争中占得先机。

第一节　童年阶段的主要特点

一、天赋表现更加明显

从人的智商内容看，主要包括学习能力（记忆能力、逻辑思维能力、空间想象能力、文字表达能力）、执行力、认知能力。比如记忆能力，与幼儿时期相比，童年阶段孩子的记忆能力会大幅提高，有的孩子记忆能力相当强，甚至过目不忘。有的孩子理解能力或认知能力较强，稍加点拨即点通弄透。再如，有的孩子责任意识强，不完成作业不去玩耍，学习努力刻苦，等等。童年期孩子表现出的一些特质，往往不是后天影响的结果。

二、自主意识开始显现

童年阶段，孩子开始萌生一些想法，个别孩子认识能力较强，能够看出成年人的一些缺点，能够分析问题产生的原因。比如，有的孩子能够观察出家庭的富裕与贫穷，贫穷的家庭可能因为不够勤俭所导致，能对问题进行简单的分析。孩子的“三观”开始建立，一些孩子在童年期出现逆反现象，其本质是自主意识显现的结果。个别认识能力、责任意识较强的孩子，开始为人生进行规划，立下鸿鹄之志。有的孩子因家庭遭受不公正待遇而努力学习，让家庭扬眉吐气，让爸妈不再艰辛地生活。这是少数孩子在童年时能够做到的事情。在没有经过外力影响，能够催生正能量的孩子，多是天赋较好的孩子，非一般人能够达到。童年阶段，孩子性别意识完全建立。发育较早的孩子男女第二性征开始出现，具有了生育能力，已经成为生物学意义上的男人和女人。多年来，孩子们的食物中含有多种激素，性成熟时间提前，也会出现过于肥胖的问题。大家普遍认为，独生子女较难教育，主要原因是缺少天然的竞争，缺少生活的压力。比如，20 世纪六七十年代，大多数家庭由于经济条件差，孩子较多，兄弟姊妹会为争取上学机会或想要获得更多的食物和更好的衣服，表现出本能的竞争。如在爹妈面前表现好可以获得上学机会，表现不好在家务农。

三、行为能力明显增强

童年阶段，多数孩子的行为能力会明显增强，甚至初步具备成年人的一些特点和能力。在战争时期，儿童团站岗放哨。在日常生活中帮家长打酱油买醋，可以为家庭做一些力所能及的事情。这个阶段孩子体力明显增强，大多数孩子身高可达一米五左右，有的孩子具有较强行为能力。比如，孩子喜欢体育运动或练上几年武术，在体力方面会突飞猛进，到十一二岁时成年人是很难对付的。那么，这个时期的孩子为何还属于限制行为能力人呢？主要是因为思考问题的能力不足，经历的事情不多，缺少生活和工作的经验和阅历，对行为结果的判断和掌控能力欠缺，考虑事情不够周全。

四、学习成为主业

自童年阶段开始，写作业将跟随至走入社会。因为学业，绝大多数孩子早起晚睡，废寝忘食，学习成为生活和行为的主线。学习成绩成为老师、家长的关注重点，学习成绩的好坏也可能成为家庭幸福和睦与否的关键。为了学习成绩，一些家长在周末时不让孩子闲着，让孩子参加补习班。为了学习成绩，有的孩子甚至失去童年的快乐。与幼儿阶段相比，这个阶段，孩子玩耍时间变得越来越少，玩耍成为生活的佐料和点缀。

第二节　培养孩子的理论框架

一、“认识、思路、方法、结果”的实践意义

前几年，我悟出“认识、思路、方法、结果”（八字诀）对人们生活和工作的指导作用，其中包含的基本道理适用于任何事情。大到治国理政，小到一言一行，做人做事均离不开它们。下面，进行粗略的介绍，希望给大家带来启发和帮助。“认识、思路、方法、结果”具有体系性，是人们认识—实践—再认识的过程。在充分认识事物的基础上，通过实践归纳总结，寻求规律和道理。从理论到实践，再回到理论，循环往复。认识、思路、方法、结果之间的关系如下：认识是基础，思路是统领，方法是关键，结果来评判。做好一件事情或获得到良好结果，离不开认识到位、思路清晰、方法有效。

二、对“认识”的理解

（一）“认识”的作用与意义

对事物和事情的认识是否到位，是做人做事成败的基础。对事物事情认识到位，能够为做人做事奠定良好的基础。“认识”的作用在于为行为和行动提供思想基础和方向指导。比如，我们能够认识到工作对自己、对家庭、对子女、对家族、对社会的重要意义，工作是我们安身立命之根本，如果丢掉工作、失去饭碗会前功尽弃、一无所有的话，我们是否会尊重工作、珍惜工作并努力工作呢？对工作的作用和意义认识不到位，会漫无目的，浑浑噩噩。有的人生活一辈子，不明白为什么没有成功，稀里糊涂过一生！比如，孩子如果认识到学习对人生的重要作用和意义，是否会主动地努力学习呢？答案是肯定的！世界上没有成功的事情，大多是认识不到位、缺乏责任心所导致。再如，孩子参加工作后，对工作认识到位了，会对工作的意义、岗位职责、发展变化、职业规划、工作质效、如何成功等，进行全面、正确、深刻、系统的认识和规划，在工作中会少一些迷茫、少一些浮躁、少走一些弯路，多一些智慧和沉稳，会比他人更加成熟，取得成功的概率大大增加。

（二）“认识”属于理论范畴

学习书本知识和人生哲理，终极目的是为了提高对世界的认知能力。个人认为，在日常生活中多数人能够对事物和事情认识到位，但无意识将“认识”上升到理论层次，降低“认识”对工作和生活的指导作用。理论来源于“认识”，认知能力是学习理论的归宿。认知能力属于理论范畴，理论水平欠缺，对事物的认

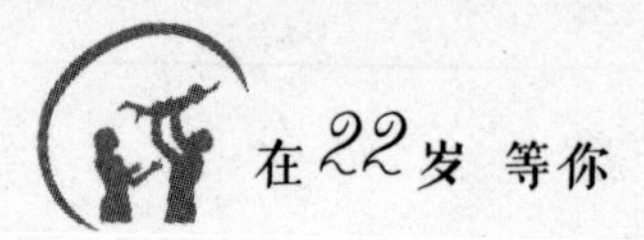

知难以到位，也难以用理论指导实践。

（三）对认识不到位的原因分析

对事物、事情认识不到位，主要由责任意识淡薄、认识能力不足、态度漠视轻视、心理侥幸大意、行为粗放简单等因素所致。提高认识能力可以借鉴“前后、左右、上下、内外”（八字诀）方法论部分，加强对事物、事情的全面认识。在本书少年阶段，将对“前后、左右、上下、内外”（八字诀）进行详细解读。

（四）认识与执行的关系

有的人理论层次较高，对事物、事情认识较为到位，但由于执行力较差，不会获得成功。认识仅是获得成功的基础。

三、对“思路”的理解

“思路”比较抽象，对孩子来讲显得更加深奥，不容易理解。个人认为，“思路”包括原则、要求和规划，体现出做人做事原则、要求和目标的统一，既有具体行动的要求，又包含行动结果的预判。“思路”自成体系，是学习、工作和生活的框架，是对事物、事情、行动的总体把握。如果说“认识”是如何看待问题，“思路”就是如何思考和统领事情，“方法”是如何解决问题。比如：孩子在学习方面，应坚持的正确思路：学习态度端正，刻苦努力学习，勤于善于思考，讲求方法和效率，做好归纳和总结，力争取得好的成绩。当然，在学习的思路中还应包括团结同学，全面发展，热爱祖国，等等。比如，孩子学习计划中包括月、学期、年的学习目标，总成绩或单科成绩达到班级、级部前多少名，也属于思路的内容。思路中的原则对于孩子们来讲不太容易理解，会在本书青年阶段进行详细解读。

在确定“思路”时，应以充分认识事物、事情为基础，坚持方向性、科学性和指导性原则。如果孩子学习基础较差，在制定学习计划时（成绩目标），应逐步提升，不可急于求成。否则，孩子会因为达不到既定目标，挫伤学习的积极性和自信心。生活和工作思路与学习思路异曲同工。比如，对待一项具体工作，工作的原则是什么，要求是什么，达到什么目标。总之，确定“思路”应坚持充分“认识”为基础，统筹原则、要求、规划，科学确定生活、学习和工作的“思路”，达到“思路”清晰的标准。

四、对“方法”的运用

在孩子学习过程中学习方法是关键。科学的、有针对性的学习方法，学习效率高，事半功倍。那么，什么是科学的学习方法呢?个人认为，适合自己的学习方法，能够提高学习成绩的方法，才是好方法！比如，有的孩子记忆力差，能够提高记忆能力的方法就是科学方法。有的孩子理解能力差，能够提高认知能力的方法，把知识学深学透就是好方法。学习能力（书本知识）一般包括：记忆能力、逻辑思维能力、空间想象能力、文字综合能力。如何提高上述四个方面的能力，会在后面章节进行重点介绍。总的来讲，科学的学习方法应体现针对性，学生可根据自己的缺点或不足进行改正和弥补。同时，让自己的优点或优势更加突出。应关注学习的效率和效果，学习效率提高了，学习效果自然更好。凡事皆有规律，对学生来讲，所学课程之间具有统一性，又具有特殊性，学习方法不尽相同。学习时应用心思考，总结归纳，善于发现每门功课的学习方法和规律，相互借鉴，达到“学以致学”。具体的方法，可以借鉴“前后、左右、上下、内外”方法论部分，进行认识、实践、总结和提升。这里不再多谈。

五、对“结果”的认识

这里的“结果”是对认识、思路、方法的及时评价。“结果”两字告诉我们，在日常学习和生活中，应及时对事情的结果进行评价。比如，在听一堂课、学习一段时间、完成一件事情或结束一项工作后，应及时对学习效果和工作成果进行总结和评价，审视是否得到想要（预期）的结果。如果没有得到最好的结果，应重新对认识、思路、方法进行评价，找出问题的原因。审视认识是否充分到位、思路是否清晰、方法是否科学有效，是否还存在客观原因或非可控因素。这里讲的评价，是对事物再认识、再实践、再提高的循环往复的过程，是多次的、多个周期的循环往复，促进我们不断加深对事物的认识，达到一定的层级和境界，让学习工作思路更加清晰，学习工作方法更加有效，综合能力得到螺旋式提升，最终获得良好的结果。

经常听人讲“到位”一词，也经常听人们讲“不到位”。但大多没有对到位之内涵有足够的认识，不了解如何做到“到位”，从而影响学习和工作的效果。什么是“到位”呢？怎样才能做到“到位”呢？个人认为，“到位”是对我们学习、生活、工作的最高要求，基于行为规范，终极于人生目标。包括认识到位、思路到位、方法到位，并且获得良好的结果。如果没有良好的结果，其认识、思路、方法可能“不到位”。结果最具有发言权，到位与否让结果来评价才真正具有说服力。

六、以学习为例，解读“认识、思路、方法、结果”

以学习成绩一般的孩子为例，从以下方面对孩子学习情况进行分析。

（一）学习的“认识”方面

首先，审查孩子对学习重要性认识是否到位，学习态度是否端正，学习是否刻苦努力。其次，查看孩子对功课特点的认识是否到位。有的功课需要多读、多记，如语文、外语、化学。有的功课需要多加分析和研究，如数学和物理。

（二）学习的“思路”方面

查看孩子的学习计划是否科学，每天的学习计划是否条理，学习目标是否偏低，是否符合学习和提升的规律。比如，把学习的功课安排较满，未留有思考的时间和空间，缺少锻炼身体的时间，没有培养兴趣爱好的时间，孩子成为学习的机器，生活状态像旋转的陀螺一样。学习目标设定不高，会导致要求不严（高标准、严要求）。同时，我们也要注意以下现象。比如，孩子某一科目学得不错，可能出于天赋和偏好，也可能功课较为简单，应具体情况具体分析，区别对待。

（三）学习的“方法”方面

帮助孩子掌握好的学习方法是培养孩子的关键。如果孩子学习方法不科学，不喜欢思考、听课或写作业习惯不好，会导致学习效率不高，应及时提出并督促改正。多数孩子达到一定年龄后，不喜欢家长唠叨，甚至排斥，其主要原因是家长不能给予解决问题的方法或办法。大多家长对孩子提出的要求多，讲大道理多，帮助孩子解决学习和生活中问题的办法少，甚至讲的一些孩子早已明白。在孩子学习成绩不好或者说话、做事、行为等不符合家长要求或达不到预期时，会出现一些不尊重孩子的现象，如简单粗暴地对待孩子，埋怨或训斥孩子，这都是不正确！

当然，孩子学习成绩较好时，家长也不要掉以轻心。在不同的学习阶段，孩子功课的难易程度相差甚远。在小学和初中时，学习的知识大多比较浅显，到了高中以后，学习知识的难度和深度会大幅增加，能够真正考验孩子的学习能力。比如，一些女孩子，在小学、初中时努力刻苦学习，成绩名列前茅，但到了高中以后，可能成绩平平，其主要原因是学习能力的欠缺。所以，在孩子学习成绩较好时，也应分清原因，取长补短查缺补漏，不断提高孩子的学习能力。切忌以表面成绩的好坏，放松学习能力的培养。提高学习能力为今后学习更深、更难、更复杂的科目打好基础。

家长们不可以做“大老粗”，应学习管理的“精细化”。比如，孩子学习成绩较好时，应分析好在哪里，家长和孩子均应心中有数。孩子学习成绩较好，是认识到位、思路到位还是方法到位呢？孩子学习成绩较好由哪些因素组成，哪门功课学习较好，什么原因导致，是否存在短板，等等，都应及时给孩子进行分析和指导。学习是一个漫长的过程，应加强对孩子学习认识、学习思路、学习方法等方面的指导，及时发现孩子在学习中存在的认识问题、思路问题和方法问题，并针对存在的问题，给予解决办法，早接远迎，防患未然。

总之，不管孩子学习成绩好与差，我们均应与孩子一起分析其原因，找出差距和努力方向。在查缺补漏的同时，让优点更优、亮点更亮，既全面发展，又有特长或专长。我们在着手做事情之前，应提前做到“认识、思路、方法、结果”（八字诀）所涉及的事情。比如，对事情的认识是否充分、深刻、全面，做此事情应坚持的思路是什么，做事情的相关方法是什么，可能获得什么样的结果等，应有预判和前瞻。

有的人在运用“认识、思路、方法、结果”时，未注意提前研究，难以取得好的效果。在具体实施过程中，应提醒自己不断加强对事情的认识，考量做事思路是否清晰，使用的方法是否有效，是否得到或可能得到想要的结果。“认识、思路、方法、结果”是做好事情的普遍规律，任何事情均可以运用。应坚持“两效”（效率和效果）原则并不断提高做事的效率，获得更加理想的效果。

第三节　智商和情商的主要内容

学习成绩较好的孩子，绝大多数拥有高智商。人生和事业的大成者，大多拥有高智商和高情商。个人认为，正确、全面、深入地认识智商和情商，有利于家长对孩子有关情况进行全面考察，有助于培养孩子的综合能力。同时，可以让培养更具有科学性、针对性，提高培养的有效性。做人做事均离不开智商和情商，拥有高智商和高情商，是每个人的最高追求并应努力达到的理想境界。

一、智商的内容和表现形式

个人认为，智商是做事的能力，由学习能力、执行力、认知能力三部分组成。

（一）学习能力

对学生来讲表现为对书本知识的学习能力。孩子学习成绩较好，考入中国或国际名牌大学，获得博士学位等，均是学习能力强的表现。学习成绩良好需要具备以下四种能力：记忆能力、逻辑思维能力、空间想象能力、文字综合表达能力。孩子学习成绩良好，智商起决定作用，道理浅显，这里不再赘述。

（二）执行力

执行力属于智商范畴。执行力是一个人的核心竞争力，说了不做等于没说。明白道理，但是不执行，还不如不明白。比如，有的孩子发现自己错误会积极改正，有的孩子制定学习计划会努力执行，有的孩子说到并坚持做到，等等，均属于执行力较高的表现。日常生活中，经常发现一些孩子相当聪明，但由于执行力太差，在学习方面三天打渔，两天晒网，制定学习计划不认真执行，学习成绩难以出类拔萃。在一些孩子较多的大家庭中，在家长对孩子同样教育的情况下，有的人主动去做事情，有的人消极应付。母亲常说："某人干起活来又快又好。"这是执行力强的表现。另外，控制自己的能力应属于智商的范畴。

（三）认知能力

人们的认知能力属于智商范围。通过多年观察发现，个别学习成绩较好的孩子，对事物的认知能力较差，属于"书呆子"类型。有的孩子学习成绩较好，但对社会的认知能力较差，学到的知识在日常生活和工作中不能有效运用，属于"高分低能"者。有些大学生，来自同一个大学、同一个专业甚至同一个班级，进入工作岗位后从事同样的工作，表现出来的工作能力却大相径庭。在学习能力、接受的教育、老师培养等条件相似的情况下，为什么会出现工作能力差距较大的问题呢？个人认为，是由于对事物的认知能力不同而导致，对事情的内涵和外延、意义和方法、过程与结果等，认识不清、掌控不够。

总之，智商不仅表现为人的学习能力，还应包括执行力和认知能力。三者之中，学习能力是基础，执行力是保障和依托，对事物的认知能力是最高境界。上述智商的三个部分共同组成了智商的理论体系。单独来看，学习能力强可以考上好大学，这不是真正意义上的高智商。学习知识的目的是为了认识世界、改造世界，服务生活和工作，不是培养学习的机器。“高分低能”者难以取得人生的成功，一些学习成绩不太突出的学生，没有考上重点大学，但认知能力强，看问题入木三分，工作能力强，工作成绩突出，才是高智商的最终表现和最高境界。

二、情商的内容和表现形式

情商与智商相比，情商指的是“做人”的能力。个人认为，情商比智商更加重要。情商是个人情操、性情、情趣、情绪管理等内容的高度概括和综合反映。情商的内容和表现形式不一定与做事能力直接相关，但情商能够体现人格的魅力和为人处事的艺术。能够留一分美名于身后，是情商培养的最终目的。人们如果仅注重一时的得失，不会真正明白情商的内涵。情商包括“三观”，有的人虽然不愿意讨好权贵，也可能没有获得事业的成功，但以一身正气留万世之美名，这难道不是高情商吗？有的人通过钻营虽然获得了地位与财富，但在身后留下骂名，为世人和后人所不耻，这难道是高情商吗？人过留名，雁过留声，留下美名于身后，才是一生做人的真正目的。情商管理可以分为三个部分，分别为道德操守、性格管理、情绪管理（待人接物的能力）。

（一）道德操守

道德操守表现为世界观、个人情操、骨气和气节，属于理想信念的综合表现。树立正确的世界观、价值观、人生观，传递人间正能量，为国家、为民族、为社会作出一定成绩，有着强烈的责任心和使命感，是情商的最终要求，也是中华几千年优秀文化传承的重要内容。比如，儒家文化倡导的不以谋权贵、但求成圣贤一样，严格要求自己，大处有格局，天下兴匹夫有责，小处求奉献，严格要求自己的言行。在中国历史上，坚持高尚道德情操的人往往被历史铭记，如民族英雄岳飞、文天祥、戚继光，不为五斗米折腰的陶渊明，等等。他们为国为民奉献一生，虽然没有大富大贵，但均被后人景仰。试想，中国封建历史上那么多皇帝，人们又能记得几人？高情商是做人的能力，此处无声胜有声，有着人格魅力的人，用不着到处宣扬，也会被世人认同，被社会认可！人与人交往的目的是被他人认同，被社会认可，有些人虽然官运亨通，也为地方作了一定贡献，但道德败坏，贪污受贿，终被千夫所指，不被社会和人们认可，这是低情商的表现！

（二）性格管理

性格属于情商的范畴，性格在人生中起着重要作用。性格决定命运，不同的性格带来不同的命运！前面讲到好强的性格，做事有毅力有韧劲，能够让人获取成功。偏弱的性格，不努力改变世界和环境，难有正气，也可能会任人宰割。有的人豪爽侠义，侠肝义胆，凡事为他人着想，敢于牺牲自己。常言道：江山易改，秉性难移。多指性格难以改变。个人认为，人的性格是可以变化的，如果我们用心观察，会发现人的性格发生的变化。比如，有的人生来性格内向，但当上领导或因工作需要，性格会发生变化，甚至变成外向。

人们在成长中会经常遇到困难。认识困难、战胜困难，逆商很重要。个人认为，性格要强的人，逆商一般较高。只要树立正确的“三观”，坚定做人的方向，不向困难低头，能够正确面对困难，定会获得人生的成功！母亲常说，越是困难，越要向前冲，越是艰险越向前！可以把困难当作对成功的历练，当作人生美味和生活佐料，只有不断战胜困难，才能逐渐成长。越是困难越能全面考验战胜困难的勇气，增添人生智慧。遇到困难并不可怕，畏惧困难，不能战胜困难，才是真的可怕。把战胜困难当作责任，从战胜困难中获得成功、享受生活、获得自信。要有良好的心态，做到感谢困难，因为困难是成功的试金石、实验田。在此，我们也应该感谢对手，因为我们从战胜对手中获得成功。没有高水平的对手，不会全面激发我们的斗志，也难以达到较高的境界。

（三）情绪管理

表现为日常说话做事的能力，掌握说话做事的方法与技巧，考虑问题比较全面，说话尊重别人，做事为他人着想，容易被人接受和认可。近几年来，社会上出现一些不良倾向，人们为了利益或出于自我保护的目的，注重眼前利益多，做事短期行为多，与人交往表现真实少。与人交流“夸”的成分多，人与人之间的真诚较少。在单位没有人愿意指出他人的缺点，主动将工作经验和工作方法教与他人的更是寥寥无几，人与人之间多了几层保护膜、隔离衣。

有的人认为高情商即做事说话能够讨人欢心或让人面子上舒服，这是认知发生了偏差！说真话的人少，喜欢批评和自我批评的人更少，如此发展下去是很危险的！在社会上，想听到一句真话真的好难！当然，这些现象更是人心浮躁的表现。在职场上，看破不说破是出于对自己的保护。但是，如果人们习惯于如此，都出于对自己的保护，社会良好风气如何营造呢？党内民主生活会，又如何做到看破不说破呢？必要的保护应该存在，但在重要事情和原则性问题上，还是要坚持红红脸、出出汗，这是我们党的优秀传统。个人认为，社会上讲“看透不说透，还是好朋友”是要留有余地，但是，不相互提醒、不提出意见和建议，还能成为好朋友吗？如果“好朋友”不真心为我们着想，这样的“好朋友”，不交也罢！当然，情商也告诉我们，要提高控制情绪的能力，把握好与人交往的分寸。

三、智商与情商的关系

人生在世，离不开做人和做事。前面提到，做人成败主要在于情商，做事能力主要在于智商。如何认识智商和情商的关系呢？个人认为，应掌握以下几点：

（一）智商和情商是一个整体

情商和智商你中有我，我中有你，缺一不可，应完美结合。人离不开做人做事，客观上决定了情商和智商的整体性。做人与做事不可分割，做人中体现做事的风格，做事中体现做人的境界。

（二）智商和情商可以相互促进

智商高的人往往高情商！比如，智商中的认知能力可以帮助我们认识自己，帮助我们认识应该做什么样的人，帮助我们认识什么是正道，什么是歧途。智商高的人，认识能力强，做人方面也会更加全面。情商高的人格局大，做人做事思路清晰、方法得当，会促进和提高做事的层级和能力。前几年与儿子交谈，问及情商和智商的关系。儿子认为，比如数学考试时，情商高的人会从不同角度看问题，做题时思想会更加活跃，考试时也可能多得几分。再如，智商中的执行力用在情商中，会促进和保障一生坚持做好人、做好事，坚持传递正能量，对情商的提高也有帮助！

（三）智商和情商均和遗传有关

智商中的学习能力、执行力、认知能力与情商中的骨气、性格、与人处事能力都或多或少与遗传有关，但都可以通过努力进行改进。智商中学习书本知识的能力、认知能力遗传因素较多。比如，一般情况下，父母学习能力强，孩子的学习能力也会较强。情商中的性格、骨气、待人接物能力也具有遗传性。比如，孩子的性格通常会遗传父母或近亲属。父母具有外向的性格，孩子外向型性格可能性比较大。俗话说："龙生龙、凤生凤，老鼠的孩子会打洞"，及"将门虎子"等，都存在遗传因素。个人认为，"虎子"不一定武艺高强，更多意义上讲的有情操、骨气和气节之禀赋，具有综合实力和人格魅力。性格与生俱来，有的人生来懦弱，有的人天性刚强！

（四）智商和情商的先天因素称为"天赋"

好的天赋是决定一个人成功的基础，也可以称为先天条件。天赋中最核心、起主导或决定作用的是"悟性"。个人认为，"悟性"是在善于思考基础上的那分灵感。悟性通过学习能力、思考能力和认知能力表现出来。我们经常说，一个人的悟性高，多是指学习能力强、思考能力强、总结能力强、认知能力强！比如，"学习强国"中讲到，1935 年 10 月，陈云同志到莫斯科列宁学校学习，凭着极高的"悟性"，通过短短几个月的学习，被苏联高等学府认可。1936 年 3 月，莫斯科东方大学邀请陈云同志到该校任副教授。陈云同志谦虚地说："我只是高小毕业，当不了教授的。"品读陈云同志的生活经历，2 岁丧父，4 岁丧母，靠裁缝出身的舅父抚养，14 岁时因家贫无法升学，到上海商务印书馆当学徒，而后走上革命道路。新中国的缔造者、老一辈革命家中，不乏学习环境和学习条件艰苦者，甚至没有机会接受教育，但能够做出卓越功勋，除了坚定的共产主义理想和钢铁般的意志外，极高的"悟性"为其成功奠定良好的基础。

综上，谈到智商和情商内容及相互关系，可以更加清楚情商决定做人能力，智商主导做事情，两者相互促进且具有遗传因素。同时，介绍了悟性对人们成功的积极作用。为什么提到悟性呢？因为悟性告诉了我们主观能动性，对遗传因素的负面影响能够起到改进作用。只要我们善于思考，悟性就会有较大提升。悟性能够通过学习能力、思考能力、总结能力和认知能力表现出来，只要有理想抱负，严格要求自己，勤于学习和工作，善于思考，不论天赋如何，终会获得成功！

情商和智商还告诉我们另外一个道理：做人处事，应牢固树立坚持先做人再做事！把人做好是人生最高境界！试想，共产党员的标准、优秀劳动者的标准，大多与把人做好有关。“不与不孝者为伍”，是商业伙伴、日常交友、同事之间必须坚守的原则！母亲常说：“遇到小人，千万要躲着走”，“和清亮人打一架，不和糊涂人说句话”。我们应尽量减少与小人接触，不给小人留下祸害我们的机会。做不好人，不会得善终！善良是一切正能量的基础，在日常学习、工作和生活中，应重点观察交往对象是否善良！

第四节　提高智商和情商的方法

对孩子的培养过程是提高其智商和情商的过程。下面，全面介绍如何提高孩子的智商和情商。

一、提高智商的主要方法

上面介绍了智商的内容包括学习能力、执行力和认识能力，下面重点介绍提高智商的方法。由于本书针对孩子们的学习，故在本章介绍提高学习能力的方法中，以学习书面知识的能力为例进行说明。

（一）提高书本知识学习能力的方法

个人认为，对书本知识的学习能力，主要包括四个方面的能力，分别是记忆能力、逻辑思维能力、空间想象能力和文字表达能力。其中，记忆能力是基础，记忆能力的强弱直接决定学习能力高低，决定人们一生的成败。试想，记不住事情，基本生活难以保障，何谈学习提高和成功呢？就学习来讲，学习能力的强弱首先表现为记忆能力，记忆能力欠缺，逻辑思维、空间思维、文字表达等能力都会大打折扣。

1. 提高记忆能力的方法

个人认为，在提高记忆能力时，可以参考借鉴记忆规律、知识整体性、比较和联想记忆、敏感和偏好记忆等方法。

（1）掌握和灵活运用记忆规律

一般情况下，在一定时间内对事物记忆的次数越多，记忆越清晰，记忆的准确度越高，这是强化记忆的方法。当然，也适用对书本知识的学习。

①课堂上强化记忆。比如，优秀的老师讲一节课，我们可以记住 80％以上的知识点。当天晚上自习或者通过做作业，能够记住 90％甚至 99％的知识点，且在 3 日内能够记得比较准确。3 日过后，原来记忆的内容可能仅存 50％。如果在 3 日之内温习一遍曾记忆的知识，可以准确地记忆一周。如果在 1 周之内再温习一遍的话，大多知识点可以准确地记忆 1 个月。如果在 1 月内再复习 1 次，知识点会准确记忆 3 个月，甚至更长时间。当然，理解能够帮助记忆，效果较好。如果不能够深入理解，强化记忆也是很有帮助的。

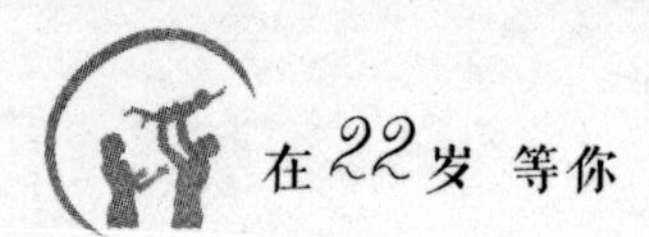

②睡前回想。建议在每天晚上睡觉前，对当天的重要知识点进行回想或回忆，如果发现有模糊的知识点，在第二天起床后对模糊的知识点进行学习记忆，效果会较好。

③默写知识点。建议每周、每月对本周或当月学习的知识点进行默写。默写能够大大提高记忆能力，默写一次的记忆效果可能超过翻书本十余次。学习中，应让孩子学风扎实，减少浮飘问题，防止孩子眼高手低。有的孩子翻开书本好像很清楚，但把书本合上记忆却很模糊。

④寻找事物的规律。比如，侄子在小学一年级时，老师要求背诵一篇课文。课文内容是在一个阳光明媚的周末带着孩子郊游，课文文字300字左右，侄子背诵好多遍，总是不能完整背诵。我拿来他的课本，从中找出课文内容的规律，给他作以下指导：首先描述远处白白的云朵，接着讲到近处的杨树，再想到天上飞着的小鸟，最后讲到身旁有青青的小草和鲜艳的花朵。此篇课文的描述规律为由远处写到近处，从天上写到地下。在告诉这些描写事物的前后关系（描述规律）后，他很快完成背诵。善于发现规律是提高记忆能力的法宝，发现规律的过程是感知、理解、总结的过程。

（2）注重知识的系统性和整体性

在对事物、事情的认知方面，应加强对宏观与微观关系的认识。微观是宏观的基础，微观如细胞，宏观像机体。微观与宏观你中有我，我中有你，宏观中体现微观的内容，微观中存在的宏观的影子。俗话说：麻雀虽小五脏俱全。对微观的认识，能够帮助我们做具体事情，帮助我们认识事物和建立系统性。比如，想把一件小事情做好也离不开“前后、左右、上下、内外”之宏观与微观，也诠释着全局与局部的关系。一场大战役中存有多次小战斗，一次小战斗中也离不宏观思维。

在学习及对事物的认知中，如果系统地学习和认识某项事物，能够增强记忆的完整性，提高记忆能力和效率。比如，我们把数学的知识点，从易到难去理解和记忆，当作事物的发展过程系统性记忆，效果会比分散记忆强多倍。为什么这样说呢？因为在系统地看问题的时候，会增强对知识的理解和归纳，从中找出发展的规律，知识点之间的联系也会更加清晰。系统地记忆关键在于理解，增加理解元素的知识具有生命力，能够帮助指导实践和行动。随着实践中使用知识点频次的增加，也会促进对知识的理解和记忆。

小学阶段，学的知识比较浅显，记忆和理解能力强的孩子，其学习成绩一般会较好。主动地对所学知识归纳总结，形成系统性思维和知识架构，能够有意识地注意事物的系统性和体系性，将终身受益！比如，家长帮助孩子把小学一年级语文知识进行归纳总结，帮助掌握语文学习中的词语。其中，涉及动物的词语有多少、涉及植物的词语有多少，涉及物品的词语有多少，等等。让孩子对所学的知识心中有数，会增强对知识的记忆能力。比如，可以让孩子把主要知识点通过建立树状图、网状图等方法，增加知识的系统性，提高记忆能力。再如，数学知识更加具有逻辑性，但也可以通过建立体系加强记忆。

(3) 比较和联想记忆法

①比较记忆法

比较记忆是主动、全面地对事物进行比较的方法。比如，让孩子识别植物时，不同植物的高低、粗细、树枝形状、叶子形状及颜色、根系形状、整体状态，等等，应进行全面细致地比较。在对事物的认识上，掌握它的特点越详尽，越能够深刻地了解事物，更好地发现其与其他事物之间的区别。再如，各学科之间也可以进行比较，语文与数学相比存在什么不同？学习语文知识解决什么问题？学习数学知识对工作生活起什么作用？等等。

②联想记忆法

联想记忆建立在比较基础上，没有比较就没有联想。

同质同类联想。比如，见到一个小动物，要有意识地去联想和它外形差不多的动物，也可以想到其同类的动物，也可以从细微处进行深入对比。再如，当我们看到“东岳泰山”四个字时，可以联想到西岳华山、南岳衡山、北岳恒山和中岳嵩山。

同一区域内联想。比如，在学习地理知识时，看到山东省的物产，可以联想到山东省总体地势、河海、矿藏、人文、历史、行政区划、人口、交通、周边省市、面积、经纬度、经济发展程度，等等。

综合多因素联想。比如，山东北靠渤海，东临东海。我们可以联想到山东省海运比较发达、造船业比较发达。

各学科之间联想。比如，学习地理可以与立体几何联系起来，把一座山当作一个模型框架，帮助建立立体和空间概念。在历史和地理之间可以联想历史事件发生在什么地方，其地形地貌如何，等等。做好各学科之间的联想，让各学科的知识更加立体和丰富，有利于增强对知识的记忆效果。

（4）敏感或偏好记忆法

人们对事物的敏感程度存在差异。有的人对发生在自己或身边人的事情很敏感，不容易忘记。有的人对时间很敏感，有的人对数字很敏感，等等。在提高记忆能力时，可以指导孩子根据自己的敏感源，刺激大脑记忆区间，加强对相关知识的记忆。比如，可以把需要记忆而没有逻辑关系的知识编成口诀，或者把知识点串成串进行记忆。当然，在学习中还可以找一些容易记忆的事物进行结合。比如，有的人对时间很敏感，可以将所学的知识与时间串连增强记忆。比如，某年某月发生某历史事件，将知识点与时间紧密关联起来。再如，中国历史上京杭大运河，它的长度是 1794 公里（当时的历史教材），可以把长度记成“一气就死”，等等。

总之，通过以上记忆的方法，将知识进行网格化管理，努力达到扯出一个点，可知一条线；找到一根线，联想到一个面的境界。大家都明白“网”的道理，纵横交错柔韧性比较强，能够整合每一根网线的力量，形成最大的能量。在学习中应加强各科功课的网格化管理，各科功课之间运用普遍联系的规律，找到各学科的有益联系，达到各学科的相互促进。比如，有的同学记忆能力强，逻辑思维能力弱，可以通过研究式学习，实现学科之间学习方法的融会贯通。理解是提高记忆能力的好方法，单纯地记忆可以适用应试教育，理解可以帮助做到学以致学和学以致用。比如，孩子在做错事情后，家长给其讲道理，如果不能真正理解其中道理和做错事的原因，还会继续出现做错事的问题。在培养孩子过程中，应从童年阶段培养“用心”的习惯，应经常性对记忆方法和效果进行评价，审查是否获得想要的结果。

2. 提高逻辑思维能力的方法

逻辑思维能力是人们生活、学习、工作的基本能力，逻辑思维能力无处不在、无处不需要，表现为思维缜密（内在）、言语得当（外在），是人们日常生活和学习中的一项重要能力。逻辑思维能力是在归纳总结的基础上，发现规律的重要能力。在日常生活和工作中应坚持基础和依据原则（也可称为“制度意识”），即在说话或做事前，应考虑说话和做事的基础和依据是什么。不说没有根据之话，不做没有依据之事。在弄懂基础和依据的基础上，进一步明确和掌控事情的发展方向，争取获得良好的结果。

逻辑思维能力是做人做事的基本能力，逻辑思维能力能够帮助人们对事情认识到位、思路清晰、言行严谨和周密并加强对结果的把控。否则，说话语无伦次，做事颠三倒四，不可能获得认可和成功。凡事皆规律，规律是对逻辑关系的高度概括和深度揭示。运用逻辑思维能力，在日常学习和生活中探寻事物发展规律，提高生活和学习的效率和质量，帮助我们在生活和学习中获得更大成果，是运用逻辑思维能力探索规律的目的和作用。个人认为，提高逻辑思维能力的方法，包括因素分析法、原因分析法和趋势分析法。

(1) 因素分析法

任何事情都存在组成要素或相关条件。比如，想要获得优秀的学习成绩，需要学习态度良好，学习能力较强，心理素质良好。那么，什么是学习态度良好呢？其表现为：学习刻苦勤奋、课堂认真听讲、认真完成作业、充分利用学习时间，等等。什么是学习能力强呢？前面已经谈及，认真思考，学习效率高，认知能力强，等等。那么如何做到学习能力强呢？首先，应明白学习能力包括哪些能力。其次，如何提高相关能力。在对学习、生活、工作认识不够或缺少解决思路和方法时，因素分析法是首选！

因素分析能够帮助我们提高对事物的认知能力。比如，认知一件事情，事情产生的背景、条件、主要内容、处理方法、目的作用等，可以称之为“事情的因素”。不了解事情包含的内容，难以着眼着手处理。比如，我们计算四边形的面积，图形的长度和宽度就是面积的因素。再如，我们设计一张报表，也应运用因素分析法考虑报表包括的主要内容（因素）。总之，因素分析是逻辑分析的基础能力。

因素分析法告诉我们，在分析因素时应用条线思维，探寻事物的发展变化规律。同时，要对组成要素进行全面分析，对组成要素分析得越全面、越具体、越丰富，对事物的认识就越到位。在进行因素分析时，要对各要素的作用和地位进行分析，分清主要矛盾和次要矛盾，应做好矛盾普遍性与特殊性的结合，探寻事物的本质。通过了解事物的内涵、外延、条件、目的等因素，提高对事物的认知能力，寻求解决问题的科学思路和方法。下面，举例说明如何运用因素分析法解决问题。

举例一：面试题目

某单位开展岗位竞聘，多人同时参加面试。在每位面试者作完自我介绍之后，主考官要求每人对所有参加面试的人按适合应聘职位（从高至低）进行排序。由于面试人员为同一单位，对每个人（包括自己）按适合与否进行排序，面临较大的邻里（同事）相处风险，回答不好必将给今后的相处带来不利影响。同时，由于单位领导对每个人情况基本掌握，如果不能客观公正地对每个人进行评价，也将面临失信于领导的风险。

建议运用因素分析法分析工作适合需要的能力和优势，并综合进行分析和评价。个人认为，运用被人们广泛认可的因素进行回答，会得到相对公正的评价（减少个人感情因素）。体现工作能力的因素包括：学历、年龄、性别、工作成绩等。比如，大家一般认为学历高的人能力相对强，工作成绩突出的能力强，年龄在40～50岁的人工作经验丰富且属于年富力强，女同志比男同志更加细致，男同志比女同志大局观相对强，等等。通过对以上因素进行综合分析，得出的排序结果显得较为公正。当然，也会得到领导的认可，降低应聘者之间工作关系或个人感情的负面影响。客观公正地评价他人和自己，能够最大限度地获得认同或认可。

举例二：如何认识对工作的重视

日常生活中经常遇到对事情重视与否的问题，在解决此类问题时，首先应考虑重视应该包括的因素（内容）。个人认为，单位对某项工作重视应该包括以下内容：召开会议进行研究（下发文件）、成立工作组织、明确工作职责、建立工作机制、负责人经常调度（督导）、检查发现问题、建立问题台账、责任追究、问题整改，等等。上述诸多因素体现对工作形式和内容的重视。比如，召开会议、下发文件等属于重视的形式或表现，发现问题、责任追究、问题整改等也属于重视的重要部分。通过因素分析法可以帮助我们提高对工作的认识，保证工作思路明晰，工作方法有效。

当然，我们也可以运用因素分析方法对孩子学习成绩进行分析。比如，孩子学习成绩较好，应分析其表现形式：是某科学习成绩好还是综合学习成绩好、在班级学习成绩好、在级部学习成绩好、在全县（区）学习成绩好、在全市学习成绩好……通过分析可以更加清楚地掌握孩子的学习成绩状况，并在此基础上，可以运用原因分析法对孩子学习成绩好的原因进行分析。审查孩子学习成绩好是由于学习天赋较高、态度端正、学习方法有效所致，还是学校管理较好、老师教学有方、家长言传身教、家庭和谐等原因导致。通过对以上因素进行分析，查找孩子学习成绩好与差的原因，减少对孩子学习成绩评价的盲目性，做到心中有数。

（2）原因分析法

日常生活中，我们看到事情的表象或结果时，应分析其背后的原因。通过表象看本质，查找为什么产生表象和结果。因素分析解决“是什么”，运用原因分析探寻“为什么”。原因分析法可以深入挖掘和发现问题的成因和规律，是提高逻辑分析能力最为重要的方法。常言道：知其然，知其所以然。因素分析让我们对事物的认识具有“广度”和“宽度”，原因分析让认识更有“深度”。在日常生活中，说话做事也应分析其原因。我们应习惯性地思考说话的基础是什么，做事的依据是什么。前面谈到成功的标准和条件、好人的标准等，要分析制定标准的依据是什么，制定的标准是否正确或准确？当然，在学习方面同样适用。给孩子制定的学习目标是否科学合理？比如，在做数学题时，对每一解题步骤进行分析，多问为什么，找出每步骤之间的内在联系。在工作与生活中，对所见所闻多划几个问号，向表现与结果多问几个为什么，有利于帮助培养和提高逻辑思维能力。

事出皆有因！比如，听到这个人是个“好人”这句话，应进行原因分析。首先，应明确“好人”的标准。“好人”的表现是什么（因素分析）。其次，应思考为什么成为“好人”（原因分析）。原因分析是因素分析的延续，是知其然至知其所以然的过程。原因分析法用处较广，除了单纯记忆的知识外，因果关系广泛存在。凡事皆存在因果关系，离不开原因分析。比如，任何一个历史事件都不是孤立存在的，都具有存在的背景和条件。为什么在唐太宗时期出现“贞观之治”、明朝时中央集权能够达到顶峰？

在学习和生活中不可熟视无睹，充耳不闻！应多注意发现问题，多分析问题产生的原因。通过对背后原因进行分析，发现问题产生的根源，探寻事物的本质。原因分析求因果变化之规律，通过表象看本质是解决问题的核心和关键所在。找到事情成败的原因，即找到解决问题的钥匙。但在日常学习和工作中，多数人满足于感观的事物，不愿深究事物背景的故事，看不透事情，吃不透精神。比如，现金流量表结构图：经营现金流、投资现金流、筹资现金流，为什么这么排序呢？在学习时，多数人未注重原因分析，对所看到的表象习惯于记忆，对表象之原因分析不够，未养成求因的习惯，难以达到更高的境界。

（3）趋势分析法

趋势分析法是在因素分析和原因分析基础上，对事物发展方向（走势）进行分析的方法，是对因素分析和原因分析的综合运用。通过趋势分析对人和事情的发展方向进行明确，对产生结果的因素或行为进行干预和控制，以求达到良好的结果。趋势分析法应坚持结果导向原则，把握和控制事情发展方向。通过分析判断可能产生的结果，并围绕如何获得良好的结果，进行预判和控制。这是趋势分析法的重点和核心。

一是对人们来讲。通过了解一个人的综合表现或某方面的表现，分析表现产生的原因，分析其表现是否延续、如何延续及可能出现的不良后果或良好结果。运用趋势分析法可以帮助我们加强对交往对象的认识，帮助解决自身或他人存在的问题，看清事物的发展方向。比如，一位朋友缺点较多，通过我们多年全力帮助却收效甚微。究其原因是缺少责任心所致，世人皆不看好其最终结果。如果继续交往一定会给自己带来不良影响或白费力气，此时应该考虑放手。

二是对事情来讲。比如，在路上遇见两位路人发生争吵互不相让，随着时间推移可能会发生肢体冲突或者出现不可控制的后果。作为旁观者应及时进行劝解和制止，防止出现不良结果。

三是对学习来讲。比如，研究数学题的答案时，应对每步骤之间的发展趋势进行研究。从答案第一步至第二步、第二步至第三步……之间的关系进行趋势分析，找出各步骤之间的内在联系，重点研究各步骤之间与最终结果之间的趋势关系。另外，一般情况下一道题目有多种解题方法，我们也可以从不同的解题思路和方法中加强趋势分析方法运用，分析解题步骤的发展趋势(方向)。

在运用趋势分析法时，还应运用“向后看”理念，即在某个点上看事物时，除了研究事物“向前”发展变化的趋势，还应进行“向后”分析，研究事物发展至此的背景、条件、内容等，也就是我们常说的：要前看三十年，后看三十年。只有这样才能够把事物和事情看透，也就是我们讲的“条线思维”。

提高逻辑思维能力的三个方法是一个完整的体系。因素分析法是基础，属于了解表象的过程，用来解决“是什么”。原因分析法是深化，通过表象看本质，用来解决“为什么”。趋势分析法是升华，用来把握事情的发展方向，控制事情带来的结果，用来解决“如何做”。日常生活中，我们应用心对待每一件事情。比如，在培养孩子方面，用心分析孩子表现的具体行为可能会导致的发展结果，进行及时纠正或纠偏，防止出现不良后果。学习知识由易到难，任何事情都具有简单、单一到困难、复杂，再到更难更复杂的过程。前期像是一个点，中期像是一条线，后期像是一个面。孩子的成长也是如此。就孩子们成长来看，都是从一个点出发，但获得的结果千差万别。有的人学习能力强可以获得良好的学习成绩，其人生轨迹像一条直线。有的人学习能力一般，在学习方面会走一些弯路。有的人不努力学习，得不到良好的结果。

在日常生活中，可以让孩子做一些比较复杂的事情，增强孩

子的逻辑思维能力。一是关于称呼或称谓的锻炼。比如，亲属亲戚称呼训练。孩子叔叔的岳父的女儿的哥哥，该称呼什么？二是让孩子统筹安排自己的时间。比如，让孩子早晨7点前吃饭，饭前要自己筹划何时起床、刷牙、上厕所、收拾书包等事情。三是让孩子做一些复杂的手工艺品。如叠纸飞机，从第一步、第二步……到最后完成。四是让孩子感受做菜全过程。从买菜、择菜、洗菜、切菜、炒菜等，增强孩子认识问题的层次感、步骤感，在享受生活的同时，让孩子感受感观冲击和手眼脑等协调配合运用，了解什么是基础、什么是发展、什么是结果，增强孩子的逻辑思维能力。

总之，因素分析是解决“是什么”的方法，原因分析法是解决“为什么”的方法，趋势分析法是解决“如何做”的方法。通过因素分析了解事物表象，原因分析探求表象背后的“故事”，查找问题的根源，趋势分析是在因素分析和原因分析基础上，保障事物发展的基本方向，施以措施和方法，加以科学控制事物的发展过程，以求获得良好的结果。

3. 提高空间想象能力的方法

空间想象能力是人们对距离感、方向感、角度感的感知能力。建议使用以下方法增强孩子的空间想象能力。

(1) 观察物体之间的距离和方位

比如，让孩子观察植物与植物之间、动物与动物之间、植物与动物之间、人与动植物之间的距离和方位。基本的方向和方位包括：东、南、西、北，东南、西北、东北、西南。通过观察动植物进行方位和距离练习，并熟练掌握。同时，让孩子通过脚步去丈量实际的距离，增强距离感，提高孩子的目测能力。可以让孩子观察一些积木模型、物体模型，实物形状会带来立体感的直观认识，增强孩子对物体的整体感及各部分之间的距离感。

(2) 带领孩子亲近自然

接近自然不仅能够陶冶孩子身心，还可以通过具体物体增强孩子的空间感。比如，对动物与人之间、楼房与楼房之间、人与人之间、人与物体之间前后、左右、上下、内外的位置比较，直观地体会空间感。比如，带领孩子去旅游，观察山有多高、路有多长。将高山与平原进行比较，观察大树与花草之间的不同，等等。在孩子欣赏大自然美丽的同时，帮助其建立空间概念。

让孩子注意观察物体形状的同时，对其形状进行记忆和描述，增强对物体的印象。可以让孩子从不同的视角去感知事物。比如对一座山的认知。从山的南面去观察，包括山的总体形状、植被的状况、颜色，石头形状等；从山的北面去观察，能够看到什么样的景观；从山的两侧去观察，又是什么样的形状；等等。让孩子将直观和感性的认识，记入大脑。通过对不同物体的观察，提高孩子的层次感、距离感，增加立体感。

可以让孩子观察立体感较强的图画，掌握物体由实物到图画的变化。图画与立体几何书中的图形异曲同工，有利于帮助孩子学习立体几何的知识，通过将物体缩小会增强孩子对物体整体感的认识。

(3) 充分发挥想象力

通过想象力的培养，提高孩子的空间想象能力。比如，让孩子闭上眼睛想象曾经见到的物体。通过想象物体的形状、颜色、距离等，培养孩子的想象力。在夜晚、阴天、下雨的时候，让孩子想象天空的情况，虽然看不到太阳、星星、月亮，但可以想象它们的存在。同样，也可以对房子外面、天的边际、山的背面可能存在的人或物进行遐想，启发孩子的想象力。当然，在培养孩子想象力方面，可以灵活一些。除了让孩子想象曾经见到的物体外，还可以对图画上看到的物体形状、颜色与实物进行想象，丰富孩子的想象对象。同时，让孩子对见到的物体与曾见到的相近（似）的物体进行比较，发现其相似或不同之处。

4. 提高文字表达能力的方法

文字表达能力是综合交流能力的重要体现。文字表达能力在日常生活中需求广泛，作用巨大。不论你从事什么职业，都离不开说话和写作。不管是信件交流，还是微信沟通，都需要文字表达能力。个人认为，文字表达能力除写作能力外，还应包括语言表达能力（口才）。当下，一些单位或部门大多关注业务或业绩的好坏，对写作能力不太看重。年轻人大多不愿意“动笔”，喜欢写文章的人越来越少。当然，由于电脑的应用，孩子们也不太重视书法（钢笔字）的练习，书写能力越来越差，在社会上越来越难以见到“一副好字”。

文字表达能力是多种能力的综合运用。讲话与写作均体现记忆能力、逻辑思维能力和空间想象能力。如何提高文字表达能力呢？

（1）积累文字功底

提高语言文字的含金量，让语言有美感、有哲理、有魅力。对优美的经典词语、语句，应进行背诵。在背诵时，欣赏美、享受美。应注意对经典词语进行归类和联想，坚持学以致用。应对优美语言使用环境进行思考，联想在什么情景或真实世界中进行运用。优美词语、经典话语，可以写在制作的小卡片上，放在口袋里，随时随地进行欣赏或加强理解和记忆。背诵的内容可以是哲学的语句、阐述经典的道理、描写美丽的景色，可以是诗词，可以是白话文，也可以是外语，多多益善。通过背诵和积累，奠定文字基础。

(2) 加强对文字的理解

中国文化底蕴深厚，中国文字博大精深。在学习中国文字时应加强理解。比如，不同文字代表的内涵和外延不同，同一文字在不同情况下表达的意思不同，同一文字不同的表达方式其含意也可能不同。外国人学习中国文化，多处于表面化，总体感觉太复杂。提高对语言文字的理解能力，属于认识的范畴，可以运用“前后、左右、上下、内外”，多方面、全方位进行理解和学习，增强对事物的认知。

(3) 文字上多写作，语言上多练习

比如，可以养成记日记的习惯，对每天的所见、所闻、所思、所悟，通过日记的形式表现出来。记日记是积累知识和提高表达能力的好方法，通过记日记，加强对事物的思考和认知。再如，语言上力求精准，精益求精。简洁是智慧的灵魂，能用一个字表达的，不用两个字表达，能用一句话表述的，不用多句话。

(4) 形成自己的文风

在文风上要“实”，重解决问题，忌泛泛而谈。注重总结规律性的东西，注重形成自己的风格。本书的少年阶段将重点介绍如何学习语文。此处，不再详谈提高文字表达能力的相关方法。

(5) 注重“口才”培养

个人认为，文字表达能力除写作能力外，还应包括交流能力(口才)。人生活在天地间，生存于社会中，交流贯穿于人生始终。交流能力从某种程度上讲，比写作能力更加重要。因为，不论是谁都离不开与人打交道，而打交道首先是语言交流。陌生人之间相互了解，首先来源于说话，第一印象的好坏，也主要来源于语言交流。所以，我们在锻炼文字综合能力的同时，应有意识

地培养自己的口才，锻炼和提高讲话的能力。

一般来讲，会讲话的人大多会写作。但是，写作能力强的人，不一定"口才"好。在日常生活中，经常遇到写材料较好的人，讲起话来水平一般。为什么会出现这种现象呢？因为，"口才"是综合能力的即时体现，讲话时没有太多时间用来思考，讲话内容也无法进行重复修改。从"口才"两字我们可以分析和认知"口才"的重要性。人体头部有"七窍"，人体内部有"五脏六腑"，加上手、腿、臂等，唯独给"口"配了"才"。我们听说过"眼力""听力"，来表达眼和耳的能力，但没有听说过"眼才"或"耳才"，足以说明"口才"的重要性。苏秦以"三寸不烂之舌"而挂（佩）六国相印，是"口才"作用的良好体现。

对"口才"的培养和锻炼，应有意识地进行。母亲常告诉我们，说话做事要有基础和依据。应经常反思和总结，所说的每一句话的基础是什么，做每一件事的依据在哪里。说话做事应心知肚明，久而久之，说话的能力会自然提升。

个人认为，拥有好"口才"，获得良好的交流效果，应努力做到以下几点：

①尊重交流对象

讲话时要保持良好的精神状态，仪表端庄，忌懒散随意。语言应中肯，目光应平视，态度应谦和，忌傲慢，等等。通过对自己形象的注意，体现对交流对象的尊重。建议培养好习惯，去掉自身不良的习惯动作，讲话要与身体相结合，考虑语速语调，口齿清晰，讲究节奏感。

②话语应有逻辑

话语之间要严谨，前言与后语要有层次感，符合逻辑性。什么是基础、什么是发展、什么是结果？应交代清楚。讲话忌内容空洞，应言之有物，讲道理应深入浅出，给人以启迪，传递正能量。

③话语应简洁

善于交流不是口若悬河、滔滔不绝（废话连篇称不上“口才”好）。讲话应力求词语简洁，言简意赅，追求大道至简，让人们听得明白，记得准确，不可故弄玄虚。不可废话连篇，会让人感到重点不突出，耽误和浪费他人的时间，不仅影响讲话的效果，还会影响自己的形象。凡事皆规律，我们应从日常交流中总结讲话的规律。简洁是智慧的灵魂，一句话退百万雄兵，才是真正的好“口才”。

④谈话应把握分寸

语速语调要把握，语速不可太快或太慢。语速太快容易让对方听不全面、听不明白，影响交流效果。语速过快还会让人感到不够稳重。如果谈话双方需对讲话内容进行思考，语速过快会影响对方的思考和领会，交流会出现障碍。语速太慢会影响交流的效率，浪费他人的时间，交流效果会大打折扣。讲话要考虑交流对象的具体情况，交流的内容不可太意。针对不同的交流对象，词语表达方式和内容应有针对性。可以按年龄、性别、受教育程度、从事的职业等，对交流对象进行分类，针对不同的交流对象采取不同的话语。

⑤讲话内容以理论探讨和交流方法为主

讲话内容不可老生常谈，要给人以方法指导和借鉴。讲话应坚持谈以致用，只谈理论或大道理，没有人愿意听。比如，一些家长几十年如一日，要求孩子好好学习，但不能提供学习方法，孩子不愿意听取，会出现反感抵触情绪，甚至进行抗议。

⑥及时掌握交流对象的反应

为提高谈话质量，把握谈话的方向和最终效果，应及时观察交流对象的细微变化。如果发现谈话对象有其他（不良）反映，不再需要交流下去，应及时结束谈话。讲话要与表情相结合，毫无表情的谈话会让人感到不被尊重或重视，对方会产生不安全感，谈话氛围不和谐，不会产生好的效果。

以上是对孩子书本知识学习能力的简单介绍，培养和提高记忆能力、逻辑思维能力、空间想象能力、文字表达能力是个系统工程，应长期坚持不懈努力。上述四个能力与工作、生活紧密相关，可以用于生活与工作，以获得成效最大化。学习是一辈子的事情，自我提高是毕生的追求，应活到老、学到老、悟到老、提高到老。活到老学到老是理念和要求，悟到老是方法，提高到老是学到老的目的和作用。建议重点培养孩子勤于思考、善于思考的习惯，以“用心”为原则，养成善于思考的良好习惯。凡事皆方法，我们应从学习和工作中，研究、丰富和完善方法体系。在学习中，如果做到认识到位、思路清晰，不断改进学习方法，提高学习效率和质量，一定会取得良好的学习效果。另外，一些孩子热衷于玩游戏，缺少与人语言交流的机会，“动口”能力逐渐下降。有的孩子甚至不清楚如何礼貌待人，应引起高度关注！

（二）培养和提高执行力的方法

执行力是做人做事获得成功的重要保证，对人们来讲相当重要。有目标、有想法、有办法，没有执行，一切皆为泡影。执行力是个永恒的话题，跟随我们一生！首先，执行力是认识与行动的高度统一。有的人懂得做人做事的道理，却不付诸行动。有的人制定了计划，却不去执行。从某种程度上讲，还不如不懂道理，还不如没有计划。法律讲“知法犯法，罪加一等”。一些人明知故犯，不可饶恕！经常遇到一些人做人没有耐心，做事缺少毅力，三天打渔，两天晒网。也经常听到一些家长和老师讲，某某同学天赋很好却不认真学习，这都是缺少执行力的表现。其次，执行力重在效率，效率和效果是执行力的重要内容，做事情“又快又好”是执行力强的重要表现。小时候，常听老人说：某人干事又快又好。我也常谈及：缺失效率，难有好的效果。下面，简单介绍培养和提高孩子执行力的方法。

1. 建立责任意识

执行力来源于责任心，责任心是做好一切事情的原动力和内驱力。

（1）责任天定原则

世界万物均有相应责任。就物种而言，所有物种都承担着使自己物种延续的责任，并努力进行进化。植物与动物一样，也存在求生存的本能，说到底是一种生存的责任。对动物来讲，求生欲望更加直观。对人们的责任来讲，责任是天定的，不以我们的意志为转移，讲责任是对人类的基本要求。可以通过观看《动物世界》，发现动物们为了生存和培养下一代而付出巨大的努力和牺牲。不讲责任难以生存，更谈不上物种的繁衍。

对人类来讲，生活在世界上、社会中，身体机能的发达程度远高于其他动物，加之思考和行为的复杂性，参与社会活动的多样性，产生比其他动物更多、更复杂、更高级的需求，决定人类应该承担更多、更重要的责任。

（2）角色变化需要责任担当

人类自出生到死亡，无时无刻不存在角色定位与转换，为人子、做学生、干工作、为人夫（妻）、为人父（母），等等，每一个角色都有相应的责任和规范。比如：对待老人应尊敬、孝顺，对待朋友应真诚、热情，对待工作应积极、负责、担当，等等。

(3) 责任心决定人生走向

责任心强，制定大目标，获得大成功；责任心弱，拥有小目标，得到基本认可；不讲责任，没有目标，终被家庭和社会淘汰。在培养孩子执行力方面，家长应强化孩子的责任心，将责任意识嵌入孩子启蒙教育阶段，为人生奠定坚实的基础。

2. 充分认识责任价值

认识是做好一切事情的基础。在孩子责任心建立时，应坚持适应性、针对性、有效性，可以结合孩子的认知能力、身边的人和事、孩子的关注点，等等，帮助建立责任心。比如，孩子在与比自己幼小的孩子一起玩耍时，告诉孩子应照顾小孩子的责任，不然会出现一些问题。形象直观地告诉孩子责任心所产生的结果，有利于培养孩子的责任心。

比如，在儿子读小学三年级时的一件事情。隆冬季节，北方的清晨，孩子 6 点多起床时，房子外面仍是漆黑一片。小孩子早晨赖床成为普遍问题，当然，我儿子也不例外。有时会因为儿子赖床导致家庭出现不和谐气氛，儿子早饭吃不好，一家三口的心情都不太好。为了让儿子改掉早晨赖床的习惯，我用了很多方法，其中有个办法比较有效，下面和大家分享一下。

某个周五的晚上，孩子心情较好，我给孩子提及赖床的事情。我问："为什么会赖床呢?"儿子回答："不知道。"我问："咱家里冷吗?"儿子："不冷。"我问："喊你起床后还能睡着吗?"儿子："睡不着了。"我说："既然睡不着了，在床上躺着还有用吗?"儿子答："没有用了。"我说："老师不是讲过'一年之计在于春，一天之计在于晨'吗? 可见早晨对人们的重要性！咱可以假设一下，如果不赖床，可以有以下好处：一是对你来讲。由于没有爸妈的埋怨或者责备，自己心情会较好，早晨吃饭感到香，高高兴兴去学校。带着高兴的心情学习知识，其效果当然会很好。二是妈妈开车送你去学校，如果心情好路上也会减少一些不安全因素。三是爸爸晚上熬夜睡得晚，也可以利用早晨的时间差补下觉，睡得好工作状态自然会好，心情愉悦成绩自然会多些。爸爸可以多挣些钱改变家里的经济条件。可见，改掉一个赖床的习惯对我们家庭的重要意义。”儿子说：“爸，我懂了，以后不再赖床！”此后，儿子说到做到，早晨赖床的事情很少发生。

3. 建立目标和制定计划

在孩子成长的每个阶段，家长均应帮助孩子科学制定目标和规划。从期限上讲目标可分为长期、中期、短期目标。从作用上讲可以分为大目标、中目标、小目标。从完善性上讲，可以分为单项目标和综合目标。从内容上讲，可以分为学习、生活、锻炼、工作目标。目标是计划的方向和指引，计划是实现目标的方法和保障。

在孩子年龄较小时，家长应帮助孩子建立一些小目标。也可以根据孩子的具体情况，适时引入中期目标和长期目标。中期目标可以为半年、一年、若干年。长期目标可以为小学目标、中学目标、大学目标和人生目标。

在孩子少年阶段，可以促进建立鸿鹄之志，确定人生终极目标。制定目标和计划应坚持科学原则，并通过计划的实施达到预期的效果。那么，如何帮助孩子科学制定目标和计划呢？个人认为，目标是方向，计划来保障。目标和计划的科学性，要求制定的目标和计划具有方向性、指导性、可行性、针对性、实用性。

（1）方向性

帮助孩子建立目标时，方向应正确和明确。不管是大方向还是小方向，都应坚持传递正能量。在培养孩子的大方向上，不能出现问题。有的家长让孩子立志光宗耀祖，缺少针对光宗耀祖的初心教育。个人认为，不管孩子干什么工作，都要做一个对社会有用之人。

（2）指导性

帮助孩子制定计划应具有指导性。指导性在于能够提高孩子对目标和计划的认识，明确思路、要求和方法，对其今后制定目标和计划具有指导作用。

（3）可行性

在帮助孩子制定目标或计划时，应考虑计划的可行性，避免出现目标不明确的问题。制定目标不可空洞和泛泛而谈，计划也应具体可行。凡事好与差都有相应标准，制定计划贵在便于执行，不便执行的计划毫无意义。同时，制定目标要与孩子的能力相结合，确保孩子通过努力能够高质量完成计划的内容，能够达到想要的结果。当然，给孩子制定目标和计划不可标准太低，标准太低的目标和计划不会达到锻炼和提高能力的目的。相反，如果给孩子制定的目标过大或要求过高，孩子在完成计划实现目标的能力严重不足或不能完成任务和计划时，会影响其执行计划的主动性，甚至会挫伤完成目标和执行计划的自信心。

（4）针对性

针对性是指帮助孩子制定目标和计划时，应充分考虑孩子存在的问题，将需要改正的缺点和问题作为制定目标的重点，围绕存在的不足采取改正的方法，并将改正方法列入计划之内。帮助孩子制定目标要综合考虑孩子所处阶段、目标达到及计划完成时间。从小目标、简单任务开始，内外结合、由简单到复杂，由小目标及中目标、由中目标及大目标，最后让孩子建立人生终极目标。

（5）实效性

实效性是制定目标和计划的根本原则，通过制定目标和计划，达到实实在在的效果，效果可以是单方面的，也可以是综合的。比如，单纯的学习目标和学习计划。可以在一个月内或半年内达到班级或级部前多少名，也可以让自己的学习成绩在 80 或 90 分以上，等等。目标制定后，要对学习计划进行审查，计划中是否包含学习方法、学习要求、学习内容，是否涉及对知识的思考、归纳和总结，等等。应全面审查和评价是否能够达到想要的结果或效果。

在帮助孩子建立目标和制定计划时，应灵活掌握以下几点：一是通过目标和计划提高孩子自信心。比如，周末临时给孩子安排一项任务，背诵一篇较容易背诵的文章，如果半个小时内能够完成背诵，可给予什么奖励。在帮助孩子建立目标和制定计划之初，制定一些容易实现的目标计划，孩子完成起来相对轻松，可以帮助孩子建立自信。二是在制定计划时，应注重培养和提高孩子的执行力。计划中应包含每天需要做的事情，促进孩子持续地思考和行动，帮助孩子形成执行的习惯。

4. 对执行效果进行监测、评价和控制

监督是计划实施的重要保障，人的一生离不开监督。监督即约束，首先是外部约束，其次是内部约束。从某种意义讲，监督是在规则基础上对人们生产生活的内在要求。监督分为内部监督和外部监督、他人监督和自我监督。人生之初或者在没有形成良好习惯、达到人生顶峰境界时，外部监督起决定作用。所以说，培养孩子是由外到内的过程，通过外部影响启发（督促）内部因素发挥作用，形成规范自觉，从他人监督变为自我监督，达到“慎独”境界！

在帮助或指导孩子建立目标和计划制定后，下步工作即监督计划的执行。结合目标计划，对孩子日常表现进行监督和评价，了解孩子执行计划的态度是否端正，执行是否认真，阶段性效果是否实现，发现问题并及时进行纠正。比如：孩子在执行学习计划中，学习态度是否端正，在课堂上是否认真听讲并努力思考。在家做作业时，对待作业的态度是否端正，是否存在做作业效率不高（拖沓）、质量不好（作业差错率较高）的问题。读书习惯是否良好，月度考试成绩是否提高，处理作业与玩耍之间关系是否得当，学习或看书时间是否得到保证，等等。总之，应根据计划的目标和方法，对孩子进行全面的监测和评价。

通过监测和评价及时发现孩子在学习方面存在的问题，并进行纠正。当然，对其他计划执行情况的监测和评价，方法异曲同工。不建议家长陪伴孩子做作业，应告诉孩子做作业是其分内的事情，无需家长陪伴和监督。为什么呢？因为激发“内因”是执行力培养之关键，最终形成自觉。陪伴孩子做作业，孩子可能会产生依赖感，不利于执行力的培养。有的家长反映，家长不在身边孩子不认真做作业，或家长不在家孩子不做作业。不要让监督成为习惯，不要让孩子认为做作业是家长的要求，甚至认为是为家长而做。

5. 对孩子综合表现进行适时奖惩

奖惩，是保障计划更好落实、达到预期目标的重要措施。应根据对计划落实情况、目标完成情况的监测和评价结果，采取差别化奖惩措施。人们需求的多样性，决定了奖励和惩罚的丰富性。从心理学上讲，人们天生存在惰性，但对奖惩比较在意。人生活在社会中需要社会认同。俗话说：“人要脸，树要皮。”通过奖惩刺激人们内在自尊心和虚荣心，从而达到养成习惯、提高执行力的作用。在孩子成长阶段，孩子的“三观”、好的学习和生活习惯还没有建立或形成，实实在在的奖惩会带来较好的效果，习惯一旦养成，奖惩的作用会降低，可能难以起到作用。在对孩子计划执行情况奖惩时，应注意以下几点：

(1) 对孩子能力进行科学评价

计划执行得好与差应与孩子的能力相结合。首先，对孩子能力进行评价。在计划没有得到良好执行时，应对具体原因进行分析。比如，是孩子的能力问题、态度问题，还是目标和计划存在问题。当然，目标容易达到，执行情况较好时，也应对有关因素进行评价。

(2) 根据孩子的偏好实施奖励

在孩子执行计划较好达到预期效果时，应主动了解孩子的近期需求。比如，男孩子喜欢玩具手枪，女孩子喜欢饰品，家长可以买来作为奖励赠予孩子。当然，也可以根据孩子的具体情况进行奖励。比如，孩子近期特别渴望得到什么礼物，喜欢某种(款) 小汽车玩具等。

(3) 在计划执行中进行奖励

比如，有的孩子性子急、耐力低 (做事情缺少耐心)、控制能力差，等等，对这样的孩子应及时奖励。在计划执行过程中可以多次给予奖励，帮助和促进养成良好习惯。

(4) 奖励应符合家庭情况和孩子成长需要

奖励孩子的奖品应以学习和生活必需品为主，吃的、用的、穿的、玩的物品即可，应减少承诺给孩子购买奢侈品。比如，给孩子买篮球、做美食，与孩子基本需要相结合，是较好的奖励物品。不可动辄承诺给孩子贵重的礼物。比如，有的小女孩喜欢钢琴，家长随意承诺给孩子购买。有的家长把疼爱孩子与买贵重物品画等号，过于在乎满足孩子的物质需要，这是不正确的。许诺孩子贵重的奖励品，会给家庭增加经济负担，处理不好容易失信于孩子。在对孩子奖励时，家长不可随意而为，不可不守承诺，应严格把握言行分寸。

（5）物质奖励与精神奖励相结合

在对孩子进行奖励时，建议将物质和精神相结合。孩子年龄较小时，奖励可以偏物质一些，年龄较大后（8 岁以上）应该多一些精神奖励。在培养孩子过程中不可一味的物质刺激，应多一些精神追求的内容。太多的物质化的事物，会影响培养高尚情操的效果。对孩子的奖励应多一些精神需要，引导和给予孩子精神食粮，在孩子学知识的同时，陶冶孩子的情操。比如，给孩子买一些经典书籍，带孩子去科技城、去故宫游长城，等等。

（6）科学审慎惩戒

在培养孩子的过程中，惩罚应把握好时机和分寸。对孩子计划执行中表现出的缺点或不足，不可立即进行惩戒。小孩子身上存在的问题，到了一定年龄可能会自然消失。比如，孩子打扫卫生的能力，随着年龄的增长会越来越好。对原则性问题，应及时进行纠正。比如，孩子做作业不认真，态度不端正，三心二意，不能安静或者做事情不专心、不用心等，一定要及时制止。

孩子在成长过程中受能力限制较多，对孩子的处罚一定要慎用或少用。个人认为，惩罚是管理失败的纠正措施，过多、过重的惩罚不会带来好的结果。人们大多喜欢被鼓励或奖励，没有人天生喜欢被惩罚。惩罚本身具有较大的局限性，不管是在单位还是家庭，经常被惩罚的人难以获得成功。对家长来讲，对孩子进行惩罚，是培养思路和方法的失败。小孩子犯的错误大多不是原则性问题，不可以简单粗暴对待。比如，以前老家的一位邻居性格暴躁，孩子犯了错误经常对其进行体罚，最终也没有把孩子教育好。

(7) 相互监督共同进步

在帮助孩子建立目标和制定计划时，家长也应明确自己的工作、学习目标和计划（在家时的行为或生活规范）。与孩子一起执行，家长应起到模范带头作用，相互监督，共同进步。

总之，就培养孩子执行力的方法来讲，责任意识和责任价值是基础，目标和计划是引领，监督和奖惩是手段。在孩子执行力培养过程中应注意观察和思考，如果孩子执行计划不够好，应及时进行思考和总结，查找问题的原因，审查目标计划是否科学，监督奖惩方面是否存在问题。在孩子执行力的培养中，早期培养并形成好的习惯是关键。责任心对执行力起决定作用。比如，培养孩子的读书习惯。孩子在幼小的时候，可能不太明白读书的意义和作用，一旦形成良好习惯后，会被书中内容所吸引而产生兴趣，随着年龄的增长，喜欢读书会逐渐显现（学习成绩好，同学羡慕，家长老师夸奖），读书兴趣演变为爱好，最终把读书习惯变为行动自觉。培养执行力的过程是“缺少意识—养成习惯—产生兴趣—发挥作用—建立责任—形成自觉”的过程。

（三）培养认知能力

1. 对认知的理解

认知之“认”是认识，是了解世界和事物，起到解决“是什么”的作用。“知”是了解为什么和怎么做。“认”是基础，“知”是目标和归宿。认知能力是人们认识世界的能力，包括理论认知能力和实务认知能力，涉及思想体系和方法体系。认知能力在解决认识世界的同时，帮助我们顺应规律改造世界。认知能力是人们智商中最重要的内容，提高认知是人们刻苦学习、努力工作而达到的最高目标。在人们的智商中，不论是提高学习的能力，还是强化执行力保障，其最终目的都离不开提高认知能力，都为提高认知能力而服务。

认知能力可以分为两个层级：一是学以致用（学以致学）。首先，在学习中要坚持学以致“学”。做到各学科学习方法相互融合，将目前与今后的学习相结合，研究和总结提高学习质效的方法和技巧，学以致学、学以促学。其次，将学习、生活和工作相结合。将学到的知识与生活、工作有机结合，指导工作和生活，获得知识效能最大化，做到学习中结合，实践中运用。二是发现规律形成理论。认知能力帮助人们发现规律、形成理论、指导实践，帮助人们认识世界，指导改造和影响世界。认知能力包括思考分析能力、总结归纳能力和创新能力。认知能力从认识中来到认识中去，帮助人们获得学习、工作和生活的思路和方法。

2. 认知能力差的表现形式

前面谈及认知能力的作用，大家可以从一些聪明和智慧的人身上感知认知能力。下面，对认知能力较差的表现形式进行阐述，引以为鉴。

（1）学习成绩好但认知能力不强

比如，一些学习成绩较好或重点大学的学生，在工作中却不及学习成绩相对较差、毕业学校为非重点大学的学生。其反映出来的工作能力与其学历并不匹配，也就是我们经常讲的：学历不代表能力。究其原因，是由对工作的认知能力不足所导致。

（2）学习努力刻苦但学习成绩平平

有的同学学习态度很端正，学习刻苦努力，时间充分应用，多年如一日努力学习。但是，学习成绩却一直平平，究其原因，是由于没有做到善于思考，不了解学习的规律，没有找到有效的学习方法，未能做到学以致“学”。总之，是由于学习方面认知能力较差所导致的。

(3) 工作辛勤但成效一般

身边不乏工作努力但工作成绩不突出的人。究其原因，是对工作的内涵和外延、工作原则、工作要求、工作意义和作用认知不到位，对业务与管理知识掌握得不系统、不深入、不全面，对工作未能形成全面系统的认识，未能建立正确的工作思路，采取有效的工作方法。当然，工作效果难以让人满意。

其实，我们身边也不乏一些读书较少但认知能力较强的人。比如，我村的一位支书，大字不识几个，但认知能力较强。自20多岁担任村支书，善于思考总结，能够把事情看准、看透，说话办事思路很清晰，工作方法也丰富，具有较强的组织管理能力。

个人认为，努力学习但学习成绩不够突出和学习成绩突出但认知能力不强的人，其原因多为不善于思考和总结，未做到学习与学习相结合、学习与生活相结合、学习与工作相结合、学习与创新相结合。学习能力不足或生活（工作）能力不强，大多因为没有做到上述四个结合，表现为：人云亦云，充耳不闻，视而不见，成为生活中的“聋子”和“瞎子”！当然，也无法形成自己的理论体系和方法体系。

个人认为，读死书，死读书，书读死，是“书呆子”的具体表现。凡是不能与实践相结合并指导实践的理论均是“伪理论”，不能用来学以致用的学习都是“假学习”！在学习和生活中，应紧紧围绕“四个结合”，提高对事物和世界的认知能力。所做的任何事情，如果不能提高认知能力，那么，这些事情都将是低层次的，从某种意义上讲，属于“瞎子点灯白费蜡”！

3. 提高认知能力的方法

认知能力作为智商的重要组成部分，存在遗传因素。有的人生来悟性较高，认知能力也较强。个人认为，人们的各项能力大多存在遗传因素，但后天的努力会弥补先天的不足。提高认知能力的过程是结合自身实际与世界相联系的过程，是探索总结普遍规律和掌握矛盾特殊性的过程，是学以致用和创新的过程。用“前后、左右、上下、内外”（八字诀）来看，认知能力的培养是学习、认识、再学习、再认识、形成理论、指导学习和认识的过程。

（1）坚持“四个结合”，提高认知能力

认知能力的培养是由小到大、由简到繁、由浅及深的过程。应坚持学习与学习相结合、学习与生活相结合、学习与工作相结合、学习与创新相结合，逐步提高认知能力。

比如，和孩子一起植树。通过对挖树坑、放树苗、给树苗浇水、培土、做支架（增加树苗稳定性）、告诉孩子小树苗长成参天大树，成为有用之才，等等，让孩子直观地看到对小树苗的呵护。家长应告诉孩子小树苗生长，不仅需要人们的关心呵护，还需要阳光照耀和雨露滋养的道理。同时，让孩子将小树的成长与自己的成长相结合，让孩子明白成长需要的条件和时间，成长中需要付出勤劳、艰辛和努力，也需要大自然的恩赐。告诉孩子在享受大自然恩赐的同时，也存在不利于生长的因素。但是，经历了风雨的小树会长得更加强壮。试想，温室里的树苗，由于没有经历风雨，又有几棵能够长成参天大树！

由此，可以联想到孩子的成长，一样需要家长的呵护和精心的培养，需要家庭和社会的阳光雨露。人生不会一帆风顺，没有人能够随随便便成功。家长在纠正孩子错误的同时，应给孩子一些教导。在孩子不努力改正时，也可能会惩戒孩子（相当于来自家庭的风雨）。当然，在孩子成长过程中还要经受来自外部的各种各样的困难和坎坷，越是经历这样的风险坎坷，孩子的意志、能力才会得到充分的锻炼，才能成为社会有用之才。

比如，让孩子对如何获得良好的学习成绩进行认知。如何获得良好的学习成绩，与小树苗茁壮成长道理相通。获得良好的学习成绩需要加强对学习意义和作用的认识，需要清晰的学习思路、有效的学习方法，坚持“四个结合”，努力思考和总结，并付诸艰辛的努力，方能考入理想的大学，成为国之栋梁。

再如，让孩子对玩耍进行认知。告诉孩子玩耍的意义和作用、玩耍时应该注意的事项、用什么方法玩耍既能玩得开心，又能学习本领，等等。做好与生活、学习的结合。把玩耍产生的积极作用、存在的风险、玩耍的方法等植入孩子玩耍之中，让孩子从无意识去做到有意识地思考，养成自觉思考和总结的良好习惯。

(2) 运用“前后、左右、上下、内外”，提高认知能力

几年前，我悟出“前后、左右、上下、内外”（八字诀），建立了做人做事的理论与实务基础，形成了做人做事的“四维”空间概念。“八字诀”能够帮助我们认识事物，丰富理论体系。当然，“八字诀”也属于方法论范畴，能够帮助完善方法体系。

①对学习进行认知

一是“前”，代表对学习目的和意义的认识。学习成绩良好可以升入好的大学，可以拥有体面的工作，具有良好的发展空间，感受尊严享受生活。二是“后”，与“前”是对立统一的矛盾体。俗话说：优点和缺点都是“双刃剑”。比如，学习成绩良好，也可能被他人羡慕嫉妒恨，故在学习成绩较好时，也应保持低调，防止引发不必要的麻烦。三是“左右”，是指比较学习方法。可用于各学科之间的对比（如各学科的特点、学习方法等），

也可以与其他人之间进行学习方法和学习成绩的对比。四是“上下”，告诉我们要用历史的、发展的、辩证的眼光看问题。比如，现在学习成绩良好，不代表今后学习成绩良好，保持良好的学习成绩好才是硬道理。五是“内外”，告诉我们在班级学习成绩良好，不见得在学校学习成绩好。在学校里学习成绩好，不代表在全市、全省、全国学习成绩好。

②对做游戏进行认知

一是运用“前”字，可以告诉孩子做游戏获得的快乐、兴趣、意义和作用。二是运用“后”字，可以帮助我们思考孩子在做游戏中可能存在的风险和危险。三是运用“左右”两字，可以告诉孩子在做游戏时，与伙伴们做好配合，帮助孩子建立团队意识，融入集体和团体。我们经常说“左膀右臂、左邻右舍”，想要取得成功离不开团队的分工与协作。四是运用“上下”两字，启发我们应辩证地、发展地看待游戏，游戏适应年龄阶段，等等。比如，适合五六岁孩子玩的游戏，孩子若在七八岁时还在玩，家长应该进行分析，审查孩子培养与成长是否存在问题。当然，针对某类游戏也应考虑可能对孩子成长产生的不良影响。五是运用“内外”两字，促进孩子在玩某项（类）游戏时，与其他（项）类游戏、体育锻炼、做家务等进行比较，分析孩子做游戏对其成长产生的作用。童年阶段，孩子对事物和事情的认识还比较肤浅，“前后、左右、上下、内外”（八字诀）蕴含的深层次道理和方法，将在青年时期重点介绍，帮助建立思想和方法体系。

总之，提高认知能力无止境，认知能力的提高是一个漫长的过程，需要一生的艰辛和努力。建议在日常生活和学习中养成对比、思考、归纳、总结的良好习惯，探寻和研究事物发展规律，指导学习和生活。凡事皆规律，认知能力的提高，能够帮助我们发现规律、运用规律、指导实践。就智商三部分而言，学习能力是基础，执行力是保障，认知能力是最终目标。通过对智商内容的认识，可以帮助人们全面提高智商，促进在学习、生活和工作中融会贯通，达到人生的较高境界。

二、情商的培养方法

前面提到，情商包括情操情趣、性格性情、情绪管理（待人接物）等内容，情商是做人的能力，即使做出轰轰烈烈的事情，但如果情商不高的话，也可能落下万世骂名。下面，将情商情操、性格和待人接物三个方面，简要介绍相应的培养方法。

（一）培养高尚的情操

个人认为，情操属于世界观、人生观和价值观“三观”范畴。情操在情商中起引领作用，为性格和情绪管理提供方向。同时，情操是最基础的情商，没有情操其他皆为零。拥有高尚的情操是人们追求的最高境界，高尚的情操是人们走向人生巅峰的必由之路。

1. 建立正确的“三观”

(1) 帮助建立正确的世界观、人生观、价值观

世界观、人生观、价值观（简称“三观”）是否正确，决定一个人一生的命运。正确的“三观”能够为国家、为社会、为他人作出贡献，错误的“三观”让人产生负能量，突出表现为自私自利。帮助孩子建立正确的“三观”，可以参考中国社会主义核心价值观。“富强、民主、文明、和谐、自由、平等、公正、法治、爱国、敬业、诚信、友善”，24 字包括丰富的内容。其中：富强、民主、文明、和谐是国家的建设目标；自由、平等、公正、法治为美好社会表现因素；爱国、敬业、诚信、友善是公民基本的道德规范。生活

在伟大的社会主义国家，每个人都承担着重要的责任。不管是建设目标，还是美好社会，都需要人们努力去实现。爱国、敬业、诚信、友善是做人做事的基本道德规范，为我们指明了人生方向。在个人道德修养中，爱国是基本要求，敬业是对工作的要求，诚信和友善对是人们生活的要求。在孩子“三观”建立中应牢记基本道德要求，为国家出力，敬业爱岗。以善良为基，打造人生诚信品牌。

(2) 正确全面理解“贵人”含义

在生活和工作中，我们经常听到“贵人”这两个字。个人认为，“贵人”可分为三等。第一等“贵人”，帮助我们建立正确的“三观”，教导我们做人做事的基本操守，让一生充满阳光和正能量。第二等“贵人”，是向我们传授知识、本领和能力的人，让我们拥有生存和发展的能力，工作有成绩，生活有尊严。第三等“贵人”，是在关键的时候帮助我们渡过难关的人。比如，指导就业、器重提拔、解决困难，等等。在浮躁的社会中，多数人仅盯着给自己带来利益的人，安排就业、提拔、孩子上学、生意挣钱等事情，把帮自己解决困难问题的人，当作自己的“贵人”，这是很片面的。对孩子应进行积极引导，明确人生的三等“贵人”，提高人生境界。

(3) 与日常实践活动相结合

培养孩子的“三观”应与学习和生活等具体内容相结合。否则，单纯地讲道理会产生空洞感，不容易理解和消化。以“党建”为例。一些人认为“党建”工作空且虚，甚至有些党员不愿意上“党建”课。其主要原因是没有将党建工作与人生结合起来，没有与日常生活、学习和工作结合起来。当然，有的人讲课内容枯燥无味，让人感到虚无缥缈。社会上，有些讲党建的同志照本宣科，对我党理论学得不深，悟得不透，业务不精，死记硬背。但也不乏讲得精彩的党课。比如，某市讲师团团长讲党课，多数人喜欢听。为什么呢？因为这位老师讲课内容信息量比较大，有自己独到的理论视角且对贪官的腐败原因等进行深刻地分析，能够给人以警醒和启迪。

近几年，经常听到“不要与别人比较”这句话。但是，说起来容易做起来太难！有的人把他人的失败当笑柄，这类人缺少同情心，缺少做人的良知。人们习惯说，现在的人没有原来那么善良了！为什么呢？个人认为是缺少正确的“三观”，没有崇高的理想和信念，人的自私本性表现得更加直接和外露。主动加强个人修养，坚持做人做事的根本和底线、坚持一生传递正能量的人逐渐减少。主要原因是把人生看得短、看得浅，没有将自己的命运与社会团队的命运结合起来，重眼前利益、重功名利禄。我们要教育孩子加强个人道德修养，培养高尚情操，建立崇高理想，强化社会责任担当，脱离低级趣味。个人认为，低级趣味不仅指腐朽的、庸俗的、社会唾弃的事情，还包括浮躁的、肤浅的、低俗的兴趣。我们应加强对孩子道德情操的培养，摒弃低级趣味，将学习生活与个人修养、帮助他人、民族复兴结合起来，坚持一生传递正能量。

2. 培养家国情怀

个人认为，家国情怀包括家庭观念（概念）、国家情怀。家国情怀是中华五千年文明的浓缩和积淀，家只有与国联系起来，家的光辉才会照耀中华，才会拥有永恒的生命力而大气磅礴。家是小小国，国是千万家，只有拥有家国情怀，家与国才能充分地交融到一起，才会打造真正的精神家园。世界讲大同，人们求博爱，博爱应是地球上每个人的追求和人类的共同期待，以达世界之太平与和谐。

(1) 帮助孩子建立家庭观念

家国情怀的培养首先是建立家庭意识和家庭概念，建立亲情关系和亲子情感。

①关心关爱体现家的温暖

在日常生活中体现对孩子的关心、关爱和呵护，并告诉孩子其中的道理。家长疼爱孩子是义务和责任，孩子也应明白关爱是相互的，孩子对家长的疼爱应作出积极的回应，体谅家长，努力回报，维护家庭共同利益，营造和谐的家庭氛围。

②主动担当家庭责任

在家庭中，父母对责任和分内的事情，应身体力行，对孩子进行言传身教。当然，可言传可身教，但重点应放在身教上，身教胜于言传。可以潜移默化培养孩子的责任意识，使孩子从家长身上学习做人的道理和做事的责任担当。

③培养爱家意识

爱家，来自于家庭的温暖和幸福，产生对家庭的依恋，从而建立家庭情感，对家庭讲责任。家庭情感包括对家族、对父母、对家庭其他成员的情感，这里的情感是亲情。人类感情包括亲情、恩情、友情和爱情，亲情是其他感情的基础，不讲亲情的人，不会真正产生其他情感。即使有人表现出来一些友情或爱情，也会掺杂一些利益成分。爱是相互的，孩子会将得到的爱回馈于亲人，这是动物的本能，这份情感很自然、很纯真。

④懂得感恩做到感恩

为什么讲感恩呢？感恩是做人的基础，是正确“三观”的基础。人的成长离不开大自然的恩赐，更离不开家人、亲人、社会、国家的关心、爱护和培养。感恩的意义和作用在前面有所论述，这里不再多说。俗话说：“儿不嫌母丑，狗不嫌家贫!”“羊知跪乳，鸦知反哺。人若无知，禽兽不如！”从一点一滴中培养孩子的感恩之心，让孩子逐步把感恩当责任，把感恩当作人生的基本要求。

(2) 帮助孩子建立国家情怀

爱国，先从爱家开始。一般情况下，人们先对家产生情感，再拥有爱国的情怀。

①强化对家与国的认识

家是国的细胞，千万个家庭组成国家大家庭。国是家的肌体，是家的全部。家是国的基础，国是家的保护。家是小小国，国是千万家！千万个家庭组成强有力的国家，国是家的依靠，没有国哪有家？

②爱国是做人的良知

世界上国家之间的关系也与家庭之间一样，国与国之间利益与每个家庭之间的利益也有相通之处。只有爱祖国，我们的国家才会发达强盛，每一个家庭、每个人才能够得到国家的庇护和庇佑，在世界上生活得有尊严，生活中才会有快乐。热爱祖国是对每个人的基本要求，爱国是做人的良知。“家”是生我养我的地方，“国”是我们的精神家园和情感归宿！

③以现实故事进行启迪

比如，一些弱小的国家受霸凌国家的欺负，那里的孩子生活在水深火热之中，基本的生活平静都难以实现，何谈幸福生活呢？观看《动物世界》节目可以发现，动物之间也存有复杂的、高尚的情感。比如，有的鱼儿从出生地开起生活的足迹，为了生存浪迹天涯，临近死亡时回到出生的地方。这个事例验证了中华文化叶落归根的道理，体现了动物固有的那份亲情和对故土的依恋。但也有一些人为了个人利益或被他人利用，背叛自己的国家，做了“汉奸”！我们应始终坚守：母亲永远是咱的母亲，家

国永远是我们的根！可以结合我们从哪里来，到哪里去，人生为了什么，去世后又带来什么，给孩子讲解人生的基本道理，做人的根本和根基，启发和帮助孩子建立家国情怀。在此，感谢一些华侨、华人为祖国牵肠挂肚，体现出崇高的家国情怀。他们身在国外，却心系祖国。一些华人华侨在国外生活多年，在世界上影响力巨大，仍然心系祖国，家国情怀发挥了重要作用。“家”是海外游子永远的内心牵挂，“国”是中华儿女永远的精神家园。

（3）帮助孩子达到博爱境界

在培养孩子建立家国情怀的基础上，帮助孩子建立人间大爱和博爱思想。一是儒家文化倡导的大同社会，是天下之大同思想，范围包括全人类，没有国界和种族。比如，让孩子从爱护身边的一草一木开始，达到对亲人、同学、朋友之爱。以“老吾老以及人之老，幼吾幼以及人之幼”的博大情怀，加强个人修养，熏陶品德情操。从爱身边之人到对中国之爱，从对中国之爱达到对世界人民之爱。二是建立对世界人民的大爱之情。生活在同一地球村，彼此都是一家人。我国的大国担当体现了这一理念。人生的伟大在于奉献和贡献，在于通过自己的努力能够给他人带来恩惠和恩泽。否则，将失去做人的意义。一些企业家做公益，甚至把遗产全部捐献给社会。爱心无国界，像加拿大国际主义战士白求恩、美国的史沫特莱、日本的反战同盟，等等，世界人民对和平的需求和期待，是世界和平的基础和归宿。

3. 培养孩子的志气和骨气

志气和骨气是人生活之钙，没有志气和骨气会得软骨病。骨气，可以产生气节。“宁为玉碎，不为瓦全”“宁可站着死，不可跪着生”“粉身碎骨浑不怕，要留清白在人间”的高尚气节，被后人广为敬仰，千古流芳。

(1) 培养孩子的志气

培养孩子的基础，在于培养孩子的志气，否则难以成人成才。做人做事首先应“立志”，“志”包括志向和志气。志向为人生的引领和指导，能够帮助孩子树立人生目标。志存高远者，能够走得远，达到一定境界。胸无大志的人，做人做事的目标不会太高，对自己的要求也不会严格。培养孩子的志气要与争气相结合，并逐步提高孩子的志向和目标。

①为自己争口气

俗话说：“人活一口气，佛争一炉香。”让自己生活得有尊严，就要立志学本领，并努力达到一定的高度。做人做事甘居人下，不思进取，不可能被人看得起。

②为父母、为家庭争口气

以父母和家庭之傲为努力方向，让父母和家庭为自己骄傲。比如，学习成绩好、工作业绩好、做人做事好、尊老爱幼、勤俭节约、为社会和国家作出贡献，等等，传递社会正能量，父母家庭会引以为荣。

③为国家为民族争口气

为国家民族争气是立大志，是“立志”的最高境界。从报效祖国出发，为社会作贡献，为民族伟大复兴作贡献，树立大目标，坚持高标准、严要求，充分挖掘自己的潜能，提高自己的本领，最大限度地为国家和社会做努力。通过为个人、父母、家庭、国家立志或争气，确定具体的努力目标，建立完整的践行计划，严格落实执行，方可获得成功。

(2) 培养孩子的骨气。

傲气不可有，傲骨不可无。个人认为，“傲骨”是骨气的基础，骨气需要硬度！“傲骨”之傲如何产生又表现在哪里呢？

①淡泊名利

过分看重名利可能会丧失自我，不会产生骨气。在面对名利时，应分清是实名还是虚名，是合规之利还是违法所得。有骨气的人，活得自在，活得潇洒，活得自如，活得踏实、活得心安。建议不向虚名“低头”，社会上的虚名，弃之也罢。虽然人们对财富追求无止境，但应坚持君子爱财取之有道。坚持为社会作贡献，淡泊名利，只求做大事，不求虚名和浮华。

②坚持做人做事的原则和要求

坚持正能量是做人做事的重要原则，不能传递正能量的言行和事情，难以坚持正确的原则。在日常生活中，我们可以对各类“正能量”进行分类细化，得出具体的正能量标准。我们要坚持真理，坚持正确的事情，加强自律和努力，提高传递正能量的能力。

③不向权贵和利益低头

宁可站着死，不可跪着生，宁折不弯。如“安能摧眉折腰事权贵”的李白、“不为五斗米折腰”的陶渊明等等，之所以能够被人景仰、青史留名，都是坚持做人做事的原则，不为名利而失去自我，没有失去做人的那份纯真。这份纯真是人们的追求和向往，人生的过程是从纯真开始、逐步复杂、再回到纯真的过程。没有人想要复杂和多变的生活，也没有人喜欢生活在阴暗之中。

习主席讲到，人活着要有精神，党员同志要有崇高的追求，要有精神之钙。要立志干大事，干一些利国利民的事情，这是对共产党员的要求。个人认为，此道理适合每一个人，过度追逐名利的人，早晚要失败！立志为升官发财，是过度追逐名利的表现。“钙”是指人的骨气，人不能得软骨病，遇到困难就趴下，碰到诱惑就倒下。培养为民情怀，立志做大事，不以虚名和浮华为目标。我们应坚持做人本色，坚持传递正能量，不被浮华遮望眼，也不被利欲所熏心。有的人虽然没有高学历，但做人脚踏实地，工作兢兢业业，展现出做人的志气和骨气！有的人学历层次较高，但追求浮华和虚荣，不努力拼搏，让人唾弃！做人不可没有志气和骨气，骨气是做人之钙，没有骨气的人站不直，也不会获得做人的尊严！

(3) 追求完美人格

在培养孩子的基本原则中提到，完善人格是做人做事的最高境界，是人们在坚持做人做事原则的基础上，升华到精神和情操的高度体现。从历史上爱国爱民的诗人学者身上，可以发现为什么他们的作品能够不朽，除了作品本身的优美极致之外，更在于诗人和学者的为民为国情怀，是其伟大的情操、气节、人格让人难忘和永远缅怀。在情操情趣的培养上，我们拥有自信心和发言权。华夏五千年给我们留下了深厚的文化底蕴，形成中华民族的文化自信。世界四大文明古国，只有中华文明硕果仅存，从未中断！

外国人大多不敢与中国人讲文化，我国思想、哲学、历史、天文、地理、道德等之丰富，其博大精深，无与伦比，在世界文明中大放异彩。优秀的传统文化能够帮助我们建立完美人格，我们向历史上的名人、伟人、身边的贵人学习，建立做人做事的文化自信。坚守做人的底线和原则，不向名利折腰，追求一生正能量！坚持活到老、学到老、悟到老、提高到老，提高到老是学到老的目标、要求和结果，不能让学到老落空地、成空谈。

(二) 培养良好性格

人们常说，性格决定命运，细节决定成败。性格对人生成败影响巨大。既然性格决定命运，命运各有不同，说明性格具有复杂性和多面性，也可能存在好坏之分。

个人认为，刚强的性格表现为不向命运低头，努力改变命运获得成功，带来好的命运，比如，一些身残志坚的人、出身贫寒的成功者、不屈不挠的革命先驱，等等。软弱的性格让生活和事业产生较差的结果。软弱性格的人，对世界的探索欲不够强烈，自我改变的积极性不足，难以获得自信。要强的性格容易掌握命运的主导权，“我的地盘我做主”，展现出责任和担当！性格软弱缺少与命运抗争的主动性，一般表现为逆来顺受，软弱可欺，在与他人的竞争、与命运的抗争中自然会处于下风。谈及性格的主要目的在于通过对孩子性格的改善，帮助孩子拥有良好性格，牢牢掌握自己的命运，以获得人生的成功和幸福。

性格具有遗传因素，天生的成分较多。但是，可以通过一些方法对孩子性格进行完善。从生物学意义上讲，性格没有好坏之分，性格的不同体现生物的多样性特点。从社会学上讲，人具有社会性和社会角色，性格被赋予社会色彩。不同的性格带来不同的人生命运，能否为社会作出贡献，能否为世人带来积极的影响，是研究性格、完善性格的原因所在。个人认为，在培养和完善孩子性格方面，除考虑性格的自然属性外，还应综合考虑性格的社会属性，与社会分工和责任担当结合起来，让性格光芒更加耀眼夺目。

从社会认可习惯讲，男孩子性格应外向和豪放，女孩子性格应内向和端庄。男孩子应豪爽、仗义、刚强，有力度、有硬度，体现出像山一样雄伟和壮阔的阳刚之美。女孩子应温柔、贤惠、端庄，有温度，有韧度，体现水像一样的柔韧和宽容的阴柔之美。性格是可以变化的，我们应发挥孩子性格的优点，发现性格中的缺点，帮助完善性格，弥补性格缺陷。

个人认为，孩子的性格培养应讲究中庸之道，注重阴阳平衡，防止走向极端。女孩子为阴、男孩子为阳。同时，每个人自身又存在阴阳。在对性格的认识上，应把握好阴阳平衡，阴阳均不可太过，太阳太阴必招损。我们可以把四季分为五个状态，即阴阳平衡、太阴、太阳、阴衰阳进、阳衰阴进。“阴阳平衡”是指不热不冷的季节或状态，“太阴”“太阳”是指温度过低或过高的状态，温度太低和太高，人们会感到不舒服。在对孩子性格的培养和改善中，如果孩子的性格太过刚强，我们应要让其柔一些，或者柔中带刚、刚中藏柔。俗话说“绵中藏针”即这个道理。如果孩子的性格偏软弱，建议使用以下方法进行纠正：

一是从认识上解决。柔弱的性格会失去成功的机会，生活的尊严会受到影响，人生的意义也会被降低。等等。

二是通过具体事例教育。比如，孩子的玩具、书包、物品等被他人抢走或夺走，让他感受自己正常的学习和生活受到不利影响，从中悟出柔弱性格带来的问题。

三是告诉孩子被他人欺负的原因。俗话说：“困难像弹簧，你弱他就强。”你刚强自然不再受欺负！这里，我们应重点关注孩子性格中的韧劲。在培养和完善孩子性格中，应添加坚韧不拔的内容和品质，要体现不达目的不罢休的豪气和执着，增强性格的“韧度”。

常言道：细节决定成败。细节是对性格的有益补充。个人认为，细节对刚强来讲寓意着柔软，对柔弱来讲寓意着刚强。比如，有的男人性格刚强，但不注意细节，做人做事难以产生好的结果。做好细节是做好“微观”，没有微观做基础，难以产生宏观或整体的效果和成功。细节包含方法，体现“方法是关键”的理念。同时，阴阳平衡理论告诉我们，阴和阳你中有我，我中有你，相互融合并发挥作用。人的天性告诉我们，男人大多天生心粗、女人大多生来心细。比如，大多男性成功者，具备一些女性的心细特点（可以称为“阴”）；大多女性成功者，具备一些男性的豪爽特点（可以称为“阳”）。这些事例或表现是对阴阳平衡理论的最佳诠释和运用。

（三）待人接物能力的培养方法

待人接物能力也可称为“情绪管理能力”，被社会广泛认可为情商。说话做事让人舒服或者会说话（说话“好听”）等被人们认为是高情商。个人认为，如果没有情操、性情作基础和支撑，说话做事再“漂亮”也无济于事，其间道理大家可细细品味。

1. 尊重

尊重是与人相处的基本原则，没有尊重一切等于零。在与人交往时，应注意态度、内容和交流方法。俗话说：见到矮子不说“短话”！意思是在与人交往时尽量回避他人的缺点（尤其是先天的缺陷），突出他人的优点，不要让人感到尴尬或不安。绝大多数人喜欢被夸奖，没有几人喜欢被人指责和批评，除非具有较高修养或者真正愿意提升自我的人。

2. 诚信

诚信是指做人真诚和讲信用。诚信是做人的基础，应以诚立人，一诺千金。没有诚信或背信弃义之人不会获得好结果。在学校如果有人主动告诉你好的学习经验或有效的学习方法，这位同学一定是真诚的。在工作中，如果有人主动把工作中成功的经验传授给我们，应加倍珍惜！我们应始终坚持言必行、行必果，做人必诚信，失信枉为人！

3. 大气

大气是格局、豪情、热情。在生活中应尽量避免男人和女人固有的缺点。比如，女人在交往时不可太啰嗦，看待事情远一些，心胸宽广一些。男人在交往时，多一些格局，少一些霸道和无知。好客山东人体现的是待人之豪爽和热情，小气的人难以形成大格局！孩子在与小朋友交往时，应展示大家风采和大将风范，不要过于计较得失。

4. 换位思考

孩子们在交往中，总能遇到同学之间的不良情绪，如果不能正确认识和妥善处置，会导致同学关系出现裂痕。应教育孩子学会换位思考，正确看待事物事情的本质，不可先入为主。比如，对待同学讲话或做事，主动联想其说话习惯、家庭环境、学识能力等，重点分析其说话做事的出发点是否正确，是否具有主观恶意。与人交往中发现他人的缺点和错误，应认真分析原因，需要我们帮助的应积极提供帮助。当然，更重要的是进行自我剖析，审查自己言行是否到位，不可仅盯着他人的缺点或仅考虑自己的感受。

5. 慎重

交朋友一定要慎重，不论孩子还是成年人。社会上，因交友不慎反受其累、受其害的事例不胜枚举。母亲常说："会说的不如会听的。"要求我们要勤于观察、善于思考。比如，有的人一贯表现出对他人尖刻、自私，突然对我们表现出"友谊"或拉近乎，那么，他一定有所"企图"。慎重不代表在交友时处于被动地步，遇到学习好的同学、有正能量的人，我们应主动与其交朋友，学习知识、传递正能量的同时，提高自己的修养和格局。交朋友交的是人品，处的是感情，遇到人品不好的人，千万要躲着走。不可结交缺少家教的人、守法意识不强的人、没有正能量的人和性格存在严重缺陷的人。

6. 感恩

感恩的最高境界是以德报怨。前面讲宽容是做人的胸怀，以德报怨，甚至把对手当恩人是更高的境界。感恩对手或者小人是人生智慧，不要让他人的缺点来惩罚自己，一生处于怨恨之中，心灵不得安宁！

第五节　培养孩子需要注意的事项

个人认为，对童年时期的孩子来讲，培养良好的学习习惯、保护孩子的发散思维、不要让孩子成为学习的机器、帮助孩子度过逆反期、注重言传身教、关注孩子的学习环境、培养良好的心理素质、提高孩子的考试能力等方面尤其重要。能力和素质的培养是一辈子的事情，不论是学习能力还是身体和心理素质。本章培养孩子的注意事项在少年和青年时期也应关注和借鉴。本书的少年时期、青年时期不再进行赘述。

一、培养良好的学习习惯

（一）做作业习惯

做作业的习惯对孩子来讲相当重要。写作业本身就是考试，考试质量来源于写作业的质量。抛开孩子写作业的态度，孩子写作业的习惯代表着听课的习惯和学习效果。如果孩子写作业又快又好，说明其听课质量较高，能够学懂学会。如果孩子写作业比较慢，占用的时间较长，家长应多加注意。那么，如何衡量孩子写作业所用的时间呢？

1. 与老师交流

咨询老师完成作业需要的时间。与孩子完成作业进行比较，在作业完成质量较好的情况下，少用时间为优。

2. 与其他家长交流

了解其他孩子完成作业所需要的时间，判断自家孩子写作业情况。如果孩子写作业用时较长，可以给孩子设定时间标准，逐步提高孩子写作业的效率。

3. 向老师了解孩子的听课习惯

有人说作业做得好，说明听课效果好。我认为也不尽然。比如，有的孩子很聪明，加上小学阶段学的知识比较浮浅。不认真听课学习成绩可能也不差。对聪明的孩子来讲，如果对自己要求不严，不认真听课，难以走得更远。有的孩子还可能因为不喜欢某位老师，而排斥其教的学科，不认真听课，需要及时纠正。

4. 通过表现发现问题

孩子写作业时表现出的问题，一般都会在课堂上有所表现。比如，上课时注意力不够集中、容易开小差、小动作多、不喜欢提问题、接受能力弱等，可以从学习认识上、方法上、行为规范上给孩子一些帮助。

（二）养成预习的习惯

预习是对书本知识的提前学习。预习是学习主动性的表现，一般会起到较好的效果。

1. 提高听课的针对性

通过预习发现不容易理解和掌握的知识，听课时会重点听讲或针对性地学习。预习可以灵活掌握，在学习能力强、时间充足的情况下，可以提前学习下一周、下一月课程的知识。

2. 养成学习态度建立自信

预习除帮助孩子养成良好的学习习惯外，还可以帮助孩子建立自信。比如，在暑假期间，让读一年级的孩子预习二年级的知识，一般情况下其进入二年级后学习成绩可能比较突出，在得到

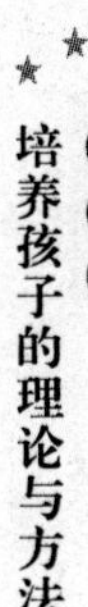

老师夸奖的同时，享受学习成绩良好带来的快乐，有利于培养孩子的学习兴趣、保持学习态度和建立自信。

3. 培养和提高自学能力

预习的过程是孩子主动思考的过程，是对所掌握知识进行延伸的环节，预习有助于提高自主学习能力。提高学习能力是学习的直接目的，主动思考和研究是提高自学能力的重要方法。

4. 帮助建立忧患意识

多年研究发现，习惯预习的孩子一般会主动考虑明天或者后天的事情，为下步工作和生活做好打算，做到未雨绸缪，对人生进行提前规划，对生活和工作做到心中有数。养成良好的预习习惯将终身受益！

（三）提高听课的效率和效果

课堂，是老师传道授业和学生学习知识的神圣殿堂，也是积累知识提高能力的主战场。老师讲课学生听课是基本的教学方式。对绝大多数学生来讲，课堂学习效率直接决定着学习成绩的好坏。比如，有的同学听课效率高，课外学习不太努力也能考出高分。有的同学听课效果差，课外很努力，学习成绩也不理想。个人认为，听课效率的好与差，关键在于能否与老师形成良好的互动。一问一答式互动是大家公认的互动方式。个人认为，除此之外，互动还应包括以下情形：

一是问而不答式。老师提出问题让学生进行思考，并分析解决问题的思路和方法。这种情况下，虽然没有进行回答，其实也进行了互动。二是不问不答式。表现为两种形式。比如，老师讲道理，同学们进行思考。思考什么呢？可以思考老师讲的道理是什么，讲得是否正确，是否适合自己，如何适用自己，等等。再如，在与人交往过程中，虽然两人都没有说话，但通过他人的行为语言、肢体语言、举止神情等，也可以了解一个人，这也是一种互动。

综上，互动可以是有声的，也可以是无声的，内心世界的活动也可以称为互动。这里讲的互动关键在于思考，在于发挥内因的作用。互动无处不在，像我在《闲来空谈》中提到，在路上碰到危险的人，我们要躲着走，以避灾祸。为什么这样讲呢？因为互动的目的是学习道理，丰富知识，减少困惑，提高能力。

二、保护孩子的发散思维

孩子是天真的，表现为儿时的童真，而这份童真将从幼儿期保持到童年时期。这两个阶段的孩子喜欢探索和感知，有时表现出跳跃思维或发散思维。作为家长应积极保护，哪怕孩子是异想天开，哪怕一些想法存在错误！孩子的异想天开日后可能会变成创新或发明创造。有的家长对孩子的提问难以回答，表现出不耐烦或者简单粗暴对待孩子，这是无能的表现。孩子在这个阶段，思维多是感性的、发散的，从地上到天空、从陆地到海洋，甚至提出一些稀奇古怪的问题。

面对上述问题时，家长如何回答呢？一是如果清楚问题的答案，应及时给孩子进行讲解。二是如果未全面了解答案内容，可以告诉部分答案。同时，告诉孩子目前仅了解这么多，通过学习或研究后再告知。对孩子的提问，家长权当孩子给我们布置的作业，应积极努力完成，达到共同学习共同提高的目的。三是对确实不明白的问题，不可随意进行解答。

记得儿子上小学时的某天下午，他在语文考试中作文被判零分。儿子对老师的批评不服气被罚站。妈妈接他到家时两个人的不良情绪已到极点。主要原因：一是孩子的作文被判零分，平时学习成绩较好，被老师罚站其自尊心受到伤害和打击。二是妈妈感到孩子因为和老师顶嘴被叫家长，感到脸上无光，在回家的路上与儿子发生争执。三是儿子被妈妈责备后心情较差。

弄清楚这些事情后，我问儿子：平时作文成绩很好的呀，怎么会写跑题呢？写的什么题目？你怎样写的？儿子带着情绪说："作文题目是：一个人的一件事。我写了唐僧师徒四人取经，我就认为他们是一个团队！我还没加上白龙马呢！"此时，我平生第一次在儿子面前爆了"粗口"："什么老师，把我儿子的发散思维扼杀在摇篮里！"儿子听后给我一个大拥抱，说："爸爸太伟大了！"随后，高高兴兴地吃晚饭，然后做作业。晚上，儿子和我愉快地谈心。我说："儿子，其实你今天也存在做得不对的地方，老师说作文写跑题，你应该接受批评，不接受批评且与老师顶嘴是错上加错。因为，老师需要尊敬，换位思考，你如果是老师又会怎样反应？人的一生不可能不犯错，不可能不受委屈，以后在处理事情上要灵活一些，分清自己的角色，做自己应该做的事情。"儿子接受了我的建议，表示会主动向老师道歉。

三、不让孩子成为学习的机器

孩子是祖国的花朵、民族的未来，全面发展是时代要求和家庭、个人幸福的保障。为什么谈这个话题呢？主要原因是一些家长和老师过于看重孩子的学习成绩，素质教育一直未能发挥应有的作用，应试教育仍占主流和主导。孩子受此影响片面认为只要学习成绩好，其他好坏都无妨，不利于孩子的身心健康和茁壮成长。对一些学习成绩不太理想的孩子来讲，家长过分关注学习成绩，会给孩子增加更大的心理负担和精神压力，导致出现自卑或者逆反等问题，危害还是比较大的。教育的目的首先在于树人。

其次，在于提高能力。三百六十行，行行出状元，只要孩子心理健康、人格健全、努力学习，必定成为社会有用之人！

个人认为，人生的每个阶段都离不开以下三件事：一是每个阶段的主业。比如，学习是学生的主业，参加工作以后工作是主业。二是处理好与周围环境的关系。比如，学生要处理好与同学和老师的关系，为自己提供良好的学习环境。职员要处理好与同事和领导的关系，等等。三是锻炼好身体。作为学生，学习是主业，学习需要的时间应最多。童年时期，学习任务不是太重，学习时间可以占课余时间的70%左右，其他30%左右的课余时间，用在锻炼身体、培养兴趣、学习与人相处的能力等方面。童年时期，帮助孩子培养一个体育运动习惯或爱好，长期坚持会受益终生。没有健康的体魄或没有好的身体，一切皆为零。随着年龄的增长，孩子在初中阶段学习占用的课余时间可以在80%左右，高中阶段学习占用的课余时间在90%左右（高三时这个占比将会更高）。但也不要忽视锻炼身体或做一些有意义、有价值的事情。

四、帮助孩子顺利度过逆反期

孩子逆反一直是大家比较关心的话题。个人认为，孩子逆反主要有以下原因所致。

（一）心理需要

随着孩子身体发育的变化、身高体重的增加，生活知识和书本知识的储备，孩子的心理需求逐步增强，平等意识、自主意识不断显现，对社会和家庭认同感的需求越来越明显。就心理需求而言，其基础来源于生理需求。最初的心理变化，来自生理的发育和成熟，生理条件的成熟，催生心理的变化。这些，我们可以从《动物世界》《人与自然》等节目中找到答案。

（二）自身能力的不足

孩子在成长过程中，能力方面还存在较多不足。比如，社会经验阅历较少，认识世界和改造世界的能力比较欠缺，等等。能力不足与生理、心理需求之间产生矛盾。常言道：如果把什么都看明白了，就不会逆反了。

（三）观点和行为不被家长理解和认可

个人认为，孩子出现逆反主要原因在于家长。为什么这样讲呢？孩子的生理或心理需求，是孩子成长阶段的客观表现。家长给予孩子帮助和教育属于外在因素，外因无法通过内因产生作用时，内外部因素的冲突随之产生。家长不了解孩子的阶段性特点、具体情况、心理需要，对孩子的一些观点或意见不认可，对孩子的行为不放心，过多地干预或关注一些低层级的事务，都可能会导致孩子“逆反”。家长做得足够好，孩子的逆反期会顺利度过，甚至不会出现“逆反”。

经常听人讲：在“逆反”期时，由于不成熟和家长对着干，没有努力学习而留下一辈子的遗憾。有的人甚至还与父母在心理上形成隔阂，结成解不开的疙瘩。有的家长不懂得与孩子沟通的技巧，孩子逆反期没有顺利度过，留下终生伤痛。比如，我村的一个小女孩在县重点中学读书，在“逆反”期时因为父亲简单粗暴的话语而自杀。一般情况下，男孩子的逆反期具有三个节点(女孩子逆反期两个节点)，具体情况如下：

一是在七八岁时。我老家有句俗话：“七岁八岁人人烦，鸡狗不待见。让他向东偏向西，让他撵狗偏打鸡。”什么原因呢？俗话说男人统治世界，女人管理男人。男孩子大多天生比女孩子胆子大、好奇心强，女孩大多天生胆小，性格也较内向。这个阶段的男孩子表现出的“逆反”，不是真正的“逆反”。对一些性格外向的孩子来讲，是其表现欲增强的表现。在粗放的管理环境下，自我规范没有建立，加之探索世界、了解世界、征服世界的本能，其只是不按家长的意愿而已。在生产队里生活过的人大都知道，偷吃生产队瓜果的大多是男孩子。

二是在十二三岁时。孩子的第二性征开始出现，身高、体重、外形、力量等生理方面，越来越接近成年人，自主意识逐渐增强，被尊重需求愈发强烈。另外，孩子在小学时期，大多家长辅导孩子做作业。初中后，家长辅导孩子作业的能力下降，孩子对家长的依赖感降低。同时，家长对孩子的要求越来越高，孩子容易出现对立情绪。

三是十六七岁时。这个年龄处于读高中时期，孩子所学知识的复杂性和难易程度增加，身体发育非常明显，自主意识和自主能力有较大提高，大多已经形成自我意识，被认同、被支持的需求更加强烈，并上升到更高的精神层面。

建议家长和老师共同努力，处理好孩子逆反问题。绝大多数孩子在上小学后最听老师的话，有的孩子甚至把老师的话当作“圣旨”。但是，一些孩子在小学三四年级时，开始出现不尊重老师的行为。个人认为，可能是个别老师没有像长辈一样对待学生，没有像疼爱自己孩子一样疼爱学生。当然，也存在个别老师教书育人能力有待提高的问题。从我们求学的经历看，对教学能力强的老师，学生会从内心里喜欢和尊敬。教学能力不强的老师，难以被学生尊重。同时，教师承担着为社会培养人的神圣使命，如果真正做到传道授业解惑，相信学生会更加尊重老师！

记得在上学的时候，老师对我们像自家孩子一样疼爱，老师们的恩情将永世不忘！我经常说：孩子逆反是家长和老师出了问题，不是孩子的问题。家长应该了解孩子，帮助孩子解决问题，和孩子一起成长。老师和家长应主动研究孩子每一阶段的特点，了解每个孩子的思想动态，采取针对性的沟通和交流方式、方法，提高孩子的认同感和支持感，及时给孩子进行能力辅导和心理疏导，共同营造良好的成长环境，帮助孩子们顺利度过“逆反”期。

五、注重言传身教

“言传”是给孩子讲道理、讲方法、讲故事、讲寓意。“身教”是给孩子树立做人做事的标杆和榜样，是对言传的自我监督。言传与身教体现了说和做、理论与实践的统一。从言传身教中体现对做人做事的要求。

母亲常说：“会说的不如会做的！”这句话体现出言传不如身教的道理。对孩子的成长而言，家长的言传身教对孩子的影响相当重要。为什么这样说呢？一是家长是孩子的第一任老师，家长言传身教能够帮助孩子形成良好习惯和认知。二是孩子模仿能力强，将爸妈（身边人）作为模仿对象。在孩子成长阶段与家长交流时间最长、内容最丰富，家长对孩子的影响也最大。三是孩子对家长的了解是最深刻、最直接的，道理和行为产生的结果，孩子能直观地体会，也可以从爸妈的成功与失败中得到答案。比如，有的家长喜欢读书、讲起话来引经据典，会潜移默化地影响孩子的读书习惯。

此时，想起母亲言传身教的一些往事。在20世纪70年代，多数农村家庭比较贫寒。我家兄弟姊妹较多，母亲持家能力强，我们吃饭穿衣不成问题，身边的小伙伴很是羡慕。母亲常教导我们：“要说到做到！”这句话让我至今难以忘怀并终身受益。当时的农村厨房和卧室是分离的，不像我们现在的住房，客厅、卧室、厨房在一套房子内。当下雨、下雪、天气炎热或寒冷时，做饭、吃饭很不方便。有的家长会因为天气不好不做早饭或晚饭，吃个窝头就着咸菜喝点开水就凑合了。但在我的记忆里，不管是刮风下雨还是多么恶劣的天气，母亲总能给我们端上热腾腾的饭菜！深深感受到母亲对我们的疼爱！一生感恩母亲！

母亲常说："要做就做好，不做就拉倒！"母亲对自己的要求相当高，对我们的关心细致入微，做家务讲究卫生，并且精益求精。想起母亲给我们做胡萝卜咸菜的事情。在腌制胡萝卜时，首先把胡萝卜洗上好多遍，直到没有一点泥垢。然后一层一层放入缸中，根据萝卜的大小、多少，加水加盐。观看母亲切胡萝卜咸菜是我小时候最喜欢的事情。母亲切出来的胡萝卜丝，特别细且均匀，像是艺术品，看得我入神。母亲做饭好吃被村里了解后，村里请来的电影队或戏班子，被安排在我们家里吃饭，做饭的食材由生产队准备，母亲负责给他们做饭。当然，生产队会多买一些食物作为"劳务费"。在物资紧缺的情况下，母亲靠着做事情的精细，为儿女们带来了"实惠"！从中可以悟出做人做事的道理：认真对待某一件事情，会得到意想不到的收获。坚持高标准、严要求做人做事，能够得到意想不到的成绩。

言传身教中家长应注意话说做事的分寸，不可太随意。孩子在一天天长大，家长应考虑说话做事可能给孩子带来的影响，要讲究说话做事的方法和技巧。孩子存有虚荣心、自尊心，也梦想把自己的爸爸妈妈当作偶像，并引以为荣为傲，做家长不可让孩子失望！我们应通过不断学习和提高，努力做到德才配位，方对得起"爸妈"神圣的称谓！

六、关注孩子成长的环境

“孟母三迁”的故事告诉我们，孩子的成长环境相当重要。前面提到家长言传身教属于内部环境，下面提醒大家关注孩子成长的外部环境。

（一）关注孩子朋友圈

家长应加多留意孩子的变化，观察孩子经常与哪些小朋友玩耍，让孩子远离具有不良习惯的人。前面对孩子交友注意事项进行了详细说明，这里不再赘述。

（二）留意学校周边的环境

记得儿子在上小学一年级的时候，一段时间内经常往家里带一些橡皮泥、机器人、手枪等玩具，经询问发现，孩子在做值日生时捡到同学丢掉的 50 元钱，并将捡到的钱放在学校门口小卖部内，用来分次买玩具使用。我了解情况后，从经营小卖部的老人处取回剩余的钱，凑好 50 元让孩子交给老师。

（三）注意孩子上学和放学路上的安全问题

对孩子上学或放学路上的安全问题，家长也应多加留意。比如，过红绿灯、路上的广告牌、行道树等是否存在安全隐患，应告诉孩子多加注意，建立风险意识，提前做好安全防范。

七、注重培养心理素质和提高考试能力

心理健康是孩子成长的重要保障，心理素质是心理成熟的重要表现。在未成年之前多数孩子心理素质较差，有时还会影响考试成绩，为成功带来潜在的风险。凡事皆方法。在本书提到的“认识、思路、方法、结果”理论和方法，其中方法是关键，就

考试而言也存在方法论，考试方法科学有效能够帮助提高考试能力。

（一）树立正确的“成绩观”

成绩观和政绩观是相通的。从某种程度上讲，好的学习成绩可称为“利益”！在孩子自走入学校以后，家长应注意培养孩子对待利益的态度，帮助解决如何对待利益问题。有的孩子要强，学习刻苦努力，追求更高更好的学习成绩，这是正确的、正常的。学习成绩不好时，有的女生会哭泣，男生也会表现出沮丧。此时，家长应及时进行干预，帮助孩子树立正确的“成绩观”。可以告诉孩子，只要学习态度端正、学习方法科学有效、学习能力得到提高、考试时认真对待，即使没有取得最佳的成绩，也是胜利者、成功者！应不以一时一地的得失论英雄，成绩只代表过去。对学生来讲，学习成绩不是生活的全部，还有诗和远方，不可过分看重学习成绩。俗话说：“谋事在人，成事在天。”应多从学习方法、考试状态等方面进行总结，从考试成绩好与差中寻找原因，争取下次获得好的成绩。

想起儿子上初中时的一件事。儿子在一次重要考试中考试成绩为级部第三名，比第一名少 5 分。在老师对试卷评判时发现，阅卷老师把儿子的正确答案判错了，统算少得了七八分。如果正常排名儿子可能应为级部第一名。儿子对此表现比较平淡，说：“反正都学会了，排名只是代表过去，现在第一不代表以后第一！让老师和同学知道此次考试全校第一，又能怎样呢！学习的目的和结果在于知，而不在于名！”多年来，儿子的这番话让我倍感欣慰，这是正确成绩观的表现。

（二）提高考试心理素质的方法

心理素质的培养在孩子成长过程中相当重要，有的人一辈子心

理素质较差。个人认为，良好的心理素质来源于自信，表现为从容和淡定。前面提到自信心的培养和提高，除此之外，在孩子心理素质培养上，还可以参考以下几点：

1. 坚持“不沾光”、不占便宜的做人原则

这一原则能够帮助孩子在面对事情时，表现出从容和淡定。母亲常谈到：不让孩子沾别人的光。其含义是做人要有尊严，应踏实坦荡，自力更生，努力把自己的事情做好。多数孩子在考试前均存在不同程度的压力，如何减压是多年来面临的突出问题。多数家长和老师在孩子考试前告诉孩子不要紧张，但是如何解决紧张问题呢？个人认为，让孩子树立“不沾光”思想，在考试时发挥到平时90%的水平即可，可以帮助孩子降低心理预期，能够减少心理压力。

2. 将“不沾光”思想根植于心

不沾他人的光，做人是这样，做事也是如此。如果孩子日常学习成绩为90分，想要通过一次考试取得90分，难道不是占别人便宜吗？参加高考时，如果孩子平时成绩为550分，想通过考试获得600分，难道不是占了其他同学便宜吗？同样是十年寒窗，可能学习努力程度不如其他同学，为什么凭一次考试取得高分呢？让孩子充分认识不占便宜的道理，在考试前会少一些焦虑，多一份从容，吃得好，睡得香。

3. 在考试中少犯错误

中学教育是基础教育，从近几年高考题目来看，重在考察孩子对基础知识的掌握情况，考题的深度和难度一般，在考试中不犯错、少犯错，考试成绩自然会比较理想。

（三）掌握科学的考试方法

前面提到认识、思路、方法和结果，其中方法是关键。下

面，简要介绍考试的一些方法。

1. 下发试卷后，不急于答题

这是不占别人便宜的具体运用。一般情况下，监考老师会提前五分钟发放试卷，提前五分钟用来干什么的呢？有的学生拿到试卷后马上答题，这难道不是占便宜吗？看上去是占了几分钟的便宜，可能带来较大的损失或危害。个人认为，提前几分钟发放试卷不是用来答题的，应做好以下事情：

一是审查自己的试卷是否完整（连续），审查自己的试卷各部分题目分数，相加后是否等于该学科的总分数。同时，审查答题卡的分数与总分数是否一致。

二是在答题卡上填写自己的姓名、考号、准考证号，等等。前几年听说一件事，某重点高中的一名高三学生，平时学习成绩在 650 分左右。在高考数学考试中，由于过于紧张，临近考试结束时才想到还有一张 50 分的答题卡未涂。当年该考生高考成绩 610 多分，其选择继续复读，第二年高考成绩为 660 分。因为心理紧张考试出现失误，耽误一年的时间，教训惨痛啊！如果做到对试卷和答题卡认真审查，不会出现这样的后果！

三是通过观察试卷了解和掌握试卷的题量大小、试题的难易程度等，确定自己的答题思路。如果题量较大，应有意识地提高答题速度，一个题目节约几秒的时间，会节余出一定的时间，让考试后半部分从容自若，当然考试成绩会更好些。总的来说，要充分利用这几分钟时间，对考试进行整体把握和控制，做到心中有数、应对自如。

2. 运用“远交近攻”之计

这个计策告诉我们，在考试中把没有答题思路、不能马上找到解题办法的题目，叫作“远”。把在 10～20 秒内没有找到解题思路的题目，先放一放（称为“交”），不可浪费太多时间。同时，对这道题目进行标记。把容易解答的题目当作“近”，迅速保质做完，叫作“攻”。给难题标记的主要目的：一是加强对该题目的记忆，增加对该题目的“牵挂”。多年的考试经验告诉我们，在某一科的考试中，试卷前后会出现相类似或相近的题目，带着这份“牵挂”，能够让我们在解答其他题目时提供借鉴或产生灵感，可以称为“题目之间的关联”。当然，在答题状态良好或在做其他题目时，可能会产生对前面没有做答题目的解题灵感。出现上述情况，应立即找到前面未解答的题目，快速把题目做完。二是有利于及时找到该题目，节约找题的时间。

3. 做好考试时间的分配

在考试中，我们应按照分值多少来分配和评价做题所需要或花费的时间。一般情况下，试卷的前半部分，题目相对简单，单题分值较小。所以，在答题中应提高分值较小题目的答题效率，为解答分值较大的题目留足时间。同时，注意每隔一定时间应对答题进度和时间进行审查。前面的题目用的时间少，会给下步答题多一份从容。如果试卷前部分用了大量时间，后面的题目缺少答题时间，随着时间的推移，心理会越来越紧张。在心理紧张情况下答题质量会下降，能够解答的题目也可能因为心理紧张出现丢分现象。经常听到人讲，由于考试时间不够用，没有把题目做完，其主要原因是没有掌握科学的考试方法。一门考试没有考好，还可能影响其他科目的考试心情，造成不可挽回的损失。

八、不可养成辅导作业的习惯

不知从什么时候开始，辅导孩子作业成为家长的责任和义务。个人认为，家长辅导孩子作业具有较大局限性。首先，辅导作业的基础和条件是孩子没有对所学知识弄明白，家长进行讲解并帮助解答。人天生是懒惰的，辅导孩子作业容易让孩子形成依赖和上课不认真听讲的坏习惯。如果孩子智商没有大问题，应要求孩子在课堂上认真听讲，做作业是自己的事情，家长没有辅导孩子作业的责任和义务。如果孩子的理解能力较差，在课堂上没有学会弄懂时，可以帮助其解答。其次，孩子在小学时，学习的知识比较简单，大多家长有能力进行辅导，如果到了初中、高中，还可以进行辅导吗？写作业是孩子分内的事情，孩子应主动学习，努力思考，建立自信。最后，多年实践发现，凡是辅导作业成为习惯或整天忙于补习班的孩子，学习成绩大多很普通。孩子做不好作业会挨老师批评，通过老师批评能够激发孩子听课主动性和学习积极性。

九、认真对待和谐家庭创建

家庭成员之间的相互监督和相互支持，在孩子成长中发挥着至关重要的作用。培养孩子的过程是自我提高和成长的过程，家长带头、相互监督会起到积极作用，意义非凡！每个阶段，可以根据孩子的具体情况，制定自己和孩子的行为规范。行为规范应根据孩子所处的年龄阶段变化规范内容，在于帮助孩子培养良好习惯，解决日常存在的问题。行为规范应在合适位置张贴起到提醒作用，在执行过程中根据孩子的具体情况，及时给孩子进行肯定或提醒。

下面，与大家分享儿子在小学一年级时的行为规范。

和谐家庭创建之三

1. 进家门后，如家中有人时要打招呼，说“爸爸或妈妈，我

回来啦”！

2. 换上拖鞋，去卫生间用洗手液洗手。

3. 脱掉外衣后才能坐沙发、上床等。

4. 对自己的衣物管理要有秩序。书包、衣服等物品，在放学或使用后均应放回自己房间内。

5. 急用的衣服应挂在门后，不急用的放在自己的橱子里。

6. 书籍应摆放有序，语文、数学等书籍和作业本应分别（集中）摆放。

7. 保持桌面清洁和整洁。周六、周日起床后，应叠好自己的被子。

8. 作业应主动完成，周末的作业争取一天完成，留足自己处理其他事务或玩耍的时间。

9. 对家人说话要尊重，说话时尽量用商量的口气。爸妈安排的事情应立即去做。认为爸妈或家人做得不正确的事情，可委婉地指出。

10. 看书、写作业、吃饭时应保持姿势高雅，不做小动作，做作业时不要说话、唱歌等。

11. 晚上九点准时上床睡觉（周五、周六除外）。不睡懒觉（周六除外）。上学去要主动给爸妈说：“爸、妈，我上学去了。”

12. 对大家庭的人要讲亲情，对小朋友应关心。

13. 日常产生的垃圾应随时放入果皮盒内，其他物品也不要随意存放。

14. 每周日，要对自己一周来的学习和行为规范执行情况进行总结，找出自己应加强或改进的地方。

※ 希望儿子认真执行以上行为规范，爸妈将根据情况进行奖励和处罚。

第六节　培养孩子的理论探讨

一、师德与传道、授业、解惑

教育之"教"与"育"应为教书与育人。育人不仅是思政老师的事情，每位老师均应将做人的道理与授课内容相结合，让学生学得快乐，全面发展。"60后""70后"的人，每每想起小学、中学、大学的老师，久久难以忘怀。现在的孩子们不再像以前那样对老师充满感情。建议老师们寻找其原因，毕竟学生是接受教育的一方。

想起十几年前个别老师的不良行为。比如，有的老师把学生当作资源（统计学生家长工作单位）、学生作业让家长去改、给学生推销学习资料从中牟利、课下进行有偿补课，等等。举个可笑又可气的例子。一名同事和一位老师是邻居，两家的孩子在一个班级上学，班主任是这位邻居。一天，同事的孩子给爸妈说："估计我们班又该排座位了，邻居同学说她家的牛奶快喝完了。"一些学习成绩较差的同学家长，为了让老师照顾孩子，给老师送礼物、请吃饭。听到这些故事或者亲身经历这些歪风邪气，多数人忍气吞声，有的人骂娘，一些人当作笑谈，但我心里始终很沉重。从教育方面反映出的问题，难道不是社会浮躁的缩影吗？每个人对社会的浮躁都应承担责任！人们难以逃脱世俗，教师也是社会中人，离不开一日三餐，难以做到独善其身。

习近平总书记说过，想发财就别想当官，想当官就别想发财。近期，某县一小学几名老师因为有偿补课被追责！当老师不

要想着发财，想发财就不要做老师！想起老一辈共产党人，不论环境多么恶劣，面对高官厚禄引诱，丝毫不改变自己的初心。没有理想信念的人，不适合做老师。有的老师讲：只要学习好，其他不用管。这是典型的唯分数论，值得老师和教育管理者反思！师者，传道授业解惑者也。个人认为，传道是告诉学生道理，什么道理呢？人生的道理，做人的道理。授业是传授做事需要的知识，解惑是帮助学生解决人生和能力不足的困惑。为了升学率，有的学校组织挖生源，把其他学校学习成绩较好的学生请来，给予优越的待遇。教育，不应迷失方向！

二、坚持节约提高效率

事情成功离不开效率和效果。没有好的效率，不会产生好的效果。在孩子习惯培养阶段，应尽早建立效率与效果意识、节约与浪费意识，将节约、高效作为人生坚持。

（一）帮助孩子建立时间概念

时间对人们来讲是有限的、宝贵的，在每个时间段做相应事情都有其内在要求。比如，在求学阶段时间大多用来学习，参加工作和建立家庭后工作和做家务成为主要内容。有的孩子时间观念差，做事拖拉，到了该去上学的时间仍然不紧不慢，经常出现迟到现象。有的人不遵守时间约束，聚会、约会、开会等，总要迟到几分钟。

（二）帮助孩子提高时间的利用效率

帮助孩子养成良好的写作业习惯和听课习惯，能在课堂上解决的问题，不要留在课下。写作业坚持“又快又好”，不浪费时间，节约的时间可以用来提高其他方面的能力，如看书、做内务、锻炼身体，等等。

（三）全面培养孩子的节约意识

以节约为荣、浪费为耻，坚持人尽其才、物尽其用，提倡节约，反对浪费。母亲常说："吃的没有浪费的多。"其意思是吃到肚子里的食物数量还不如浪费的食物多。比如，一对年轻的父母和其七八岁的孩子。父母比较懒惰，一日三餐用麦子兑换馒头。父母不勤快，孩子不能按时吃饭，肚子饿了用火烤冷馒头吃。由于烤技一般，馒头外面被烤成焦黑色，只剩下馒头心可以吃，一会工夫吃了三个馒头！一些不富裕的家庭中大多存在浪费问题。富裕从节约中来，成功从提高时间和物质的利用效率中来！

（四）坚持传递正能量，快乐生活每一天

让孩子规划每天的学习和课外活动，坚持做一些有意义的事情，如读书、写作业、锻炼身体、做业务、思考问题、陪伴老人和孩子等，即使参加聚会，也要有意识地了解一些工作信息、生活常识、菜品欣赏、他人的优缺点、人生哲理等，学以致用，让每天的生活更有价值、更有意义！

浪费别人的时间，等于图财害命！我们应珍惜自己的时间，更要珍惜他人的时间。在教育孩子的时候不可无休止的唠叨，尽可能提升个人素质和综合能力，提高培养孩子的效率。在说话和做事时，要时刻提醒和审视自己的效率是否得到提高。当然，也要对效果进行研究和评价，让效果更加具有科学性和合理性。

三、激活孩子的求知欲望

学习是孩子成长的基础和条件，学习的目的在于提高能力、感恩父母、报效祖国。对孩子来讲，学习能够增加知识、增强能

力，是快乐的事情，应主动地学习。教育的目的在于激发学生的求知欲，唤醒孩子内心的学习需求，培养和提高孩子对学习的认知和兴趣。我不太喜欢“灌输”这个词，灌输没有体现学习的主动性。经常听身边人说，我们的教育是“填鸭式”教育，这是教育的悲哀，孩子没有得到良好的启蒙和产生学习的兴趣。

教育，应从培养孩子良好学习习惯开始，对学习价值和目标定位进行引导。任何事情都有其存在的条件和评价的标准。比如，人生是美好的，社会是美好的，同时，也是有条件的。如果不努力获取生存能力，你的人生会美好吗？食不果腹、衣不蔽体的人，能够感到社会的美好吗？在培养孩子学习兴趣和养成学习习惯时，关键在于激活孩子内心深处的求知欲望，提升学习的主动性、积极性。个人认为，帮助孩子在学习中做好“四个结合”，能够帮助提高学习效率和学习能力，让孩子从学习中品味人生的美好。

四、正确处理不被认可

为什么提及这个话题呢？个人认为，步入小学是人生走出家门的第一步。自小学开始孩子们即存在学习成绩的好与坏，孩子们无一例外地进入学习成绩比较之中。童年时期，孩子的自主意识开始显现，逐步产生对自己思想、行为的评价需求。人是社会化动物，社会化交往产生被周围环境认可的需要，并从中寻求安全感、支持感、存在感和成就感。为此，孩子们应提前考虑不被认可的问题，有利于孩子们健康成长。比如，在孩子受到老师不公正的待遇时，家长如何处理呢？当孩子取得成绩遭人嫉妒时，又如何处理呢？让孩子正确处理不被认可，掌握嫉妒产生的原因，在面临此类问题时会多一分成熟和自如，有利于身心健康和茁壮成长。

人活一世被崇拜是最高追求，被认可是基本需要。被认可能够给予我们良好的生活环境。下面简要分析获得成绩或者拥有正能量而不被认可的原因。

一是社会浮躁。越是浮躁的社会正能量越不容易被认可。物欲横流利益至上环境下，传递正能量也可能被认为是做秀。反之，因为利益关系被人“认可”，也可能是虚假的。比如，给高管拍马、送礼、献身等，获得一时之利益，表面上讨好领导。这种认可一定是虚假的，因为没有人从内心深处主动将自己最美好的东西献给别人，除非他有非分之想。试想，花钱买官的人，会努力想办法把钱“挣”回来。

二是“三观”不同。物以类聚，人以群分。君子相信君子，小人“欣赏”小人。我们做人做事，管好自己即可。只要坚持做正能量的事情，管他认可与否。思想观念、家庭文化、认识能力、做人品格、处事方式不同，会产生不被认可。同时，认可具有层级性，我们想要得到的认可，应分析是处于高层级、中层级还是低层级。正能量有大小，我们要认真评价正能量的性质、内容、方式和效果，从不被认可中找到答案或原因。

三是羡慕嫉妒。没有人生来喜欢他人在自己面前指手划脚。人人都在比较，嫉妒心与生俱来，嫉妒来自身边。我们要坚持“比学赶帮超”，学会欣赏别人，学习他人的优点和长处，不可像小人一样嫉贤妒能。

四是来源于无知。正能量的事情不被认可，可能来源于周围人与环境的愚昧和无知，越是封闭的环境，越是小圈子，正能量有时越是难以传递。比如，“大衣哥”成名后，为村庄做了许多有意义的事情或贡献，却不被一些村民认可。

五是时代悲哀。屈原空有报国志，不被国君和大臣认可。“举世皆浊我独清，众人皆醉我独醒”！投汨罗江自尽，是人间悲剧和社会的悲哀！

从人们的认可喜好可以看出：往往是做出成绩后，才会被广泛认可。同时，我们也应清醒地认识到，无论你如何努力、获得多大的成绩，也不会被所有人认可！我们只要坚持人生正能量，追求社会价值体现，他人认可与否留给历史评说吧，即使不被一些人认可，又有何妨呢？

五、正确认识“权威”

人们常说：做家长应有家长的权威，做老师应有老师的权威，体育比赛的裁判拥有绝对的临场权威。前几年，我悟出对“权威”的概念：“威”由心生，不以“权”建！“威”是人们从内心产生的对他人的尊重、尊敬，而不能通过权力建立。权力本身不能帮助建立威严。比如，一些人不明白权力首先是责任的道理，粗暴执法百姓不服，他拥有天大的权力，又何谈“威”呢？人们不敢言的背后，多是慑于权力的淫威。俗话说：不怒自威。做人做事让人们心悦诚服，口服心服！这种“威”由人格魅力而来，不可以从权力中获得。

为什么谈权威呢？个人认为，家长和老师在孩子和学生面前，应积极建立权威，能够降低培养孩子的成本，促进孩子健康成长。老师和家长应加强自身修养，提高个人魅力和业务能力。一是建立良好的沟通交流环境，说话做事让孩子服气，可以在孩子面前建立家长的“权威”。否则，不做模范、不起表率作用，甚至讲一些错误的道理或蛮不讲理，将严重影响家长在孩子心中的形象，更谈不上“权威”。二是权威的表现不是服从和屈服，而是内心的尊敬和折服。做家长和老师应坚持以情感人、以理服人、以事动人、以能促人，与孩子和学生进行心与心地交流，为孩子营造和谐健康的成长环境。

六、弘扬谦虚减少嫉妒

（一）对谦虚的认识和理解

谦虚使人进步，骄傲让人落后。谦虚，是指对别人提出的意见和建议能够认真听取，对自己取得的成绩大打折扣。谦虚不是表面文章，不能装腔作势。个人认为，有的人当面否定他人建议或与之争论，也可能出于谦虚，要具体情况具体分析。一是审查提出建议者水平如何，所提建议是否正确，如果大家都感到所提建议不正确，被建议者还“好好好”“是是是”的话，这是虚伪的表现。二是观察听取建议者的行动和结果。有的人，虽然言语上表现得不够谦虚，但只要能够听取他人的建议，能够积极行动并取得良好效果，也可以称之为“谦虚”，因为谦虚使人进步。审视一个人谦虚与否，主要是看其思想和行动是否对存在的缺点和错误进行了整改，是否努力提高和完善自己，并最终获得成功。

在封建社会，只有修养较高的圣贤和“居庙堂之高”的贵族大臣们，方可称“谦虚”。仔细想来是有一定道理的，寻常百姓，凡夫俗子，修养文化皆为低层，不能为家国作贡献，何敢称“谦虚”呢？个人认为，不谦虚可能是人的本性，是物种进化过程中的本能保护。比如，一些本地物种不愿被外来物种代替，原生物种不愿被寄生物种取代。像唐太宗李世民也经常出现不谦虚的情形，听不进忠臣的劝告！试问，谁又愿意平白无故地接受别人比自己强大呢？谁又心甘情愿让他人在自己面前指指点点呢？除非懦夫！人们想要达到的谦虚境界，由长期学习和修行而来。应时刻提醒自己，不要在别人的赞美中忘掉谦虚，要经得起表扬，过得了“夸奖关”，不可被人捧杀！更不能因讲谦虚进入另一个误区，片面认为什么时候都需要谦虚。毛遂自荐也好，争名夺利也罢，这些都与谦虚不矛盾！表面化的“谦虚”或把口头上“谦虚”作为习惯，也可能是迫于经营生活的需要，减少或降低因嫉妒或所处环境恶劣带来的不良后果。

（二）对嫉妒的认识和理解

嫉妒心来自天生，本性使然，无可厚非，是人性不阳光之处。人的嫉妒心来自虚荣心。人们多多少少都存有虚荣心，有谁不愿得到社会认可呢？虚荣心与嫉妒心并存，人们一旦失去虚荣心，嫉妒心也会随之消失。比如，我们不以挣钱多少为人生追求，不会羡慕亿万富翁。嫉妒来自比较。比如，对同样学历、同样工作、同样年龄的人，自己如没有他人挣钱多，没有他人官职高，都可能产生嫉妒。嫉妒来自身边，由比较而产生。没有可比性的事情不会产生嫉妒。嫉妒心会随着修养的提高而降低，人们在达到一定境界后嫉妒心会自然消失。当然，如果人际圈子层级不高，交谈话题多为如何升官发财、缺少人间正能量的话，久而久之，也可能随波逐流。应坚持正确的追求，坚定崇高的信仰，深刻领悟挣钱为什么，做官为什么。不以物喜，不以己悲，让生活变得更加幸福美好。

（三）科学应对嫉妒和被嫉妒

1. 加强自身修养

一般情况下，看到他人比自己优秀或做出更多更大的的成绩，获得更加让人羡慕的成功，我们应分析他人成功的原因，努力向他人学习、积极迎头赶上。只有把羡慕变成学习和工作的动力，找出自身存在的不足和原因，积极改进和提高自己，才是正确的道路。

2. 减少比较

虽然说比较无处不在，但是，我们也应深刻认识到与他人比较能够带来的结果。正能量的比较，能够让我们积极向上。如果是负能量的比较或者因比较导致嫉妒的话，这样的比较毫无意义。建议多向他人学习，少与他人比较。单纯地和他人比较谁更优秀，对自己、对他人、对社会又有什么益处呢?

3. 全面审视自己，找回自信

从心理学上讲，人们在羡慕他人的时候容易失去自我，可能看不到自身优点，产生挫败感。其实，当我们羡慕他人的时候，他人也在羡慕我们。每个人身上都有他人羡慕的优点，应客观评价自己的得失，尽量减少内心的“阴暗”，找回生活的阳光和人生的自信。

4. 尽量减少让他人嫉妒的机会

越是优秀的人越可能被他人嫉妒，越是优秀的人越要保持低调做人，以避免一些祸患。真正修养高有才能的人，越是懂得尊敬他人。获得成功应正确对待，对他人赞誉一笑而过为最佳选择。

5. 不回避他人的嫉妒

对待嫉妒也可以采取不回避的方式。比如，更加严格要求自己，更加努力提高、完善自己，尽量达到更高的层级，让嫉妒的人感到望尘莫及时，可能嫉妒会变成佩服和服气。当然，通过帮助他人、为社会和为国家作出积极的贡献、传递人生正能量等，能够积极化解他人对自己的嫉妒。

6. 处理好与身边人的关系

嫉妒来自身边，如单位的同事之间、同学之间、校友之间，等等。当然，亲人之间也会产生嫉妒。比如，父母对孩子的爱不均衡，个别兄弟姊妹也可能会产生嫉妒。所以说，也应妥善处理与亲人之间的关系。

为什么在童年阶段提及这个话题呢？因为，孩子到了上学的年龄，与其他孩子比较的机会增加。正确认识羡妒可以帮助孩子在成绩和优点面前，处理好谦虚问题。在他人的优点和成功面前有正确认识，促进孩子心理健康。人们习惯说“羡慕嫉妒恨”。个人认为，羡慕是人们的正常心理反应，嫉妒之心可以理解，但千万不要到恨的程度。恨，难以让自己内心平静，是对自己的惩罚！对他人的成功达到恨的地步，只能说明自己内心阴暗，人性的光辉也会损失殆尽。对他人的成绩和优点应学习借鉴，提高自己才是正确的选择。家长应正确引导孩子，加强学习、修行，摒弃虚荣心、嫉妒心，用诚心帮助他人，为家庭、社会传导正能量，共同创造美好生活。

七、“培养”不是“陪伴”

个人认为，培养不是陪伴。培养以提高孩子生活和学习能力为目标和归宿，陪伴以培养感情和亲情为目的。培养孩子是父母做的事情，陪伴孩子多为“保姆”做的事情。

（一）培养孩子是父母分内之事

培养多为培养孩子良好习惯和生活学习能力。在对孩子的陪伴中，多为生活中的恬静与惬意。陪伴也多用于与老人之间，一些“80后”“90后”的家长，把培养孩子的责任落到老人身上，是不正确的。培养孩子是父母的天职，其他人不可替代！

（二）陪伴孩子多为老人和“保姆”所做的事情

随着人们生活质量的提高，夫妻双方忙于工作、家中亲人或保姆多来陪伴孩子。对孩子来讲，多为老人和保姆对孩子的陪伴。多数家长关注陪伴孩子的事情，而没有注意到对孩子能力的培养。比如，一些女性陪伴孩子多年，甚至为了陪伴孩子上学而放弃工作，也没有把孩子培养好。主要原因是仅做了陪伴的事情，未对孩子进行培养。

（三）培养与陪伴不可混为一谈

多数家长面对孩子不争气或没有培养好时，给出的理由多为没有时间陪伴孩子，这是不正确的。如果我们有能力培养孩子且足够用心的话，即使一个月见一次孩子，甚至短短的相处，也可以从孩子表现中发现其优点和缺点，告诉孩子如何发扬优点改正缺点。当然，通过电话、书信等其他途径，也能够起到培养孩子的目的。家长培养孩子的能力不足是培养孩子失败的主因。比如，有的家长不明白孩子在童年阶段的特点，不了解孩子的优点和缺点，不清楚孩子的思维能力、自控能力、学习能力、认知能力等，简单地以自己喜好对待孩子。又如，有的家长不掌握培养孩子的方法，甚至不知道如何和孩子沟通和交流，等等。总之，培养孩子的过程是与孩子一起成长的过程，我们应努力学习积极提高自身素质和综合能力，从培养孩子中享受幸福快乐！

第三章　少年时期

12～18 岁是孩子的少年时期，与中学阶段（初中和高中）基本一致。少年时期是孩子提高学习能力、身体发育、心理成熟、“三观”确立、走向成年的重要时期。从某种程度上讲，少年时期是孩子的“定型”期，尤其在“三观”确立和学习能力方面，将直接影响或决定人生的走向。

第一节　孩子少年时期的主要特点

在某种意义上来讲，少年时期可称为人生的关键期。少年时期应打好做人做事的基础，为人生积蓄能量。少年时期主要特点和作用表现为：学习能力的提升期、身体发育的关键期、心理成熟的推动期、正确“三观”的巩固期、不良习惯的扭转期、奔向成年的过渡期。

一、学习能力的提升期

随着大脑的发育，孩子的学习能力会明显增强。从学习知识的内容和难易程度上讲，中学时期学习知识与小学时期相比，学习内容的深度和广度大幅提升。小学时期以基础教育为主，中学时期尤其是高中阶段，知识面、难易程度大幅增加，需要更强的学习能力。在童年时期曾谈到学习的方法和技巧，在于帮助孩子形成良好的学习和思考习惯，为今后的学习奠定坚实的基础。

中学时期，所学知识的广度和难度增加，对记忆能力、逻辑思维能力、空间想象能力和文字表达能力要求更高，更加需要掌握科学的学习方法。中学时期是孩子学习能力的试金石，尤其在高中阶段，由于学习能力的差异，学习成绩分化明显，一些初中学习成绩不错的孩子，在高中出现成绩滑坡现象。究其原因，多为学习能力与所学知识不相适应。所以说，中学阶段提升孩子的学习能力和思考能力，显得格外重要。个人认为，人们天赋所涉及的内容大多具有局限性。有的学生学习很吃力，究其原因是在记忆能力、逻辑思维能力、空间想象、文字表达能力等方面，存在严重不足。应通过提升学习能力突破自我，打破瓶颈。通过提高学习能力，找寻学习和生活的快乐，帮助孩子缓解和释放学习压力。比如，学习能力强的孩子，反而压力较小。提高学习能力应结合在本书童年时期谈到的相关方法。

二、身体发育的关键期

少年时期，孩子身体发育提速，身高和体重快速增长，生理机能日臻完善，趋于成熟，完成生理意义上的人生蜕变。在这个时期，应根据孩子的身体发育特点，增加营养供应和体育锻炼，以保证其生长发育的需要，保障孩子身高、体重、身体机能的协调发展。尤其应注意不让孩子过于肥胖，过于肥胖除影响孩子的智力发育外，还将影响孩子的身体素质。初中时应加强体育锻炼，为高中时期繁重的学习任务打好身体基础。当然，也不可太瘦，不可营养不良。体育锻炼和营养均衡可以帮助孩子健康成长。

眼下，玩游戏成为多数孩子的乐趣。孩子们普遍缺少体育锻炼，身体素质整体下滑，应引起高度重视。前几年，一所重点中学一名高二学生早亡，主要是因为身体素质差、学习压力大所致。近几年，社会上过分看重孩子的学习成绩，对少年时期孩子身体健康重视不够。对孩子身体状况不关心、发展趋势不了解、能否适应学习需要等关注不够。缺少对孩子及时地干预、正确的心理疏导。自中学时期，家长应给孩子谈及身体健康话题，引起孩子对身体健康的重视，帮助孩子养成锻炼身体的习惯，增强身体素质，为身体发育及走向成熟提供重要支撑。少年时期是孩子行为能力提升的关键期，加强体育锻炼、强身健体的作用越来越明显，随着学习任务日趋沉重，学习压力不断增大，健康的体魄越来越重要。

三、心理成熟的推动期

从人的自然属性和社会属性分析，可分为生理和心理两个部分。生理是人们物质世界或自然意义的体现。心理，属于人们的精神范畴。从生理和心理成熟的普遍规律看，生理成熟容易实现，达到一定年龄基本都能完成。心理属于社会学部分，需要能力培养和生活历练。生理成熟和心理成熟对人们来讲均非常重要，但心理成熟是衡量人们是否成熟的主要因素。一是心理健康。人们应拥有积极的阳光心态，感受世界、社会、生活的美好。内心阴暗的人心理不健康，心理难以成熟。二是心理能力。以平常心对待日常学习、工作、生活及社会交往事务，拥有强大的抗压能力。缺少抗压能力、抗压能力差，均为心理不成熟的表现。

当今社会，多数人存在心理问题或者心理疾病。为什么这样讲呢？俗话说，人吃五谷杂粮岂能无病，心理疾病与生理疾病异曲同工。人们在社会交往中面对人和事，哪能事事如意？遇到不如意的事情，人的心理会产生不良反应，在认不清是非、看不透事情、找不到解决办法的时候，可能会产生心理问题。如果心理问题长期不能得到有效解决，会产生心理疾病。

中学阶段，孩子生理发育走向成熟，自我意识附带青春萌动，心理产生相应反应。此外，受学习任务加重、能力不足等因素影响，心理问题均可能出现。帮助孩子积极看待世界、阳光面对人生，显得格外重要。从孩子逆反情况看，少年时期是孩子逆反高发期，出现逆反的原因多是由于心理不成熟。如果处理不好会影响孩子的心理健康，甚至对人生造成不良影响。家长应密切关注孩子的具体情况，加以心理健康疏导，促进心理成熟，使孩子顺利度过逆反期，享受美好生活。

四、正确“三观”的巩固期

童年时期是孩子“三观”的启蒙时期。家长可以告知孩子对与错，帮助孩子形成基本的“是非观”，初步认知做人做事的基本要求。少年时期是孩子“三观”的巩固和强化期。在这个阶段，如果不能对“三观”教育进行巩固，原有“三观”教育和认知将会失去作用。因为孩子在童年阶段认知能力欠缺，对“三观”的认知较为模糊。从多年法律实践看，少年时期是孩子容易学坏的时期。比如，有的孩子在15岁左右辍学走向社会后，由于“三观”没有完全确立，辨别是非能力较差，自我控制能力较弱，如果与社会不良人员交往，容易受到不良影响而走向歧路，个别孩子甚至走向犯罪道路。少年时期的犯罪多由“三观”不牢，分辨不清是非所致。在少年时期拥有正确的“三观”，能够保障人生的正确轨道，容易获得人生的成功，降低失败的概率。

五、不良习惯的扭转期

在童年时期，由于孩子控制能力差，可能会出现没有养成良好习惯的问题。因此，在孩子少年时期，家长应高度重视孩子优良习惯的培养，纠正不良习惯的同时，努力培养孩子尽可能多的良好习惯。否则，不良习惯会逐步放大，成为缺点或缺陷，给人生带来不良影响。常言道：缺点别致命，致命毁一生！

少年时期，随着认识能力和控制能力的提高，能够帮助孩子改变或纠正不良习惯。同时，少年时期也是孩子良好习惯的巩固期，人生之路的关键期。在童年时期培养的一些好习惯，需要在少年时期进行巩固和提高。如一些孩子在童年时期由爸妈陪伴身边，形成自觉学习的习惯，少年阶段由于住校学习缺少监督，好的习惯慢慢改变，影响学习成绩和人生轨迹。比如，有的孩子在少年阶段养成好的习惯，形成良好性格，学习成绩优异，步入人生最高殿堂，获得人生成功。再如，孩子在少年时期容易出现逆反，如果处理不好，产生心理阴影或心理隔阂。所以说，家长应提高自我标准和严格自我要求，帮助孩子改变不良习惯，培养更多优点，为孩子营造良好的成长环境，筑牢人生的基础。

六、奔向成年的过渡期

成为成年人是每一位孩子的向往。想当年，我们为改变家庭贫困状况，不让年迈的父母过度操劳，期盼快快长大，以一己之力改变家庭命运。随着国家强盛人民过上安康生活，现在的孩子无忧无虑地成长，无比幸福！少年时期与成年相连，决定着成年后的命运，应为走向成年做好过渡，打好基础。

一是强身健体。加强身体锻炼强身健体，为成年承担更多、更重的任务打好健康基础。少年时期的体育爱好或兴趣，可能会伴随一生，体育锻炼习惯可以为健康快乐生活打下坚实的基础。

二是提高学习能力。提高学习能力可以帮助孩子取得优异的学习成绩，进入理想的大学，获得学习深造的机会，为人生打好坚实基础。比如，有的孩子进入名校求得名师指点，为人生奠定坚实的基石。十年寒窗苦，多指少年时期。高中三年尤其是高三那年，最能体现苦读的滋味。十月怀胎一朝分娩，也指少年时期，当然，“朝为田舍郎，暮登天子堂”的转化，从一名学生走向天之骄子的蜕变，一切也皆值得！树立远大的目标，能够让莘莘学子心思坚定、苦中求乐。少年时期是孩子们达到学习成就顶峰的关键时期，少年时期努力与否直接决定人生的走向。多数孩子在少年时期立下鸿鹄之志，坚持不懈地努力，最终达到人生顶峰，成为国家之栋梁、家庭之骄傲！

三是建立做人做事的自信。少年时期，除了学习和强身健体以外，应重点学习做人道理和培养家庭观念、法律意识、行为能力（包括生活自理能力），等等。人们在成长或获得成绩中是快乐的，少年时期是美好而快乐的时期。小小少年，快乐幸福地成长，享受春风和阳光的沐浴，多么让人神往。

第二节　各学科的学习方法

在童年时期重点介绍了提高书本知识的学习能力，包括记忆能力、逻辑思维能力、空间想象能力和文字表达能力。下面，简要介绍中学阶段各学科的学习方法。

一、学习语文的方法

本部分重点介绍学习语文的目的和意义、学习语文的“五多”原则、学习语文的“十字诀”（五部曲）、语文文章的分类和作文的写作方法，目的在于提高学习语文的目的性和针对性，让中华五千年文化得到传承和升华。

（一）对语文的认识

语文是最基础、最实用的学科。首先，学习语文能够增强理解能力。比如，学习书本知识，如果没有较强的阅读和理解能力，对题目认识和理解均出现问题，又何谈做好题目呢？其次，学习语文知识能够提高语言表达能力。中文是我们的母语，前面曾谈到语言的表达能力是人的基本能力，阅读、交流、学习、工作无处不体现语文的重要性，无处不需要。最后，学习语文的意义和目的在于从中华民族优秀文化中汲取精神营养和食粮，并对五千年优秀民族文化进行传承。学习语文的目的在于培养文化自信、民族优越感和世界认同感。语文给予我们生命的基础，提高人们的欣赏能力，从而享受美好感受。没有语文就像生命中没有阳光，难以体会生活的美好，无法享受阳光雨露的滋养。同时，学习语文也是建立家国情怀、担当社会责任、陶冶思想情操、加强个人修养、致力人生修行的重要途径。在语文学习中应欣赏文学之美、探寻人生哲理、强化社会责任、追求心灵归宿。

（二）坚持“五多”原则，加强分析总结

个人认为，学习语文应“多读、多记、多看、多听、多思”（五多），其中“多读、多看、多听”为外在表现，“多记、多思”为内在表现，内外结合、由外及内是学习一切知识应用的方法。

“思”为思考和总结。学而不思则罔，应坚持“多思”，把知识学深学透。

1. 多读

学习语文讲求开卷有益和博览群书。常言道：“读书破万卷，下笔如有神。”在学习语文时，课内的书应精读，课外读物也应读，应对考试的书多读，丰富知识的书也应读，科技方面的书应读，提高生活能力的书也应读，等等。对经典文章、精彩章节应精读。对待经典的书籍应多次读、反复读。所读内容可以分为以下几类：

（1）读课文

对课文的学习应高度重视，学习课文是读书的基础和基本，课文涉及的内容与考试息息相关，应试成绩良好会促进和提高学习和读书的兴趣。对孩子们来讲，这是先顾眼前原则，不把眼前的事情做好，无法应对长远的事情。体现了急用先行的做事原则，切忌因为个人喜好，不重视对课文的阅读。

（2）读名篇

一些优美的文章或章节能够帮助提高鉴赏力，在提高写作能力方面给予帮助和借鉴。名篇多出彩，此处的出彩是从美感和哲学上讲的。对语文的学习起初多为模仿和借鉴，达到一定程度后应进行思考和创造。比如，一些描写景色的优美句子，具有哲学思想的经典话语，在写作时可以引用、参考和借鉴。

（3）读名著

名著是指具有较高的艺术价值、包含永恒的主题和经典的人物形象、能够经过时间考验经久不衰、被广泛认识及流传的文学作品，名著能够给人以警示并带来深远影响。名著是经典的文学作品，属文学作品之精品。读名著，除丰富和提高我们的文学修养和语言文字外，名著还可以给人生以启迪，让我们深入了解社会和人生，给予生活的智慧。一本书、一世界，一人生、一社会！对待经典和精品应精读，认真阅读细细品味。

（4）读诗词

什么是诗词呢？诗词是以古体诗、近体诗和格律词为代表的中国古代传统诗歌，也是汉字文化圈的特色之一。一般来讲，诗较适合“言志”，词更适合“抒情”。诗词是中华民族的优秀文化代表，读中国经典诗词，学习先圣贤哲，在欣赏中华文明优美之时，增强民族自豪感和事业责任感，加强对中华民族文明的传承。

2. 多记

记忆和积累是学习的基础。记忆的过程是积累的过程。记得多、记得准可为语言的使用打下基础。在思考和理解的基础上进行记忆，能够帮助掌握语言的层次感、逻辑感。对精品文章的记忆可以采用抄录、背诵、形成卡片随时记忆等方法。在提高学习书本知识能力部分，对提高记忆能力已进行全面介绍，这里不再多谈。

3. 多看

看，意为观察，通过眼睛来实施。“看”的内容和方法多种多样，但更重要的或是更关注的是“看”所起的作用。

一是通过观察了解事物的表现形式，形成感觉认识。对读书了解的事物通过观察形成基本的感性认识，如书中描写自然美景：春天来了，小草露出嫩绿的新芽，树叶在春风中摇曳，花儿万紫千红，小鸟在天空自由地飞翔，纵情地歌唱，形成一幅美丽的风景图画。这些美好美丽的风景，需要用眼睛去观察，帮助建立对事物的感性认识。

二是通过眼睛发现美丽塑造美感。比如，早晨起来，看到娇艳欲滴的花儿，嫩芽叶面上晶莹剔透的露珠，花儿与露珠，像大自然的精灵，赋予其高贵的生命力。

三是通过眼睛观察大千世界，领悟人间百态。学习语文应与日常生活相结合，在生活中加强观察运用，不可熟视无睹。观察越细致越能发现生活的美好与丑陋。观察，不仅是学习的要求，也是对人们一生的要求。应充分发挥眼睛的作用，挖掘眼睛的能量，形成较强的眼力，为生活、学习和工作提供最大的帮助。从眼睛的视角，观察和审视世界，感悟人生道理，品味百味人生。

4. 多听

听，是发挥耳朵的作用。聆听美妙的声音，将听到的内容入耳、入脑、入心，耳朵发挥着重要作用。“听”与“眼”的作用不同，“听”是从另一个角度去感知。有的人眼睛不好，看不到自然的美景，但可以通过耳朵感知外部的一切。“听”还有更加重要的作用，通过“听”学习本领，感悟人生。在学习语文及日常生活中“听”发挥着重要作用，不可充耳不闻。“听”是感知世界的重要手段，“听”也是学习提高的重要手段，尤其是听取他人的建议，将听到的知识及时记录和加工，提高学习和工作能力。

5. 多思

个人认为，思考是人们最高级、最重要的生理功能。思考是人类区别于动物的重要标志和特征。人类的思考能力远远超过其他动物，所以说，我们应勤于思考、乐于思考、善于思考，养成良好的思考习惯。否则，还不如其他动物（动物存在本能的思考）。思考是学习感知到指导实践的关键环节，是从感性认识到理性认知的重要步骤。思考的目的在于指导实践，为行为提供理论、经验和方法。思考是提高能力的基础，创新是思考的最高境界。没有思考不会带来创新，没有创新永远落在他人之后，挤压个人生存空间。对国家和民族来讲，不善于思考和创造的民族只能沦为愚昧！思考可以提高认知能力，缺少思考难以提高，也难以实现学以致用的基本要求。

6. 加强分析和总结

人们常讲思考分析和总结归纳。如何认识其区别和联系并用于学习和工作中呢？

(1) 思考分析

思考是对事物、事情、道理等进行分析的过程，是对眼睛看到的、耳朵听到的、嘴巴读到的、大脑记忆的事物进行综合加工的过程。思考是认识事物基本的方法，是解决是什么、为什么、怎么做的过程。比如，在学习中思考是对某一知识点进行学习，解决是什么和为什么。思考是学和知之间的桥梁，缺少思考学习会停留于表面，难以达到认知的境界。思考应按照科学的方法进行，缺少正确方法的思考等于胡思乱想。分析是分析结果形成的原因和对可能产生的结果进行预判。分析的重点包括因素、形成结果的原因和发展趋势。对学生来讲，思考是提高记忆能力、逻辑思维能力、空间想象能力和文字表达能力的基础方法，没有思考就没有感悟，没有感悟就难以明白读书的真正意义。

(2) 总结归纳

总结是对过往事情的认识、思路、方法和结果进行评价，包括经验总结、方法总结、内容总结、成绩总结、失败教训总结，等等。归纳帮助建立条线思维，总结则是及时进行纠偏，归纳是“精”和基础，总结是“细”和升华，是在条线思维基础上，点线理念运用的结合，是对某类、多种多样事情等纷繁复杂的事物进行加工。总结能够帮助我们发现规律并对规律性的事物、道理或理论进行提炼。

思考能够达到对事物认识的细致、深度、高度和全面，而总结是通过对事物进行归纳分类，对精髓进行提炼，达到简洁和智慧。比如，对得失成败进行总结，可以对存在的问题和优势认识得更加清晰、更加全面。总结能够帮助建立条线思维，对事物认知更加全面。从某种程度上讲，思考是对点或线进行认知，而总结可以综合所有因素，形成面的认知。归纳是在对事物、知识进行分类管理的基础上，形成条线式、系统性的管理体系，提高管理的效率。通过对事物、知识的内涵、外延等特征进行归纳，将多种多类事物和知识区分开来，寻找和发现某类事物的发展规律，从中提炼出各类之间的区别和联系，让纷繁复杂的事情变得条理有序。

(3) 思考与总结的关系

思考是总结的基础，总结是思考的升华，是更高层级的思考。总结能够给思考进行指导，为学习、工作、生活提供方向。思考与总结均可以提高悟性，产生灵感。总结是思考的升华和提升，总结出经验和教训，指导思想和行为。反思是自我监督，缺少反思会产生迷茫，难以做到心中有数。总结具有评价作用，是对点和空间、具体事情或某类事情、阶段性事情进行评价。总之，思考总结均应掌握其方法，在善于思考和总结的基础上，提高自己的悟性，获得人生智慧。

7. 学习语文“五部曲”及实例解读

从多年的学习、工作和生活中发现，对事物事情的认知首先来自感知，在感知的基础上进行联想、感悟，从事情成败中寻找原因，最后将所感所悟进行运用。这是我们学习、工作、生活的规律和步骤。在学习语文知识中应充分发挥思考和总结的作用。

从对所描写事物情况的感知开始，认知与自己的关系（关联），充分发挥想象空间，总结和感悟人生道理，寻求其中原因，用于生活和实践。

下面以学习古诗词为例，与大家分享学习的规律。比如，张志和《渔歌子·西塞山前白鹭飞》这首词，全文如下："西塞山前白鹭飞，桃花流水鳜鱼肥，青箬笠，绿蓑衣，斜风细雨不须归。"我们在学习和欣赏这首词的时候，注意体会学习语文的方法和步骤：

(1) 感知

比如，"西塞山前白鹭飞，桃花流水鳜鱼肥"，提到了"西塞山""白鹭""桃花流水"和"鳜鱼"，我们可以根据这些因素进行感知，形成基本的感性认识。

(2) 联想

充分发挥自己的想象空间。诗人描写的这种情景，勾勒出怎样的一幅图画？山色之静与白鹭、流水之动的相衬托，斜风细雨间与不须归之间的对比，美景与心境的结合，让人沉醉不思归。该词描写了一位渔翁捕鱼的形象，赞美渔家生活的情趣与自然。同时，我们也可以去联想，作者在什么样的心境下写出的这首词，作者的年龄、作者的经历，等等。

(3) 象征

我们应思考诗词所表达的情感是什么，有哪些象征意义。比如，这首词生动地表现了渔夫悠闲自在的乡村生活，抒发了作者对大自然的热爱，对美好生活的向往和追求。

(4) 求因

我们应深入了解和分析作者创作的背景和心境。比如"桃花流水鳜鱼肥"，可以问为什么鳜鱼肥呢？是流水湍急让鱼儿跃出了水面，让我们看到鱼儿肥，还是作者对鳜鱼鲜美的赞扬呢？同时，我们可以分析作者写作诗词的原因和目的，是什么原因让作者产生热爱生活的家国情怀？其心境来源于哪里？等等。从歌以言志、诗以抒怀中探寻生活道理和人生哲理。

（5）达己

从表面上，我们可以思考是否到过西塞山或见过白鹭这种鸟。这里的白鹭和李白诗中“一行白鹭上青天”的白鹭一样吗？将描述的事物或事情与自己的关系进行比较，把自己置身其中。从实践出发，学习的目的在于运用和传承，我们应将学到的知识、感悟、方法用于生活和工作，从而实现学以致用。在学习中我们不能仅停留在感叹语言的优美和道理的深邃，学以致用才是学习的目的和归宿。

当然，对年轻的学生来讲，一篇好的文章，有生命力的文章，可以从以上几个方面学习、思考、感悟，提高欣赏能力和写作技巧。同一作者，不同时期、不同的心境，其文章具有不同风格或不同的层级。我们在阅读和欣赏作品时，应全面了解作品的背景，作者的年龄与心境，只有这样才能读懂作品，读懂作者，读懂社会，看懂人生，明辨是非，指导实践。

（三）对语文知识的分类

语文学习可分为字、词、句子、段落、文章等内容。下面重点介绍对文章的学习。文章可以分为以下几类：

1. 描写美好山川景色和自然美景

比如朱自清的《春》：“小草偷偷地从土地里钻出来，嫩嫩的，绿绿的。园子里，田野里，瞧去，一大片一大片满是的。”

2. 描写美好的生活和真挚的情感

比如《赠汪伦》：“李白乘舟将欲行，忽闻岸上踏歌声。桃花潭水深千尺，不及汪伦送我情。”

3. 告诉人生道理或哲理，启迪生活智慧

比如《黔之驴》，该文章讽刺当时统治集团中官高位显、仗势欺人而无才无德、外强中干的人物。告诉我们以下道理：貌似强大的东西并不可怕，我们只要敢于斗争，并善于斗争，就一定能战而胜之。

4. 提高生活和工作能力（方法论）

比如《得道多助，失道寡助》中对“天时、地利、人和”的论述，在告诉我们道理的同时，教给我们一些方法。比如，对学习而言，我们要借“天时”、趁东风。把握好学习的时机和方法。“地利”可以意为学习的条件，我们要为学习提供和创造良好条件。“人和”讲环境。包括自我内心之和、人与人之和，共同努力实现学习的意义和效果最大化（为中华崛起而读书）。

5. 培养人们的家国情怀

比如岳飞的《满江红》下阙：“靖康耻，犹未雪。臣子恨，何时灭。驾长车踏破，贺兰山缺。壮志饥餐胡虏肉，笑谈渴饮匈奴血。待从头、收拾旧山河，朝天阙。”

在对语文的分类学习中，我们应注意在欣赏中文之美时，应努力提高写作能力，汲取人生智慧，享受学习带来的快乐。

（四）作文的写作方法

作文是语文学习能力的综合体现。总的来讲，作文讲求语言的优美与质朴，且忌空洞无物。写好文章要求我们要热爱自然、热爱家庭、热爱生活，热爱祖国。文章来源于生活又高于生活，文章来源于点滴是对点滴的总结和提炼。写好作文要求我们勤于学习知识，用心观察世界，善于思考问题，体会和感悟人生。好的作文讲求逻辑性，讲求语言的优美与哲理。

1. **写作的总体要求**

首先，写作前要做好布局。布局主要表现在写作文的意义和作用，记述事情、表达情感、讲述道理，都应进行明确。其次，所写作文共分多少段落，每个段落之间有什么联系，谁是基础、谁是过程、谁是高潮、谁是结尾等，要进行认真设计。最后，应掌握段落内部的逻辑性。每个段落中也存在基础、过程、高潮、结果。在练习写作时，要认真学习微观与宏观的辩证关系，充分认识宏观中有微观、微观中有宏观的道理，提高认知能力，这是我们写作的理论基础。

2. **作文的分类和写作方法**

作文，按类别可以分为记叙文、散文和议论文，每一类文章都有其具体的写作方法。

（1）关于记叙文

写记叙文应突出时间或事情的顺序，注意刻画（描写）人物和事情的细节，人物的心理活动与行为特点，事情的经过与本身的意义。在记叙文写作中，时间应处于第一位。我们常说时间、地点、人物，为什么时间放在最前面呢？因为，三要素中只有时间是唯一的、瞬间变化的，其他两个要素可以无限制地重复（复制）。记叙文重在记事，把事情的发展经过清晰地描述，对时间、地点、人物交代清楚。记叙文应注意语言的精美。此外，还应注意在对事情的记述中，体会和感悟人生哲理或生活智慧，给生活以启迪，对学习工作有所帮助。

（2）关于散文

常言道："散文形散而神不散。"散文大多给人们美丽的享受，对真善美的追求，对情感的抒发，对真情的流露。以来自生活、贴近生活为基础，从生活中汲取人生的营养。对散文的写作，可以借鉴本书“前后、左右、上下、内外”（八字诀）中的方法论部分。

(3) 关于议论文

议论文写作，能够体现理论基础、认识能力、分析能力和逻辑思维能力。议论文讲究论点与论据，论点应鲜明，论据应充分。在论点的选择上，可以从不同的视角，借鉴“前后、左右、上下、内外”（八字诀）提出不同的论点。同时，选择论点要以自己的掌握论据的多少来确定。在论点的描述上应坚持观点鲜明，且忌含含糊糊，模棱两可。认识事情应有新意和创新，且忌老生常谈。论述要有深度，且忌表面化。议论文的语言可优美可质朴，但一定要简练，切忌“老太太裹脚布又臭又长”。总的来讲，写议论文应有高度、有厚度、有深度。探讨人生道理与学习、工作相结合，理论与实践相结合。提出观点并充分深入论述，悟出道理，产生理论，指导实践。除给人们美的享受外，启迪人生智慧，惠及他人与社会，传递人生正能量！

二、学习数学的方法

学习数学应掌握数学的规律。个人认为，从学习数学中可以悟出“两规律一概念”，即数字变化规律、点线发展变化规律和空间概念。就学习数学的方法而言，除掌握上述规律、建立空间概念之外，还应掌握提高逻辑思维能力和抽象思维能力的方法、建立数学知识体系、加强对错题的学习等。下面，详细介绍学习数学的方法。

（一）对数学的认识

数学属于自然科学，是自然科学最基础的学科，是发展学生智力、培养思维能力最重要的学科。数学是科技创新的一种资源，是普遍适用并赋予人们能力的技术。数学实力往往影响着国家实力，数学对于人和国家的发展至关重要，当然，世界强国必然是数学强国。在学习数学时，应注意其以下特征：

一是高度的抽象性和严密的逻辑性。抽象性是指数学在比较纯粹的状态下，对客观世界的空间形式与数量关系进行研究。二是应用的广泛性与描述的精确性。三是研究对象的多样性与内部的统一性。数学是一个有机的整体，像一个庞大的、多层次的、不断生长的、无限延伸的网络。高层级的网络由低层次的网络和结点组成，各层次的网络和结点之间用严密的逻辑性联结起来，这种联结是客观事物内在逻辑的反映。前面讲到，逻辑思维能力是学习数学非常重要的能力，逻辑思维能力的运用无处不在，日常生活、工作学习、谈话交流、分析研判均可运用。

（二）掌握数学知识的规律性

个人认为，数学知识可以分为三大类：一是对数的学习与运用。二是对点与线的学习与运用。三是对数字与点线的综合运用(建立空间概念)。

1. 数字发展与变化规律

任何知识的学习都是由简单到复杂或由简到繁的过程。数学也不例外。一是从数的大小、增减变化学习开始。如，数字 1，2，3，4，…，100，…，1000，…，10000，…，N。学习数字后，我们再学习数字的加、减、乘、除（增加与反向运用)。二是学习数字的倍数后，到平方、立方、n 次方及开方（方的反向运用)。三是学习正数与负数、绝对值、数与数结合形成的等式或不等式，添加因素成函数，形成一元一次或多元多次方程，到数的排列组合，等等。帮助我们了解数与数之间形成的多种关系，学习、寻找、感悟数字变化的本质与规律。

2. 点与线、线与线的结合及运用

如立体几何和解析几何。

一是两点成一线。这是点与点结合成为线的基础。在数学中属于“一维”概念。可以通过“前后、左右、上下、内外”（八字诀）中的“前后”形成一条线进行理解（前后可以看作两个点相连）。在线的基础上产生平面形状和概念。比如，三个点组成三角形、四个点可以组成四边形（长方形、正方形、菱形）、五个点可以组成五边形、圆形，等等。我们可以将图形看作具有局限性的平面。

二是线与线相交形成“面”。两条线相交（垂直相交或非垂直相交）形成一个面（无限大的平面），同时，可以引入平面坐标概念，可以理解为数学的“二维”概念（前后与左右共同形成面）。应深入、全面理解和运用面的概念和形状，这个“面”可以是水平的“面”，也可以是立体的“面”，可以与参照物平行，也可以成为想象中的任何状态的“面”，甚至是千变万化的“面”。

三是在“面”的基础上增加“上下”这条线，形成“三维”空间和立体概念。当然，三条线相交是有条件的，三条线应不在一个平面之上。同时，产生了“三维”坐标。我们可以把规则的长方体、圆柱体、圆锥体，看作直观的“三维”空间物体。

四是在此基础上增加“内外”，就形成“四维”空间。这是点线面的结合而形成的空间概念。综上，讲点、线、面的结合及从一维到四维，其本质是图形到物体的组成与变化过程。对数学（广义）的学习中，“数”是基础，没有“数”的基础，研究点与线会失去支撑，不会出现面积、长度等概念，研究点、线、面将会失去实际意义。

3. 建立空间概念

数字的组成与变化加之点线面的组合与变化，帮助我们发现学习数学的规律，建立逻辑思维，建立空间概念。我们应将任何事物放之空间概念之中，深入理解事物及其发展变化规律和状态。比如，点、点与点结合（线或线段）、二维的线与线的结合(面)，等等。空间概念告诉我们，应从多角度看问题，维度可以称为因素，应多因素分析和思考问题。比如，对孩子学习成绩进行分析。我们可以从孩子的学习态度（一维）、学习方法（二维）、老师教学能力（三维）、孩子学习环境（四维）等四个方面进行分析。从中找出孩子学习成绩好与差的原因。多个维度（因素）之间具有分工协作，有基础与条件之分，有内部与外部之别。再如，对地方国民生产总值分析时，可以从企业生产、政府指导、银行支持等三方面进行分析，寻找三因素之间存在的关联关系或制约因素。

（三）提高逻辑思维能力

在本书童年时期，详细介绍了提高逻辑思维能力的具体方法(因素分析法、原因分析法、趋势分析法)。在上述三个方法的基础上，建议加强“研究”式学习，提高逻辑思维能力。

1. 重视逻辑性

数学各个章节之间具有较强的连贯性、关联性和逻辑性，学习时应进行特别关注。在学习数学知识时，应坚持持续性，不做夹生饭。比如，对某个章节没有学会弄懂，应及时进行深入学习和巩固，以利于对下面章节的学习。

2. 提高理解能力

以平方与开方为例，加强对数字的理解。首先，应弄清平方的概念和道理。比如，2 的平方公式：$2^2=4$，3 的平方公式：$3^2=9$。由此可看出，平方即与乘数相关联的乘数或倍数关系。其次，运用平方的反向运用（回到原处）的道理（开方），对 4 进行开方就等于 2。

再如，数学公理和定理，如两条平行的线被第三条直线所截同位角相等的定理。下面，运用因素分析法进行理解。第一，应明白两条平行线所具有的特征。第二，应清楚被第三条线所截的状态（与两条平行线相交）。第三，同位角相等。对同位角的理解首先要清楚角是由两条线相交产生，其次应明白同位角的内涵、位置和状态。

学习数学应加强对知识的理解，切忌死记硬背。公理和定理是客观存在的事物，可以为学习数学奠定基础。在学习中如果不能全面、深入理解公理与定理时，建议进行强化记忆，形成思维和认知的定势。

3. 研究数学知识之间的关系

除了学习数学每章节的逻辑关系外，做数学题目时也应研究解题答案每步骤之间的关系。建议对照题目标准答案进行研究，掌握每一步骤涉及的知识点，并对知识点进行原因分析，研究知识点之间的关联性。另外，运用趋势分析研究答题前后步骤之间的结果走向。

在学习数学中可以运用所学的知识进行出题，达到学以致学的目的。变被动答题为主动出题，能够加深对数学知识的理解和运用。比如，把同一类型的题目进行研究，找出答案第一步，第二步之间的发展变化规律。可以从对多个题目的研究中，分析、总结、掌握出题的范围和内容，对知识点和考点做到心中有数。

建议运用条线思维进行学习，对基础、发展、高峰、结果进行深刻认识。比如，就一道数学题目来讲，也存在基础、发展、高峰、结果。应研究每个知识点之间的联系，多画几个问号。再如，前面的所学知识是后面所学知识的基础，可以对为什么成为基础进行思考，从中悟出知识前后联系的本质。

（四）提高抽象思维能力

个人认为，抽象思维是以思考、总结为基础，辅之想象力，将感性事物转为理性概念的能力。抽象思维与感性思维相对应，抽象思维可以帮助我们发现规律、公理定理或思想。抽象思维能力可以称为去感性的能力。一般情况下，大家认为概念性事物、做人做事的道理、哲学思想等比较抽象，理解能力、总结能力、想象能力及认知能力缺乏的人，对看不见摸不着的事物，认为比较抽象。凡事皆方法，抽象思维的方法是在感知的基础上，经过联想、分析、归纳、提炼、总结，形成对事物本质和发展规律的认知。如何将现实世界的事物转换至想象世界中，并获得事物发展的规律和道理，是抽象思维解决的事情。

对年轻的学生来讲，由于知识和阅历限制，大多抽象思维能力较弱。比如，中学生过分依赖客观的、直观的、具体的事物（资料），抽象的数学理论与具体问题结合的能力欠缺。可以通过对生动、形象、具体、直观的现实材料（物体）引入或阐述，提高其抽象思维能力。下面，通过举例介绍提高逻辑思维能力的方法。

1. 直观与抽象相结合

比如，在正数、负数的学习中，可以通过温度的升降、货物的进出、水库水位警戒线的升降，将直观物体与抽象概念相结合，促进对抽象概念的理解和掌握。再如，在学习立体几何时，常常难以想象在三维空间的情境。可以通过观察书本、粉笔盒、课桌等实物模型，建立立体概念。只有在形成一定的感性认识后，才可以产生抽象的概念。培养抽象思维能力，应与直观形象的感知相结合，增加理性思维和空间想象能力。我们可以将数字看成或当作跳动的、有灵性的事物，赋予其生命力。

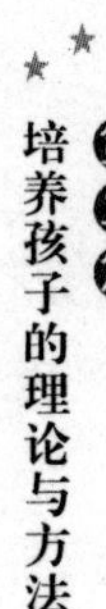

2. 赋予数字生命力

可以通过想象数字背后的故事，增强对数字的认知。比如，在看到（听到他人讲述）一吨小麦时，应联想到绿油油的麦田、成片的金黄色麦穗，在麦子的收获季节，联合收割机脱粒与农民将收获的麦子装入口袋，装下一吨麦子大约需要多少袋子，堆放在院子里或仓库里会形成怎样的圆锥体或四方体，等等。

3. 加强重点和难点的学习

比如，对公式、方程的学习，可以通过上述方法建立感观认识。如三只羊的重量等于一匹马的重量。提高抽象思维的过程，也可以理解为变抽象性事物为形象化的过程。

4. 建立空间想象思维

抽象即在现实状态的基础上发挥想象能力。比如，可以想象长方形、四方形它们的形态，四条线相交为何也成为一个平面。两点成一线、三点成一面，两条线即使不相交也能形成一个面。

总之，在提高抽象思维能力方面，悟性相当重要。悟性告诉我们应勤于思考、善于思考，注重归纳和总结。将抽象的概念和道理用浅显的语言来表达，用形象的状态去认识，融合日常生活、学习与工作，有助于提高抽象思维能力。

（五）建立数学方法体系

在学习数学方法的基础上，建议形成数学学习或应用的方法体系。数学科目的特点决定了寻找数学学习规律的重要性，可以借鉴学习语文的方法进行归纳和总结。

1. 对某一类知识或题目进行归类

通过归类探索同类知识的产生、发展与变化规律，探索每一步骤之间的关联，形成数学知识体系。

2. 研究数学知识之间的区别与联系

研究数学知识的区别与联系，能够帮助理解和记忆数学知识，同时，可以促进知识间的穿透与融合。应加强日常学习中数学模型的分析和运用，加大对考试题目的分析和归纳，寻找出题的规律和考察的内容和范围。比如，有人对数学考试题目进行归纳，归纳出高中数学 260 个核心考点、125 个常考必考题型，这是分析归纳的良好运用，让自己心中有数。俗话说：万变不离其宗。

3. 掌握解题方法与技巧

数学解题方法多种多样，应加强解题方法之间的学习和分析，促进相互借鉴和提高。比如，在一元二次方程的学习中，解题方法包括“开平方法”“因式分解法”“配方法”“公式法”，我们应分析掌握各种解题方法的特点和适用性，如当一次项系数中存在偶因数，适合应用“配方法”解题。

（六）强化对错题的学习

重视对错题的学习和练习，是学习所有学科知识的重要方法。加强对错题的学习能够提高学习的针对性，提高学习效率。同时，在对错题的学习中，应对错题原因进行分析，是否粗心大意、没有学会弄懂、对题目理解不正确等，根据不同原因寻找改正方法和措施。尤其对高三毕业生来讲，在短期内提高数学成绩，学习方法相当重要。建议运用总结归纳方法，强化对错题的学习和练习，在短期内提高学习成绩。

比如，把不会做的题目或所有数学题目（综合题目或在一定分值以上）进行分类。首先，假设不会做的题目共有 100 道。可以把 100 道题分为 10 个类型，每个类型 10 个题目。然后，把同一类型题目的 10 个题目再分为三至五类，从中寻找题目之间的联系。例如，对同一小类里的 A 题目、B 题目、C 题目标准答案进行比较分析。假设每个题目的标准答案有四至五个解题步骤，在对三个题目标准答案研究中，对每个题目的第一步骤、第二步骤、第三步骤进行分析和研究，寻找A题目的第一步骤、与B题目的第一步骤、与C题目第一步骤的区别和联系。每道题目第一步骤是解题的切入点，所用到的知识点多数是并行的，只不过在于题干给出的要素（因素）不同而已。通过对三个题目标准答案的研究，可能存在以下关联：A题目的第一步骤（所用的知识点），可能与B题目或C题目的第二步骤知识点相同。

数学以逻辑为基础，具有高度的整体性，只是出题的思路和角度不同，而最终的求解和想要获得结果的层次不同。面对A、B、C三个题目的标准答案，我们可以发挥学习主动性，三个题目的第一、二、三步骤是否可以互换或作变换，通过研究和归纳，达到对学习知识融会贯通、解题方法灵活自如的境界。

（七）加强数学知识综合运用

融会贯通是学习、工作和生活的最高境界，学习数学也不例外。学习数学忌浮浅，深入进去才会深刻理解其中奥妙，提高学习数学的兴趣。

1. 用数学理论和方法指导操作

这是学习数学的根本目的，也是从抽象思维转化为形象和具体的过程，这个过程对深刻掌握数学理论知识、培养生活能力具有重要的实践意义。比如，在学习立体几何中，运用两条线相交决定一个平面理论，让学生作图形，进行实物操作、动感比较。

2. 加强生活运用提高学习兴趣

比如，对面积与体积的运用。家庭装修房子，一桶乳胶漆可以粉刷40平方米墙面，把房屋应刷的面积（长乘宽）相加，再除以40就可以得出需要多少桶乳胶漆。再如，个位数的加减法可以用扳手指的方法去做，多位数的加减法需要抽象思维思考。对一维空间可以用观察火车在铁轨上行驶去感知，二维、三维空间也可以从生活中找到实际模型去感知。对四维、五维……n 维，可以通过大脑抽象地思考。

3. 注意各学科之间的关联性

各学科之间的知识和道理是相通的，数学与物理、数学与哲学、语文与数学、生物与化学，等等都存在一定的关联性。比如，数学中正数与负数，体现了矛盾论成分，事物之间的对立性，也可以作为互为正负来认识。自然科学与社会科学也存在相通之处。比如，自然科学中的动物本能与人的本性相通，社会科学中的等级、社会关系、人的心理都可以从动物世界中找到答案，能够帮助更好地领悟人与自然和谐共生的道理。

三、学习物理的方法

学习物理的方法主要包括对物理的认识、建立学习物理的感觉、深入理解物理概念和物理规律、加强逻辑和综合分析、注重物理模型学习、加强物理实验、做好总结归纳等。下面，逐一进行详细介绍。

（一）对物理的认识

个人认为，物理是研究、揭示事物、物体运行及发展变化规律（原理、道理）的学科，所以称之为“物理”。物理是研究物质运动的基本规律及物质基本结构的学科，通过学习物理让我们掌握物体的运行规律和内在本质的特性，帮助提高抽象思维能力、空间想象能力和逻辑思维能力，帮助解决日常生活中的问题。物理知识来自自然界，研究物理可以服务生活与工作。对物体运行轨迹研究可以联想到事情的发展变化。凡事皆有规律，我们可以从学习物理中悟出人生道理。比如，物体从高空落下产生的破坏性或作用力远大于从低空落下，可以与“爬得高摔得狠”进行联系。人类在利用自然、改造自然的能力方面，需要借助物理学工具来解释各种自然现象，并利用物理学原理来制造工具。如果说数学是“上帝之脑”，那么，物理学就是“上帝之手”。

（二）学习物理的主要方法

1. 建立学习物理的“感觉”

听高中物理成绩较好的学生讲，学好物理首先要有物理“感觉”。这句话讲得很好，不论学什么学科都需要找到学习感觉。如何培养学习物理的感觉呢？个人认为，对物理的感觉是学好物理的基础，这个基础来自日常的观察和感受。

（1）对静止状态的物体进行观察

通过观察了解物体的形状、质量、状态，增加对静止物体的感观认识，做好与运行状况下物体进行对比分析的基础。

（2）对物体运行状态进行观察

通过对不同质量、不同形态、不同运动方向、运动速度的物体运行状态进行观察，建立对物体运动状态的感观认识。

（3）对运动的物体进行感受

比如，让孩子们感受看不到的风力，体会风力大小对自己或对物体的影响。再如，让孩子感知体重的大小带来的冲击力。在孩子玩滑梯时，让孩子感受体重较轻的小朋友和体重较重的小朋友玩滑梯，其滑动的速度有快有慢，产生的冲击力有大有小。当然，应通过玩耍告诉孩子注意保护自己，避免强大冲击力带来伤害，增加孩子对物理知识的实际运用。

（4）培养孩子的抽象思维能力

抽象思维能力是通过大脑的想象与加工，对理论的、辩证的、数字的、静止的、运动的、平面的、立体的事物或事情，形成对事物或事情发展变化规律的感性认识和理性认知。抽象思维能力是在观察和感知的基础上，通过大脑的发散思维、想象能力和加工能力，寻求事物的本质和发展变化规律。提高抽象思维需要“悟性”支撑，“悟性”是在善于思考基础上的那份灵感。如牛顿发现苹果落地发现地球万有引力。通过表现看其本质，也是抽象能力的重要表现。

（5）建立空间想象思维

物体或事物都存在于空间之中，没有空间概念难以建立对物体事物的全面深入认识。建立空间概念需要发散思维。比如，由一个点向四面八方扩散形成立体空间。在日常生活中，人们不可能见到所有物体的运行实例，应举一反三对物体内在特质及运行状态进行思考和总结，提高对事物普遍规律的认识。如何培养孩子的空间想象能力，在童年时期已进行详细说明，这里不再多谈。

（6）做好与数学知识的借鉴

比如，物体的形状，可以分为三角形、四边形、多边形、四方体、圆锥体、圆柱体、不规则的物体等。物理学习需要数学来支撑，数学为学习物理提供基础，包括数的计算和公式的运用，等等。比如，在物理学习中可以把一池水可以看作一个立方体、长方体或圆柱体，更加直观地感知和认识。

2. 深入理解物理概念和物理规律

物理概念是对物理现象和物理过程的本质概括，而物理规律则是阐述了物理概念中相互制约的关系，概念和规律是物理的基础和核心。凡事皆存在背景、前提和条件，学习物理也不例外，在学习物理时，应准确掌握物理概念和物理规律的成立条件和使用范围，如果不注重规律成立的条件和使用范围，既学得不深，也不可能悟透。当然，在使用规律时也可能会出现错误。

3. 加强逻辑和综合分析

以物体运动举例。一是加强逻辑性。对物体的分析要依据时间顺序，依次、准确将物体各个阶段的受力与运动状态明确地表示出来，并计算物体各个阶段的运行轨迹与距离。二是灵活运用能量转换关系。由于物体的运动速度仅仅取决于质量与能量，而质量是恒定的。因此，需要明确各个阶段中的能量转化关系，即可清晰地得到物体的速度。三是综合分析力的影响。首先，应全面了解不同类型作用力的性质、方向和大小。其次，在物体受多种不同类型作用力影响下，应加强整体性和综合分析，对多种作用力统一进行作用分析。

4. 注重对物理模型的学习

物理模型是在研究物理过程和物理问题时，仅研究主要因素（次要因素被忽略）和物体之间的关系，从而得到符合某一类事物的规律。物理模型与实际情况紧紧联系，是对物理运动基本规律的直观化运用。模型能够让我们体会物理知识在实际生活中的应用，并增加感性认识。同时，物理模型能够帮助我们建立分析物理问题的方法，分清主次矛盾，抓住事物本质，使复杂问题直观化、简单化。

5. 通过物理实验提高观察和认识能力

物理是一门以实验为基础的学科。物理理论与结论要经过实验去求证和探索，通过实验培养尊重事实和实事求是的意识。

首先，在做实验前要清楚实验的目的，提高实验的方向性和目的性。任何事情皆如此，明白了干什么，有了方向性，行为的有效性会无意识地提高（认识部分）。其次，确定实验的原理（思路部分）和实验的方法，实验原理是实验的理论指导，实验方法是验证或检测原理的研究方法。再次，认真掌握每一步操作与实验目的的关系，增强逻辑思维，建立条线思维概念和知识框架（基础、发展、高峰、结果）。可以借鉴精细化管理的理念，用“精细化”之“精”贯穿物理实验全过程（精细化理论与方法会在本书青年时期详细介绍）。从实验的准备到第一步实验的开始、到第二步或三步逐步深入，到最后出现的结果，帮助建立框架和条线思维。最后，对实验结果进行评价。应高度重视实验数据的处理和误差分析，进行结果评价。如果没有达到预期效果或结果，应对实验的原理、思路、方法进行评价，查看在哪个环节出了问题或偏差。

学习物理应做好各科目之间的融会贯通。比如，做物理实验和做数学题的道理与步骤异曲同工。物理实验每一步的反应可以写作做数学题的步骤，相互整合促进各科学习的效果。相互比较借鉴会对知识记得准、理解得深、学习效率高，甚至还可以与日常生活相结合，实现学习效果最大化。

6. 做好总结和归纳

这里讲的总结和归纳是“善于”总结和归纳。做到善于总结和归纳，首先，要掌握总结归纳的方法，只有正确的方法才能获得良好的效果。其次，要经常性的总结和归纳。总结不分时间和地点，归纳也不分学前、学中和学后。物理中的物理概念、定律、公式较多，应进行科学的分类，进行经常性的对比、鉴别、归纳，厘清它们之间的区别与联系，加深理解并熟练掌握，形成物理知识的理论体系和学习方法体系。

四、学习化学的方法

学习化学的方法包括对化学的认识、提高记忆能力、注重化学实验、提高学习化学的兴趣、注重融会贯通等，下面，进行详细介绍。

（一）对化学的认识

化学是研究物质组成及元素变化的自然科学。化学与人们的生活息息相关，衣食住行均离不开化学知识，如水和空气。化学对工业生产、农业生产、科学技术的发展具有重要作用。个人认为，学习化学帮助我们提高生活质量的同时，在于学习领会化学之“化”的内涵。“化”是人们的高境界追求，可用于管理（精细化），可用于生活（日常化）、可用于工作（规范化），等等。人们习惯于讲工作和生活中产生化学反应，人与人之间达到心领神会的状态，这都是“化”所起的作用。强化团队意识、加强协调配合、讲求方式方法，提高团队管理效率，完成任务目标。当然，“化”更是对人们超凡能力的赞誉。常言道：达到“出神入化”的境界。总之，产生或达到“化”的过程是观察、研究、总结、实践、提升的过程。

（二）学习化学的方法

个人认为，化学是注重记忆能力和逻辑思维能力的学科。学习化学离不开大量的记忆，如化学基本概念、基础理论、元素化合物知识、化学反应的基本类型、有机物无机物的分类，等等。同时，化学实验能够帮助更加直观地了解化学知识、化学反应及化学所揭示的规律。

1. 提高记忆能力的方法

可以借鉴在本书童年阶段提到的提高记忆能力的相关方法。这里简单介绍对化学知识的记忆方法。一是加强分析与比较，在理解的基础上增强记忆，记得准确、记得牢固、记得长久。二是分类记忆、口诀记忆、集中记忆、图像隐喻（形象与联想记忆）、规律记忆，等等。三是总结归纳，建立化学知识点的网络化或体系化。

2. 注重化学实验

化学是以实验为基础的自然科学，通过实验提高观察能力、思维能力、实践能力。化学与物理学习有很多相近之处，实验在学习中发挥着非常重要的作用，可以增强对化学反应的感观认知、想象能力和逻辑思维能力。建议积极主动地做些实验，提高学习和理解化学知识的能力。

3. 提高学习化学的兴趣

在化学学习中应加强化学知识与日常生活相结合，将学到的知识用到生活和实践中，在形象、深入学习化学的同时，增加学习化学的兴趣。比如，火柴的燃烧包含的化学知识。了解火柴盒的侧面涂有红磷、玻璃粉等，研究火柴头上含有什么物质，了解化学反应的原因和特点。通过身边的事例与学习化学结合起来，提高学习化学的积极性。同时，还可以促进我们了解身边的化学物质，了解物质构成的奥秘、物质的化学变化、化学与社会发展的关系。

4. 注重融会贯通

众所周知，化学之“化”运用之广泛，如简单化、复杂化、体系化、形象化等，此处的“化”存在转化的意思，学习不是目的，通过学习知识提高生活和工作的能力，提高思考和分析问题的能力，将知识运用到日常行为之中，完成知识与成果的转化，才是学习的真正目的。同时，对“化”理解可以升华到培养合作意识、配合意识、协作意识，将个人能力和集体智慧融为一体，也是学习化学知识、建立化学知识的条线性、体系性的有效方法。

五、学习历史的方法

学习历史的方法主要包括了解学习历史的作用和意义、加强系统性和体系性记忆、做好思考和归纳解答历史题目的方法与技巧等，下面进行详细介绍。

（一）学习历史的意义和作用

学习历史的关键作用在于掌握社会发展的规律，从历史中汲取看待人生与社会的智慧。以史为鉴，可以知兴替。同时，还可以通过学习历史，了解生产力与生产关系的实践运用。学习历史之重点在于尊重历史、借鉴历史、以史为鉴。知兴替、知古今、知自我，用历史的、发展的、辩证的眼光看问题，提高做人做事的能力，让自己更加聪慧和睿智。当然，学习中国历史还可以增强我们的民族自豪感和文化自信心。

（二）学习历史的方法

1. 加强系统性和体系性记忆

就学习历史知识来讲，加强对知识点的记忆尤其重要。如何增强记忆呢？个人认为，建立历史知识点树状图能够直观地、系统地记忆历史知识，加强对历史知识和事件的理解。如何建立树状图呢？

（1）围绕“生产力和生产关系”两个主线

对中国历史的学习，可以围绕生产力和生产关系两个主线。一是将树状图的左侧作为生产力的部分。从旧石器时代、新石器时代、青铜器、铁器、四大发明、天文历法、造船航海能力、飞机大炮、航空母舰，等等。按照每个时期（时代）的生产力发展的一些表现从树的根部向上标注，体现出时代的发展和生产力的提高。二是将树的右侧作为生产关系部分。从原始社会、奴隶社会、封建社会（秦、汉、三国、两晋、南北朝、隋、唐、宋、元、明、清等朝代的演变）、半殖民地半封建社会、新民主主义革命时期、社会主义社会等各阶段的生产关系变化元素，从树的根部向上标注。

（2）建立生产力与生产关系平行、对应关系

我们可以在树的左右两侧建立生产力和生产关系的平行和对应关系。比如，铁器在春秋时期出现（可以标记在树的左侧），在树的右侧平行标记春秋的时间段（公元前770年～公元前476年）。

（3）将每个时期的知识点进行记载

比如，唐朝时期（公元618～907年），可以在树的右侧建立树枝，树枝上添加树杈、树叶和果实，分别记载唐朝时期重要历史事件。如贞观之治、开元盛世、安史之乱等事件的时间、人物等知识点。

（4）与世界历史相结合

在对中国历史建立树状图进行记忆的同时，建立世界历史树状图。对照世界历史上其他国家生产力和生产关系所涉及的知识点，与中国历史树状图按照年代平行建立树状图，实现对中国历史知识与世界历史知识的整体记忆。建立树状图可以直观有效地做到中国历史与世界历史的结合。在增加记忆的同时，对中国文明与世界文明进行比较，分析相互影响及产生的作用，为学习研究中国历史与世界历史打好基础，帮助建立全球概念。

2. 做好归纳和思考

学习历史，应善于归纳分析，从中找出历史发展规律和社会兴盛的道理。

（1）清明铸就辉煌

管理家庭和治国同理，成由勤俭败由奢。比如，一个封建王

朝建立之初，大多开国皇帝比较开明，政治环境比较清明。但随着时间的推移，居安思危意识淡化，管理水平不断下降，国内矛盾激化，农民起义推翻旧的王朝，再组建新的王朝。

从中国历史可以看到，开国之君大多开明，如秦始皇、汉高祖、魏武帝、隋文帝、明太祖。同时，也存在矛盾的特殊性，如汉武帝、唐玄宗、乾隆帝虽不是开国之君，但仍然很开明。开明的君主会给人民带来福音。人们一旦为了个人享乐，个人与家国都会走向下坡路。秦朝、隋朝之所以短命，都与第二代继承人的昏庸密不可分。历史是人民创造的，但是重要人物的出现，影响或决定历史的变化，不可小觑其所起的作用。家长如果糊里糊涂、无能力或无正能量，家庭命运必定悲惨。作为家长，我们应从历史中学习开明的君主及治国理政的道理，在家庭运转和经营婚姻中借鉴，让家庭幸福快乐永远。

(2) 能力决定关系，关系反作用于能力

当生产关系不能适应生产力发展时，会出现打破旧的生产关系的力量。但就中国历史来看，人民群众的觉醒，自主意识、平等意识的不断发展，是推动中国封建历史发展的重要力量。

自陈胜吴广起义提出“王侯将相宁有种乎”，钟相杨么起义提出“法分贵贱，非善法，等贵贱，均贫富”，李自成起义提出“等贵贱，均田免粮”，到洪秀全起义提出“一律平等，无处不均匀，无处不饱暖”，等等。人权意识和平等理念的不断加强，推动着中国历史的进步与发展。家庭也是这样，能力强的家长或成员能够促进家庭的和谐，家庭和谐又会促进能力提高。俗话说：家和万事兴。

(3) 稳定催发文明，文明促进和谐

国家稳定人民才能安居乐业，实现民族梦想。生产力的发展建立在社会稳定之上，华夏文明每个阶段的高峰期，多出现在政治稳定、人民安居乐业之时。政治清明带来社会久治，教化胜于法治。如“贞观之治”时期，经济、社会、文化、外交等突飞猛进，社会秩序良好，违法犯罪的人较少，如某年全国被判死刑的囚犯仅有 29 人（当时的全国人口 1200 万以上）。再如，公元 632 年死刑犯增至 290 人，当年岁末唐太宗李世民准许死刑犯回家办理后事，次年秋天再行刑，结果 290 名囚犯全部返回，无一逃亡。

(4) 立大志，展宏图

人类的历史是由人民创造的，但伟人的力量不可磨灭。伟人有理想、有抱负、有格局、有担当，为普天之下人民幸福而敢于自我牺牲，敢于自我革新。个人认为，学习历史的一个重要目的，在于效仿伟人立鸿鹄之志，成就国家梦想。将振兴国家和民族为己任，成为社会栋梁之材，为社会发展作出更大贡献。向伟人学习，学习其精神追求、科学的工作方法和超常的行为能力。平凡中有伟大，伟大中寓平凡。做一个一生传递正能量的人，即使一辈子不能轰轰烈烈，也是伟大之人。

(5) 学习历史，读懂人性

以铜为鉴，可以正衣冠；以人为鉴，可以知得失；以史为鉴，可以知兴替。人天生懒惰，我们应时刻提醒自己，不做人生的奴隶，将命运掌握在自己手里，律己自省，严格要求，一日三省，警钟长鸣！

从伟大的历史人物身上，我们也可以学到一些道理。比如汉武帝刘彻，是中国历史杰出的政治家、战略家、诗人，在位时期攘夷拓土，国威远扬，东并朝鲜、南吞百越、西征大宛、北破匈奴，奠定了西汉疆土，首开丝绸之路，等等。汉武帝在各个领域均有建树，但在后期穷兵黩武，为其整体形象留下负面评价。在其去世前两年发现自己存在的问题，下罪己诏，以谢罪天下！但一切皆晚矣！给国家和人民带来的损失和伤害无法弥补，也给自己的人生和历史留下遗憾！由此可见，历史留名的一代帝王尚且如此，更何况平民百姓？

每个人都应从历史中总结经验，吸取教训，时刻警醒，趋利避害。应牢固树立正确的成绩观、功德观，一切为了国家利益、社会利益、人民利益，将加强个人修养作为一生的修行，不可盲目自信、骄傲自大、刚愎自用、自甘堕落，应听得进忠言和劝告，经得起时代和历史的检验，留一份美名于人间！

3. 解答历史题目的方法和技巧

前面提到，学习历史的关键，在于通过对历史事件的背景、条件的研究，探索历史发展规律（哲理），指导我们的学习、生活和工作。一般情况下，大家对历史知识点能够熟练掌握，但在解答论述题中存在困难，主要原因是在历史知识的学习中，未能深刻认识历史事件产生的背景、形成的条件、发展的方向及历史影响。学习历史知识存在表面化问题，没有用历史的、辩证的、发展的眼光看问题，即没有真正学懂历史，没有掌握事物发展变化规律，难以从中汲取能量。建议从以下两个方面学习历史知识，做好历史题目的解答。

（1）了解历史事件发生的背景和条件

凡事皆规律，凡事皆条件。历史事件或生产力、生产关系变更，均存在基础和条件。比如，历史的论述题目，多为对历史事件的认识，如为什么在唐太宗执政时期，唐朝出现贞观之治？我们可以从背景和条件方面进行分析和回答。一般情况下，在朝代更替之后会出台一些休养生息的政策，从而出现政治清明、生产力发展、人们安居乐业的局面。可以从主客观两个方面进行分析。一是从客观上讲。隋唐更替，战争带来的直接影响是人口的减员。据了解，唐朝初期人口较隋朝减少2000万以上，战争结束后，人少地多，加上多年的战争对人民造成的恐慌，人心思安。二是从主观上讲。唐太宗李世民汲取隋朝失败的教训，正像汉朝初期汲取秦朝灭亡的教训一样，让百姓休养生息。另外，唐太宗采取了一系列政策，如选贤任能、轻徭薄赋、戒奢从简、虚心纳谏，使唐朝初期政治清明、社会稳定、社会矛盾得到缓和，经济社会得以恢复和发展。

(2) 历史事件产生的影响

比如，如何评价郑和（七次）下西洋历史事件？此类题目属于综合性题目，解答时应运用条线思维，全面阐述历史事件产生的背景、条件、过程、作用和影响。

首先，我们应分析其产生的背景和条件。一是政治较为清明。开明的君主对一个朝代来讲相当重要，君主开明与否直接影响国家的强盛与否。考虑历史问题时应考虑人的因素。二是国家强盛统一，客观上存在与海外各国开展大规模外交和外贸活动的内在需求。三是航海技术的发展，如造船技术的提高，可以建造抵御强大冲击力的大船。同时，指南针的运用比较成熟。四是稳定的外部环境。明朝经过多年的发展，北部蒙古没有能力与明朝进行袭扰。

其次，分析历史事件产生的意义。一是政治方面。使明朝在东南亚全面建立起华夷政治管理体系，郑和船队展示了大明帝国的政治和军事优势，加之经济利益的刺激，明朝建立的朝贡体系规模得到扩展。二是经济方面。郑和下西洋在一定程度上改变了自明太祖以来的禁海政策，开拓了海外贸易。为中国输入新的工艺产品、原料、技术，促进中国国内的手工业生产技术提高。三是文化方面。郑和下西洋加强了中外文明的交流，促进了明朝对外界的了解，郑和下西洋还留下了《郑和航海图》，是世界上现存最早的航海图集、远洋航行的宝贵资料。

工作和学习的方法与历史答题方法相同。比如，处理具体工作时，首先，应分析某项工作的背景、内容、方法和意义，分析做好工作需要具备的条件，这属于“认识”部分。其次，做好工作应坚持的原则和要求，如唐太宗纳谏、体贴民众等，这是属于“思路”部分。再次，运用什么方法解决问题，如唐太宗选贤任能、轻徭薄赋。最后，对可能产生的结果进行分析。提前考虑工作可能会产生的成效或消极作用。当然，这属于趋势分析法的范畴。

六、学习地理的方法

学习地理的方法除加强对地理的认识外，主要包括夯实地理基础、注重地理的整体性、总结归纳地理规律、建立空间概念、加强地理知识的运用等，下面进行详细介绍。

（一）对地理的认识

什么是地理？个人认为，“地”是天、地、人等地球万物“合一”的综合概念，不仅是包括陆地或大地，还包括高原、大山、江海、湖泊，等等。“理”即地球万物产生、发展、变化的基本道理或发展（运行）规律。综合来讲，地理是研究自然界发展变化规律的科学。古人云：“上知天文，下知地理”，可见学习“地理”的重要性。当然，古人所讲的地理与我们学习的地理相差较多。

学习地理的目的和意义在于以下五个方面：一是增强对地理位置、地形、地貌及地球上万物的感观认识。二是建立自然地理与经济地理的关联关系。从地理位置延伸到气候、植被、物产、资源、经济、交通等。三是了解人与自然的关系。自然现象可以让人类感受在自然面前的渺小，产生敬畏自然的意识。从自然界提供给人们生产生活的物质之中，建立感恩自然的理念。从地理的整体性悟出人与自然和谐共生的道理，掌握科学方法利用自然规律服务生产生活。四是帮助建立宏观理念和空间概念。通过学习世界地理建立全球观念和地球村概念。比如，保护生态和环境已成世界各国的共识，世界国家之间应共同努力维护“地球村”的安全。从某种程度上，可以培养我们的大局观和全局观。五是研究自然规律与社会规律的联系，做到自然与社会的结合。凡事皆规律，自然规律与社会规律具有一致性。同时，通过学习地理还可以启迪哲学思维，丰富理论知识，提升人生境界。

（二）学习地理的主要方法

1. 夯实地理基础

（1）加强对基本原理的学习

比如，由于阳光的照射角度不同造成地球表面热量分布规律，如何产生四季？五带的产生和划分有哪些依据和标准？由于什么原因产生的季风与季风气候，气温与气压的关系，生态平衡的条件是什么？当然，也可以思考光、热、水、土对农业生产的影响，影响工业布局的因素，人类与环境的对立统一，等等。

（2）加强对地理概念的学习

地理概念包括天体、天球，日冕、日珥，近日点、远日点，时区、区时、气旋、气团、天气、气候、寒潮、寒流，矿物、矿产、生态系统、生态平衡、生物群落，地质作用、地质构造，国土、领土，等等。建议把一些特别容易混淆的概念列出来，对比其区别与联系，并结合具体运用进行深入学习，全面深刻掌握地理概念。

（3）加强运算和计算

运用地理知识解决问题的能力是学习地理的基础能力。在学习过程中应加强对地理基本知识计算能力的培养，通过对具体地理事物的运算夯实地理学习的基础。比如，比例尺与图上距离、实际距离的换算，地方时与时区的换算，绝对高度、相对高度与等高线的计算，垂直气温的计算，太阳高度角的计算，恒星日与太阳日的换算，昼夜长短的计算，人口密度与人口自然增长率的计算，等等。

2. 坚持条线思维掌握地理知识的整体性

条线思维是各科学习的基本要求，就地理学习的整体性而言，地理环境各要素之间存在内在联系，相互影响与制约，并综合发挥作用。比如，亚马逊河流域成为世界最大的热带雨林，不仅由纬度决定，与大气环流、地形结构、洋流影响等因素有着密切的关系。再如，西欧为什么成为典型的温带海洋气候？影响因素也是多方面的。地理环境是一个整体，要注意因素之间的内在联系。某一区域地理特点的形成，应多角度、多层次、全方位、综合地进行因素分析。同时，还应对产生作用的各因素之间的主次关系、影响程度等进行分析。

3. 善于总结归纳探寻基本规律

一是在学习地理知识时，应注重矛盾的普遍性和特殊性的运用，将地理环境共性和个性有机结合，加强对共性规律的总结归纳，并与个性因素进行结合分析。比如，一般情况下，陆地上的自然带，从赤道向两极大致可分为热带雨林带、热带草原带、热带荒漠带、温带草原带、温带荒漠带、亚寒带针叶林带、苔原带和冰原带，但在实际分布中，自然带又受纬度地带性、经度地带性、垂直地带性和非地带性等因素的影响。

二是从具体的地理事物中归纳出普遍性规律，帮助我们理解和记忆。比如，通过比较分析太平洋、大西洋和印度洋的洋流系统，结合洋流分布和成因，可以得出以下结论：每个大洋都有完整的洋流系统，除印度洋北部外，各洋流在北半球热带、副热带海区呈顺时针方向（反气旋型）运行，南半球呈反时针方向运行。在中低纬度海区，每个环游系统的西部都是暖流，东部都是寒流。

4. 强化记忆建立空间概念

地理地图具有形象直观的学习作用，可以培养人们的观察力和想象力，促进建立地理事物的空间分布、空间联想、空间组合概念，有利于帮助提升记忆能力。

一是学习中应做到“学图”“填图”“画图”相结合。即加强课本中有关地图的学习和理解，掌握分析和应用的方法与技巧。利用填图册填写地理事物，对书本涉及的平面图、立体图、景观图、示意图等，画一画它们的大体形状，提高空间想象能力。

二是编制地理口诀，增强记忆能力，帮助建立空间概念。比如，对一个国家、一个省（市）所处的经纬度、地形地貌、物产矿藏、人文经济、交通运输等知识点用口诀串联起来，加强地理知识的体系性学习，增强记忆效果。还可以通过对地球上同一经度、纬度涉及的国家、地区、物产、地形等地理事物或知识点，加以分析比较，串联起来编成口诀，编织成网，形成地理的空间概念。

5. 加强研究举一反三

前面在数学、物理和化学的学习中提到加强重点题目、典型模型的学习，地理学习也不例外。应加强对重点题目的学习、分析、归纳，深入研究题目的内涵、外延、发展规律和相关因素。不管是自然科学，还是社会科学，用研究的方法去学习，能够学深学透，与泛泛地做题相比，事半功倍。记得一位知名教授曾提到，学生把重要题目做好，举一反三才是真正的学习。题海战术、复杂的奥数也难以提升学习能力。另外，建议大家在学习地理过程中加强与日常生活的结合，除了提高学习兴趣以外，还能够帮助我们记忆地理知识、感悟人生哲理。

七、学习生物的方法

学习生物的方法除了解学习生物的意义和作用外，还包括强化记忆、加强错题练习、做好归纳总结、强化重点知识的学习等，下面进行详细介绍。

（一）学习生物的意义和作用

生物是研究具有生命力事物的学科，包括看得见的植物和动物，看不见的微生物。通过研究生物的内在本质及发展变化规律，提高物种的生存与变化质量。同时，探讨与人类生产生活的关系和利用价值，为人类生产生活提供更好的生存条件，让生活更加美好幸福。生物学是21世纪最有发展前景的学科之一，它作为自然科学领域的带头学科，有着极大的发展空间。21世纪，人类社会面临的人口、粮食、资源、环境和健康问题更加突出，解决这些问题在很大程度上依赖于生物科学的进步。

（二）学习生物的主要方法

1. 加强记忆

可以借鉴本书提到的增加记忆的四类方法。生物属于偏文的学科，对知识点的记忆，能够死记硬背的则死记硬背，它不像数学、物理，掌握一个公式、定理，就能在做题上发挥很大的作用，生物题目往往要求一字不差地给出答案。前面多次提到，理解记忆是较好的学习方法。比如，对识图题的解答中应注意横纵坐标、交点、拐点、走势、正负半轴所表示的含义。对于生物学来讲，应重点研究细胞、组织、各种有机物和无机物及它们之间的逻辑关系，只有记住这些名词和术语之后，才能真正掌握生物学的逻辑规律，即所谓的“先记忆，后理解”。

2. 加强做题训练

一是在做题练习中进行知识积累，加强总结归纳，寻求解题的思路与方法。二是加强对经典例题（典型题目）的学习。经典题目将不同阶段所学的知识进行了归纳，找出其共性进行考察，帮助提高对知识点掌握的准确性，找出各阶段知识点之间的联系和区别。经典题目可以帮助我们举一反三，提高触类旁通和融会贯通的能力。

3. 做好归纳和总结

各物种间存在竞争、互利和共生的关系。在学习生物时应加强归纳和总结，弄清知识的内在联系。在牢记基本名词、术语和概念之后，寻找生物学规律应成为学习重点，着重理解生物体各种结构、研究群体之间的联系，也就是说注意知识体系中的纵向和横向的线索。比如，关于DNA，课本分别在“绪论”“组成生物的化合物”“生物的遗传和变异”中涉及，但课本中三个地方的学习各有侧重，要前后联系起来学习和思考，全面掌握关于DNA的知识体系。再如，在学习细胞的结构时涉及一些细胞器，应思考细胞器的结构与功能有何异同呢？当然，在进行比较分析后才能理解并掌握。

4. 加强重点知识的学习

可以借鉴本书中提高逻辑思维能力的方法。一是因素分析法。包括研究的对象、结构分析、时间分析、地点分析。二是原因分析法。生物发生的变化，可以提问发生的背景和情形，如何发生的，变化的原因是什么，等等。三是趋势分析法。对发生变化的顺序和结果进行分析。在学习中综合运用上述方法，能够提高记忆能力和逻辑思维能力，形成认识体系。当然，就生物的学习方法来讲，可以借鉴学习语文、数学、物理、化学等学科的方法，这里不再详述。

八、学习政治的方法

学习政治的方法包括加强对政治的理解与记忆、加强与实务结合、建立体系架构、掌握政治题目的解题技巧等，下面进行详细介绍。

（一）学习政治的目的和意义

政治学是一门研究政治行为、政治体制以及政治相关领域的社会科学。狭义的政治学，研究国家的活动、形式和关系及其发展规律。广义的政治学，研究在一定经济基础之上的社会公共权力的活动、形式和关系及其发展规律。多数人认为学习政治的目的主要是用于考试，这是很片面的。

个人认为，人生在世离不开政治，政治的真正内涵是做人做事的知识和能力。政治理论与日常生活相通，自然科学与社会科学相通。学习政治可以帮助培养人们的政治意识、国家概念和管理思想。人生活在社会中，有人就有家，有家就有国，有国就有政治。学习政治知识，建立基本政治意识和政治概念是学习政治的根本目的，是人类区别于其他动物的重要表现。不管你谈不谈政治，都感受着政治的影响。总之，政治是一门管理学，学好政治对人生极其重要。

（二）学习政治的主要方法

1. 加强对政治的理解

什么是“政”呢？个人认为，“政”可以理解为政府和政党。什么是“治”呢，治是管理和治理。什么是政治呢？“政治”是政治行为的总称，涵盖政府或政党为管理需要而建立的管理理念、思路、方法的全过程。政治站位即对政府和政党的政治认识和政治立场，其基础来源于“三观”。当个人“三观”与我党为人民服务的核心一致时，才会产生较高的政治站位。

个人认为，政府、政党的行为属于狭义的政治，由于不同团体管理的需要而产生广义的政治。比如，家长对家庭的管理、校长对学校的管理之中都存在政治。大家习惯讲，管理是相通的，家庭、单位和学校也是“小社会”。政治是调节社会各阶层社会关系，维护国家和政党利益的，那么，家长也是在管理、引导家庭中走向正确方向，特别是对一些大家庭来讲，管理的方式方法与治理国家相比异曲同工。家庭与家庭、国家与国家的关系，在某种程度上讲也是相通的。家庭中特别是大家庭、家族中也存在政治。

通过以上分析，我们可以对抽象的政治学有更加直观的认识，政治来源于管理的需要，管理的基础是共同的利益。家庭有家庭的共同利益，并进行利益的分配。政府管理国家来源于利益和需要，如同家长管理孩子、学校管理学生一样，广义的政治无处不在。政府管理有协作，家庭也是如此。大家可以通过对广义政治的了解，从中找到在家庭、团队的位置，增强对家长管理、对学校管理的认识，悟出被管理的基本道理，加强自我控制，有利于健康成长。政治具有全局性、权威性、统领性、广泛性、持续性、强制性、排他性，大家可以结合家庭进行理解。通过对政治的理解提高对政治的认识，把相对抽象的事情直观化。

2. 在理解基础上加强记忆

政治是一门重要的社会科学，之所以重要是因为其研究的对象与人们的生活息息相关。高中政治包括经济、政治、哲学，经济政治与人们紧密相连，哲学是认识事物的基础。学好政治重在理解，在理解的基础上加强记忆。

（1）结合生活增强对知识和概念的理解

比如，商品是用来交换的劳动产品，具有价值和交换价值。首先，商品是用来买卖的，不用来买卖的物品不是商品。学生学习用的笔、纸、书桌、书籍等都是商品。其次，了解商品与商业的关系。可以从第一产业（农业）、第二产业（工业）、第三产业（商业或服务业）进行宏观认知。商品是商业的核心元素，商品与商业相伴相生。最后，商品可以有形也可无形（如虚拟平台提供服务）。

再如对价值和交换价值的理解。价值包括生产物品和销售物品的成本（买材料的价格、加工材料需要的人工和时间、销售材料可能需要的包装及运费）、使用物品的价值（对自己制作的或买来使用物品带来的利益进行评价）和交换价值（物品的卖价）。通过以上分析可以得出以下道理：价值是对自己而言的。

（2）运用逻辑思维加强对知识的理解

比如我国为什么实行按劳分配为主体、多种分配方式并存的分配制度，答案如下：一是这种分配方式与我国生产力发展水平相适应。二是由我国以公有制为主体，多种所有制共同发展的基本经济制度决定的。三是发展社会主义市场经济的客观要求。四是实践证明，这种分配方式对加快经济发展，实现共同富裕起到了促进作用。

按照逻辑思维的三个方法进行学习和理解。第一层面，从上述答案要点可以得到与分配方式相关的四个要素：生产力、经济制度、发展市场经济、共同富裕。这是因素分析法的应用。第二层面：原因分析法。分配方式的几个决定因素（解决为什么）。虽然生产力发展水平、基本经济制度、发展市场经济三个要素在答案中的描述不同，但均对分配方式产生影响或发挥作用。第三层面：趋势分析。比如，实践证明这一分配方式对发展社会主义市场经济，实现共同富裕起到了促进作用。趋势分析是系统分析，趋势分析不仅是对今后的发展方向进行分析判断，还包括对之前起到的作用进行分析，是用历史的、发展的思维看问题。

（3）增强记忆的方法

除了在本书童年时期提高记忆能力的四种方法外，建议对政治题目的标准答案的要点进行标记。比如，上述题目答案的 4 个要点。通过反复的学习、理解和背诵，会形成答案要点的整体性和系统性的认识，在答题时会提醒我们此题目有 4 个要点，有利于答题的完整性。另外，学习政治应加强背诵，增加记忆。建议在学习政治时采取边学习、边背诵、边理解、边记忆（四部曲）的学习方法。

3. 加强学习与实践相结合

（1）加强对事例的理解和分析

在学习政治知识时，应与日常听到的、电视上看到的时事政治结合起来，加强对时事政治的认识。比如，中国经济、社会、军事的发展与强大，原因是什么？可以分析中国特色社会主义制度优势、中国共产党领导优势、中华民族文化优势，等等。同时，加强对国家强盛各要素的分析，充分认识各要素之间的关系，谁是基础、主导，本质是什么？应认真分析深刻领悟政治的

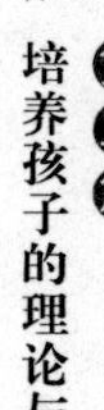

精髓。建议用“前后、左右、上下、内外”（八字诀）进行认识，加强对事物的学习和理解。思考是良好的学习方法，应加强对经济、政治事件和新闻的思考。同时，要总结创新思考的方法，缺少正确方法的思考等于胡思乱想！学习政治的目的在于应用，这是政治考试中出现时事政治题目的原因。

（2）结合身边事感悟政治学

比如，我国处理民族关系的原则：民族平等、民族团结、各民族共同繁荣。如何理解处理民族关系的原则呢？可以结合做人的原则进行理解。做人应坚持尊重，尊重的基础是平等。人与人之间是平等的，没有高低贫贱之分。每个民族均是祖国大花园的成员，是兄弟姊妹，当然，应讲求民族团结。兄弟齐心其利断金，团结起来力量大，大家好才是真的好，共同进步、共同繁荣是我们追求的最终目标，一个都不能落下。处理民族关系的原则中，民族平等是基础，民族团结是要求，共同繁荣是目标和追求。人与人之间、民族与民族之间相处道理相通。在与实际生活结合时，不仅懂得了民族相处的重要性，更提高了做人的层次和品味。

4. 建立政治知识体系

高中政治知识包括经济、哲学、政治。学习政治学哲学是基础，经济政治学离不开哲学。学习政治的方法在于建立政治学知识体系。

（1）把知识点贯穿形成线

比如，把经济学部分的知识点从前到后进行分析，研究知识点之间的联系，进行线性连接贯穿，形成条线框架。同时，探寻经济规律和政治规律，将政治知识学深学透。

（2）研究哲学、经济、政治知识之间的联系

应积极研究探寻哲学、政治、经济学体系之间的理论连接

点、知识相近点、规律结合点、趋势交叉点，通过对各体系间的原理、知识对比分析，探寻其本源，促进融会贯通。

（3）加强学科融合与生活运用

学习政治可以借鉴其他学科的学习方法。各个学科均存在内在逻辑性，学习政治重在研究和理解，运用逻辑性探寻规律性，不可被文科学习多为背诵和记忆的认识所误导。通过学习政治建立由政治学基本词语、基本理论、社会关系、调节方法、效果评价等组成的知识体系架构。政治学是重要的管理学科目，而管理学是相通的。比如，经济基础决定上层建筑，上层建筑又反作用经济基础，既是政治知识，又包含哲学道理。再如，学习政治可以与历史相结合，从历史事件中读取政治的内涵，更加直观地理解和学习。

5. 解答政治题目的方法

建议用“认识、思路、方法、结果”解答政治题目。下面，以“安徽凤阳小岗村人民公社大包干，贫困村、吃救济，到包产到户后每年向国家上缴粮食几万斤，论生产力与生产关系的关系”题目为例，对政治题目进行解答。

一是“认识”。答题时应阐述生产力和生产关系的基本关系。简单地说，生产力决定生产关系，生产关系反作用于生产力。当生产关系适应生产力发展时，会促进生产力的发展。否则，会限制生产力的发展。

二是“思路”。答题的思路是答题的原则、要求和规划。比如，此类政治题的答题要求是什么，需要对用时和字数、逻辑性等进行控制，等等。

三是“方法”。大包干的生产关系不能激发大家劳动积极性，出工不出力，生产效率低，自然吃不上饭（生产关系限制生产力的发展）。包产到户后，生产多少粮食是自己的事情，大家责任心和积极性提高，所以生活富足（生产关系反作用于生产力）。

四是“结果”。通过上述分析，对生产力和生产关系的关系进行简洁总结。对后来全国推行家庭联产承包责任制，成为释放生产力的创新，进行趋势分析，还可以增加一些生活感悟，让答案与题干充分融合，显得丰满和有活力。

九、学习外语的方法

学习外语的方法与学习语文、政治等学科的方法大体相同。下面，以学习英语为例对学习方法进行简要介绍。

（一）对学习英语的认识

外语，包括英语、俄语、日语及其他国家的语言。这里重点介绍英语的学习方法。为什么把英语放在最后讲呢？多数人认为英语不容易学，学习成本较高。还有人认为，国家不需要很多英语工作者，而英语考试分数占比太高根本不需要，应该降低英语科目分数。母语没学好而学习英语，有失基础之嫌。从目前世界发展趋势看，汉语学习越来越重要。随着中国的崛起，汉语正逐渐成为世界语言。从多年实践来看，对多数人来讲，学习英语与运用英语不成正比。学习英语十多年，劳神费力，走向工作岗位后运用英语的场合寥寥无几，多数人在工作几年后将所学的英语知识忘得一干二净。

（二）学习英语的方法

1. 坚持“五多”原则

建议参考本书学习语文的相关方法。特别是“五多”原则，多读、多看、多听、多记、多思。想要学好英语应努力培养学习兴趣，增加英语学习的运用，提高学习积极性。

2. 积极创造学习环境

一是大凡语言都离不开语境（学习和运用语言的环境）。学习英语与语文一样，记单词、背单词应与语境相结合。二是注重英语句子的学习。学习英语句子可以整体掌握单词和加强对句词的理解，比起单纯地记单词效果会更好，应注重对英语的整体性学习，不可单纯、机械地背诵单词。三是加强英语听力的练习。建议经常性地加强听力练习，即使听不懂英语中所述的意思，也要给听力营造语境。其实，听不懂也是学习，耳朵听力的刺激与适应是培养英语感觉的重要方法。在家里可以播放英语磁带，听不懂也无所谓，只要周围有语言环境，听力就会提高。同时，学习英语要敢于开口，大胆讲英语，提高英语的学习和表达能力。

3. 加强归纳总结

一是强化对单词的分类。通过归类，总结单词的学习规律。英语的词类大概分为十种，分别是名词（可数、不可数）、形容词、代词、副词、动词、数词、介词、连词、感叹词、冠词（不定冠词和定冠词），建议结合语文的学习弄清单词含义和用法。

二是加强对英语语法的学习。如英语的四种时态：一般、进行、完成、完成进行时态。十六个句型：一般现在时、一般过去时、一般将来时、过去将来时、现在进行时、过去进行时、将来进行时、过去将来进行时、现在完成时、过去完成时、将来完成时、过去将来完成时、现在完成进行时、过去完成进行时、将来完成进行时、过去将来完成进行时。应熟练掌握每个时态和句型的特点和使用规律。

以上简要介绍了学习语文、数学、物理、化学等学科的一些方法，建议大家对学习方法进行总结归纳，结合自身实际情况，围绕提高学习能力，加以灵活运用。除以上学习方法外，建议大家在学习中做好以下几个方面：

第一，加强知识预习。预习可以培养学习自觉和独立思考能力。能够开拓思路，建立新旧知识的联系，提高课堂学习的针对性。预习是自觉的演习，体现学习主动性，能够增强记忆能力。预习的方法包括阅读法、提出疑点找出问题、纵览章节建立体系、掌握背景圈点勾画，等等。在预习时多提问、多质疑，能够提高创新能力。提出问题是善于学习和学习能力较强的表现，凡事多问几个为什么，能够提高对事物认知的深度。

第二，提高听课效率。在课堂上，应多思考多记忆，把理解、记忆、完善知识体系的功夫用在课堂上，提高听课效率。节约时间学习其他知识，或者做一些锻炼身体、增加个人修养方面的事情。

第三，做好错题学习。对做的高考题、经典题目中的错题等建立错题本，可以随身携带、随时回顾。强化错题学习能够达到事半功倍的效果。在学习错题中以建立体系为基本方法，通过对错题的强化研读，对知识体系进行完善和补充。

第四，各学科学习方法相互借鉴，达到学以致学。比如，语文的学习需要观察，其他学科的学习也需要观察认知。各学科之间学习应相互促进。比如，学习地理可以促进立体几何的学习，帮助建立空间概念。

第五，与日常生活相结合。掌握书本知识的同时，提高生活的能力，学以致用，才是最终归宿。快乐中丰富知识、提高能力，把学习变成五颜六色的美好生活。

建议大家在学习中牢固坚持并努力做到“记得准，学得深，用得活”。充分开发左右脑的功能，左脑负责记忆，右脑用来加工，左脑负责感观加工，右脑完成融合与想象。

第三节　培养孩子应注意的事项

一、主动了解孩子的需求

了解孩子每个阶段的综合需求是培养或教育的基础。少年时期，随着孩子自主意识逐步显现，言行被尊重、被认可（存在感）需求明显增强。在童年时期如不被周围认可，由于自身能力严重不足等原因，多数孩子只会感到委屈，但不会与家长（老师）直面抗争。如果在少年时期不被认可，有的孩子可能会与家长（老师）“对着干”。自主意识的增强使孩子对社会的需求越来越多，独立性越来越强。但是，归根到底少年时期的孩子是不成熟的，家长与孩子做好沟通非常重要。

少年时期是人生蜕变的关键时期，家长应帮助孩子顺利度过少年时期，不留人生遗憾。比如，初中是打基础时期，初中二年级是初中的分化期。一般情况下，初二时如果学习成绩不错会顺利升入高中。高中时期是人生飞跃期和学习成绩的分化期，有的学生升入重点大学成为天之骄子，有的学生虽然初中学习成绩较好，但到高中后成绩平平。少年时期孩子的培养难度是较大的，多数孩子的两次逆反均出现在少年时期，孩子生理心理的不成熟、自主意识增强、被尊重或认可的需求、参与家庭社会的潜在需求等是主要因素。

从培养孩子四个阶段来看，婴幼儿、童年、少年、青年阶段，少年阶段培养孩子的综合成本是最高的。为了让孩子顺利度过少年时期，适应孩子生理与心理两个方面的需要，保障孩子健康成长，家长应主动了解孩子的需求。在童年时期大多孩子会把自己的想法告诉家长，但到了少年时期，由于多种因素的影响，孩子变得不再主动倾诉，需要家长主动了解孩子需要，不可受对待童年时期孩子的惯性思维而影响，家长更不可以自居自大。

二、讲求沟通的艺术和方法

少年时期，孩子拥有一定的判断能力和行为能力。培养孩子应针对孩子的具体情况，增加沟通交流，并注意交流的方式和方法。交流方式可多种多样，如谈心谈话、微信沟通、共同参加体育运动或体力劳动、家庭聚会、外出旅游、书信来往，等等。

（一）多提建议

多给孩子提出建议。建议包括学习、生活、认识、方法等方面。建议的关键在于能够帮助孩子解决学习和生活中遇到的困难和问题。家长应提高能力，放下架子，积极建言献策，当好孩子成长的参谋和助手。在提出建议后，应让孩子进行思考和选择，锻炼孩子的思维能力，提高孩子的主观能动性。另外，在孩子读大学或参加工作以后，也应该给孩子提出工作和生活的建议，少提一些无端的要求，更不能要求孩子必须做什么或者必须听家长的安排，应给孩子足够的尊重。

（二）重在鼓励

孩子经历、阅历较少，综合能力较差，面对一些问题或事情时，多多少少会出现畏难情绪，应多给一些鼓励。鼓励可以给孩子带来行动的自信。当然，鼓励也包括让孩子勇于承担实践的结果，要敢于尝试，不怕失败，敢于承担失败的责任。随着孩子年龄的增长，培养孩子的方法也应与时俱进。与孩子交流的方式方法没有定势，应根据孩子的具体情况和特点采取有效的方法。让孩子感受到爱的同时，提高生活、学习能力是主要目的。家长的学历层级可以不高，但可以让孩子学到生活的哲理和对其言行进行控制，且忌无休止的唠叨。在儿子读高中前，我与儿子保持着拥抱式教育，遇到孩子高兴或烦恼时，相拥一抱解决很多问题。儿子读高中后，开始给孩子写信，每个月写一封信（每封信主题内容不同），高中三年共给儿子写了 20 多封信，现在想来，这些书信产生了良好的效果，发挥了应有的作用。

中国式教育较注重言传身教，这是做好与孩子沟通交流的基础。特别是身教，对孩子来讲胜过一切言传和说教。身教不到位可能让孩子对家长的言传产生怀疑或不认同，故家长在日常生活中应勤于学习，认真思考，以身作则，言传身教才会起到培养孩子应有的作用。有的家长对孩子的提问不懂装懂，自认为比孩子懂得多，闹出很多笑话，影响家长形象，也给孩子成长带来不良影响。一些家长感到孩子还小，对孩子缺少尊重，说话盛气凌人，甚至用其他方面压制孩子，让孩子服从自己的观点和想法，是无知和不负责任的表现。当然，危害会相当大！其实，做个有水平的家长并不难，坚持学习（学于无形）、努力提高自己，敢于承认自己的问题和不足即可。“知耻近乎勇”，敢于承认自己的缺点错误，是能力，是智慧，更是修行和德行。孩子不会因为家长承认缺点和不足而鄙视或轻视家长，恰恰会更加尊重我们。

三、帮助孩子顺利度过逆反期

在本书童年阶段对造成逆反的原因进行了分析，为什么还要提及“逆反”话题呢？在于孩子的逆反期主要处于少年阶段，孩子在这个阶段会出现两次“逆反”。

个人认为，孩子出现逆反不是孩子的问题，恰恰是家长或老师在培养教育孩子中出现了问题。前面提到，家长应充分深入了解孩子的基本情况、思维能力、行为能力、性格特点等，全面掌握孩子的内心需求和外在需要。孩子由于能力欠缺，无力改变现状，加之心理不成熟，用“逆反”来对付家长便成为自然。为什么孩子在少年时期“逆反”比较严重呢？主要基于以下几点：

一是生理方面趋于成熟。从人的本性来讲，人们大多不喜欢别人在自己面前指手画脚，尤其对一些男孩子来讲，“逆反”现象比女孩子严重。建议大家看一下《人与自然》《动物世界》等电视节目，从中感悟青春期男孩子逆反的原因。这个阶段的孩子“逆反”由动物的本能与人的本性所致。

二是孩子经历太少，心智还不成熟，经验和能力不足，认知能力欠缺。能力不足导致不能全面深入理解家长或老师的教导，片面认识事物简单处理事情，在言行上表现出对家长或老师的抵触。有的孩子做事情不考虑后果，也由心理不成熟导致。

三是孩子到了中学特别是进入高中以后，学习的内容和难度大幅增加，知识膨胀自信提升，家长多数没有能力辅导孩子作业，孩子不再向童年时期那样依赖父母。多数父母的培养方法停留在孩子的童年时期，没有随着孩子能力的提高而自我提升，与孩子讲话方式没有改进，未根据孩子年龄和心智等需求进行转变提高，没有给孩子足够的尊重。孩子从内心对家长产生不服气的情绪，在某些时候或对某些问题的看法上，想与家长一决高下。

四是有的孩子表面上顺从家长，背地里想怎么做就怎么做，依然故我，也是“逆反”的表现，也可能是危险信号。有的孩子当面不和家长争执，把问题隐藏起来，但不按照家长要求做事。出现这种情况，可能是孩子对家长失去信心，放弃与家长交流。

另外，多数家长没有给孩子传授学习和生活的方法，一味地提出要求，形成恶性循环，难以获得好的效果。

孩子生理、心理、行为能力的变化，促进自主能力提高，大多孩子以小大人自居，存在“我的地盘我做主”的心理需要。如果家长对其思想和行为反对的话，孩子会以反对来对付反对。由于孩子心理的不成熟和身体能力的欠缺，经受不住打击而变得心理脆弱。比如，有的孩子经不住家长拿自己与其他孩子比较或无休止的唠叨等，会出现强烈的反应。前几年，听到市重点中学宏志班的一个孩子，因为爸妈对其要求过高、过严或语言上唠叨，在高中二年级时罢课、罢学，真的耽误孩子一生，留下终生遗憾！家长在孩子想要自主做事时，可以给孩子讲清楚是否把事情考虑周全，是否做好了经受失败的心理准备，帮助孩子分析可能出现的问题，告诉孩子处理事情的方法。此种情况下，如果孩子能够做到应让其大胆去做。另外，也可以告诉孩子一些关于认识、思路和方法的知识，鼓励孩子实践，并帮助孩子获得成功。

个人认为，从某种意义上讲，成年人的我行我素是“逆反”的延续。孩子在少年时期会或轻或重地出现两次“逆反”，在孩子少年阶段加强培养的重要性可想而知。家长应及时改变方法，适应孩子需要。比如，孩子在小学时期，由于各方面能力的限制，家长经常性的提醒和唠叨，孩子一般不会产生太大的不良反应或过激言行。随着孩子能力的提高，所学知识的丰富，家长看待孩子应与时俱进。否则，孩子会感到自己被轻视或被忽视而产生不良影响。

四、帮助孩子提高融会贯通能力

中学时期孩子学业压力较大，帮助孩子在学习上达到融会贯通相当重要，应帮助孩子提高学习能力和效率，享受学习带来的快乐。如何做到融会贯通呢?

（一）深入思考和研究

坚持条线思维纵深看问题，弄清事情或事物发展的规律和本质。帮助孩子学得更深入、认识得更深刻。研究是必做的功课，从研究中找出事物事情发展的规律。只有把问题看深看透，深入到事情内部，才能充分提示和揭露事物的本质，了解事物之间的区别与联系。

（二）坚持勤能补拙，追求善于思考

做到融会贯通，应突出一个“勤”字，在不断学习和思考中提高善于思考的能力。同时，加强善于思考能力的培养。悟性是在善于思考基础上的那份灵感，应讲究思考方法，只有思考方法正确，才会真正实现思考的作用。思考方法可以参考提高逻辑分析能力的因素分析法、原因分析法和趋势分析法。

（三）坚持学以致学和学以致用

善于将所学知识与生活结合起来，提高学习的兴趣。这里讲的融会贯通不仅是帮助孩子养成深入学习、勤于思考、善于思考的理念和要求，不仅是对各学科认识和方法的融会贯通，还包括让孩子将学到的知识与日常生活结合起来，提高综合能力和素质，充分享受学习的快乐!

（四）加强点线面结合，做到举一反三、触类旁通、融会贯通

举一反三是指在掌握某件事情的背景、条件、方法和规律的基础上，在同质同类事情中进行运用。触类旁通是指在举一反三的基础上，将做事或工作的理论和方法运用到其他类事情或工作之中，用于指导不同类别事情的实践之中。简单地说，融会贯通

是指将学习、工作或生活中学到的理论和方法运用到所有事情之中。举一反三、触类旁通、融会贯通三者之间是“点、线、面”关系，由点、线形成面，达到形式上见到面而没有点和线，实质将点、线、面尽收眼底的境界。

凡事皆背景、凡事皆条件、凡事皆方法、凡事皆规律！我们在具体学习、工作和生活中，应研究事物发展变化的规律，寻求万事万物之间的联系，加强举一反三和触类旁通，最终达到融会贯通的境界。

五、科学应对早恋问题

早恋与逆反是少年时期的两个重要问题。帮助孩子顺利度过青春萌动期，处理好早恋问题，是很有必要的。有的学生没有处理好早恋问题，影响学习成绩和健康成长。建议使用以下方法，处理好孩子的早恋问题。

（一）去神秘化

少年时期包括青年时期男女恋爱，好奇心、神秘感的存在发挥重要作用。如果让孩子去掉恋爱（男女之间）的神秘感，孩子们会感到恋爱没有想象的那么美好，会降低恋爱的冲动。及时把一些神秘的问题表面化，容易解决孩子的早恋问题。记得儿子在读高一前的暑假。儿子给我说，有几个女生喜欢他，想和他谈恋爱。我笑着告诉儿子：你们不是谈恋爱，充其量是有好感。因为谈恋爱以结婚为目的，你们想过结婚这个事情吗？其实，在少年阶段，男孩子与女孩子相互喜欢是正常的事情，是青春萌动的必然结果。开始关注异性、对异性有好感是再正常不过的事情。十几年前，听一位心理学家讲课，提到利用欲擒故纵之计解决孩子早恋问题，值得参考和借鉴。

（二）坚守底线

告诉男孩子：如果有女孩子喜欢他，千万不要做对不起女生的事情。比如，不要发生男女关系。我曾经告诉儿子：还记得在初中时提到的那些“小姐”吗？为什么成为失足女孩呢？因为她们在青春萌动时，喜欢上不负责任的男孩子，不负责任的人可能会影响女孩子一生的幸福！我们不能做丧失良心的事情，这是做人的底线！告诉孩子作为男人讲责任，要严以律己，不做不该做的事情，更不做损害他人利益的事情！有的孩子对男女之事好奇心较强，如果加以做人的良知或者底线教育，会对其心理产生较大的冲击，降低早恋的冲动。从近些年早恋情况看，偷吃禁果的年龄大幅提前，家长和老师应加强孩子青春期思想和安全方面的教育。

（三）综合施策

一位朋友的儿子在初中时遇到早恋问题。孩子学习特别优秀，女孩子因为欣赏其学习成绩产生好感，传纸条表达爱慕之情。这位朋友怕影响孩子的长远发展，综合运用方法，取得良好成效，值得借鉴。首先，采用欲擒故纵之计，让孩子对恋爱失去神秘感，让孩子自己感觉谈恋爱没有多少好处。其次，与老师及时沟通，通过老师加强对男、女孩子的监督，及时告知家长孩子的思想动向。比如，告知孩子既然欣赏男孩子的学习成绩，应通过加倍努力获得好的学习成绩，才是正确的道路。最后，和孩子谈心表明态度。如果继续谈恋爱可能会和他妈离婚，孩子会面临家庭破碎、优越感全无的处境。一般情况下，孩子在釜底抽薪之计面前会败下阵来。

六、及时化解孩子的不良情绪

日常生活中，家长不可因为孩子年龄小，轻视或忽视孩子们的观点和认知。

（一）善于发现孩子的优点或缺点

社会上能够发现他人优点和潜能的人不太多，往往以自己喜好评价他人，主动发现他人优点的人更少。家长对待孩子不应简单粗暴。比如，孩子犯了错误，家长应分析是否为真正的错误、为什么出现这样的问题、平时是否给孩子进行了提醒，错误的程度和以后可能造成的影响等，应进行全面分析和科学判断。有些时候，小孩子犯错误可能是探索精神、创新意识和能力的表现，不可一棍子打死。比如，有的小孩子好奇感特别强，喜欢拆卸一些玩具。如果简单地看待对玩具的破坏性，不能看到对未知的探索性，片面地比较玩具价值与探索意识的意义，会作出不科学、不正确的判断。

（二）及时化解孩子的不良情绪

了解孩子的具体情况是基础，及时化解孩子的不良情绪是关键。少年时期的孩子们很敏感，应及时或提前解决孩子们存在或潜在的问题，给孩子思想减压，精神减负，使孩子轻装上阵，茁壮成长。比如，在儿子读高中时的某一天，由于他的思想认知没有得到老师或同学的认可，把不良情绪带到家中，并说："我就是冷血！"听到孩子的话语，我思考片刻，微笑着对儿子说："你不是冷血，你是对不满情绪的发泄！"儿子听到后相视一笑，整个人轻松了不少，家庭氛围也缓和了不少。知子莫如父，我了解自己的孩子，熟悉其特点。他内心阳光，待人热情，喜欢帮助同学，偶尔一次不良情绪，不代表出现了多么大的问题。多年来，我与儿子基本保持并做到沟通无极限，多是了解孩子、理解孩子、尊重孩子、帮助孩子带来的良好结果。

七、妥善处理孩子上“补习班”问题

中学阶段，孩子上补习班司空见惯，比比皆是。但经常参加补习班的孩子，大多学习成绩平平，主要原因是没有掌握学习的方法。

比如，一位亲戚的孩子，在学习方面态度端正，努力刻苦。自升入初中后，每天晚上学习到深夜，暑假、寒假参加补习班，从不浪费一点一滴时间。但由于学习方法和考试方法不科学，直到高三下学期学习成绩仍处于一般水平，预计考上本科难度较大。在高考前两个多月的某一天，给其讲复习方法和考试方法，一个月后的第二次模拟考试，考出高于平时近 80 分的成绩。当年，这个孩子被省内一所本科院校经济专业录取。近期，被某省一高校录取，攻读硕士学位。由此可见，学习方法与考试方法的重要性。在孩子是否上补习班方面，家长应全面认识，综合分析，妥善处理。

一是对孩子的学习态度和学习能力进行科学评估。分析孩子上补习班的原因是什么。是上课时不好好听讲等到补习班去补充，还是孩子学习能力差、底子薄的问题所致？家长应对孩子学习态度和学习能力进行科学评价，重点评价上补习班的原因和效果。如果孩子因为学习态度不好、基础太差，上补习班也不会起到应有的作用。不如想办法端正孩子学习态度，也可以通过留级打好学习基础。有的孩子上课不认真听讲，靠课外补习维持学习成绩，对补习班产生依赖。

二是开办补习班的老师大多水平一般，优秀老师一般不开办补习班。从多年的观察可以看出，挣钱是一些老师开办补习班的初衷，单纯地以做题论做题，不能做到触类旁通和融会贯通，难以提高孩子的学习能力和考试能力。一些老师打着为孩子补习的目的，收取高额费用，但其教学水平真的不敢恭维。

三是科学评价补习班效果。家长应及时、科学评价孩子上补习班的效果，对孩子的学习态度、学习能力和考试成绩等进行综合评价，如果补习班不能提高学习能力或学习成绩提高不大，应及时查找原因，决定是否参加补习。如果孩子平时学习能力较强，心理素质较差导致考试成绩不理想时，应从提高心理素质和优化考试方法入手，保障在考场上稳定或超水平发挥。一般情况下，孩子上补习班不能解决心理素质方面的问题。

四是尽量不让孩子上补习班。在孩子学习方面家长应提前介入，早发现、早预防、早处置孩子在学习方面存在的问题。一旦孩子失去学习兴趣或者学习基础太差，上补习班只会浪费时间、浪费金钱，不能从根本上解决孩子的学习问题。经常上补习班的孩子，大多学习成绩一般或较差，学习成绩良好的尖子生不大上补习班。学习成绩的好坏由学习能力决定，提高学习能力是培养孩子的根本。

八、帮助孩子培养体育爱好

少年时期是培养孩子体育运动能力和爱好的重要时期。体育爱好和能力能够给孩子带来一生的福利。身体是本钱，身体好才是真的好！这个阶段可以带动或帮助孩子培养一至两个体育爱好。从近几年单位新入职的年轻同志看，具有体育爱好或特长的越来越少，单位文化体育活动难以组织，应该引起学校、家长和社会的关注。

多年来，孩子的身体素质、健康体魄固然重要，但在学习成绩面前一切都应主动让路。当然，孩子们打电子游戏占用过多的时间，严重影响身体健康和身体素质。建议家长们主动让孩子在小学时期接触体育运动，利用初中学习任务不太重、学业压力不太大时，培养体育爱好和习惯。在孩子读高中后每天拿出半个小时，用于打篮球、跑步等体育运动。学生阶段是脑力劳动比较集中的阶段，恢复或缓解脑力劳动的最好方法是体育运动。体育运动不仅可以增强体质，还可以提高学习效率，何乐而不为呢？列宁说过，会休息的人才会工作！体育运动对脑力劳动者来讲是最好的休息。

九、帮助孩子建立人生目标

本书提到少年阶段是人们“三观”形成的重要时期。在全民重视孩子学习成绩的同时，应重点帮助孩子树立正确的“三观”，让孩子明确学习的目的和意义，树立人生目标或个人志向。教育的重点是树人，不可让孩子成为学习的机器！不了解孩子的家长不是称职的家长，我们应有意识地帮助孩子思考，如喜欢什么专业，考取哪个大学，选择什么样的人生道路。人生目标可分为短期、中期和长期目标，最基本的人生目标是为社会作贡献，不应纠结于虚名！在学校与专业的选择上，专业比学校更重要。但凡人们喜欢的事情都会产生无穷的动力，喜欢的事情包含着人的天赋，天赋可助推人们走向成功。每个人都有特点和优点，天生我才必有用，关键在于是否选择正确的道路。人在社会上最终靠能力，不论你毕业于哪个学校？选择工作或步入社会前期，名校的光环可能会起到一定的作用，但随着时间的推移，“三观”（人品与志向）与工作能力会发挥最大的作用，成就一生荣耀！

在与孩子共同成长的过程中，应始终讲求与孩子沟通交流的方式方法。在孩子童年时期之前，我坚持以拥抱的方式与孩子交流，短短的几句话语，会产生良好的交流效果。在孩子读高一之后，通过书信与孩子交流。给孩子写信主要基于以下几点：

一是孩子 15 周岁以后，拥有一定的自主思维和行为能力，写信交流具有优势。写信的内容可以涉及对社会、人生的认识和感悟，可以启发孩子有意识地、主动地思考人生。与口头（谈话）交流相比，书信容易保存，信息量较大，写信的内容可以让孩子反复地阅读和思考，增加对内容的理解和掌握。

二是孩子在读高中之后，学习压力和学业任务比较沉重，与孩子长时间交流的机会较少，交流时间难以保证。如果对与孩子交谈的时间和机会把握不好的话，可能会带来不良后果。比如，急急忙忙与孩子谈话，谈话内容、话语、语气掌握不好的话，还可能给孩子带来压力或者让孩子感到唠叨。

三是与孩子交流思想或人生道理，书信交流效果更好。平时不方便讲的话语，可以通过书信表达出来。书信交流比较正式、份量较重，能够引起孩子对交流内容的重视。在与孩子交流思想和方法的同时，让其感受父母的疼爱和家庭的温暖。自儿子读高一开始至高二结束，我坚持每月给孩子写一封信，每封信的主题各有不同，涉及人生目标、学习方法、自我控制、智商情商、健康与养生、执行与自信、包容与尊重、适应与形象等多个方面，并重点介绍认识（理论）和方法。孩子在读高三时没有写信给他，主要原因是孩子在高一、高二时期，已为其系统介绍了生活、学习、人生的一些道理和方法，高三时期孩子全力以赴冲刺高考，不宜打扰。在孩子高三毕业后，给孩子写了一封长信，作为送给儿子的成年礼物。

下面，给大家分享其中的三封信（部分摘录）：

（一）升入高中后的第一封信

主题：谈人生（建立人生座标）

儿子：

你好！

今年，是你人生中重大转折的一年，是多年努力收获的一年，也是对我们家庭特别重要的一年！你被保送就读市重点中学，这是你多年努力学习应得的回报，也是幸运之神眷顾的结果，更是我们整个家庭的骄傲和自豪！不知你是否认识到呢？但从你当时的情形看，你内心是高兴的，再也不用煎熬两个月的时间，做一些看似毫无益处的复习了。祝贺你！你在父母眼里是最棒的！爸妈永远爱你！以你为荣！

儿子，人的一生是短暂的，但对人的潜能和做事来讲又是无限的。在岁月的长河中，不同的人留下了各异的浪花，但总有成功人士成为后人永远的记忆。奶奶常对我说："人过留名，雁过留声"。你想给子孙后代留下什么样的名声呢？在这方面有过思考吗？到了高中，你已经拥有独立的、初步的思维和分析，也到了应该确立人生目标的时候了。就人生目标而言，可大可小、可近可远、可学习、可生活、可身体、可行为，但不可没有目标啊！人只有确立目标，才能使自己的行为更加具有目的性，没有目标也就没有了方向。人的目标主要有以下几种：考上好大学、找个好工作、做研究当教授、做医生救病人、做生意当老板、做平民活自在，等等。不知儿子是否有了人生目标、有了一生的追求！如还没有初步确定的话，应根据自己的情况进行思考，不可无目标生活。人生的目标越早确立，成功的希望就越大。因为有了大方向、大目标，才会根据自己的具体情况分阶段制定小目标，小目标的累积，能为实现人生大目标奠定良好的基础。

儿子，人生也是快乐的！生活是否快乐，取决于个人的心态是否良好，也取决于个人的成败与否。试想，一个不成功的人，他会有快乐的感觉吗？成功者活得有尊严，面前是鲜花和掌声，背后却是满满的辛苦与坎坷。要记住，尊严是人活在世上的第一需求！随着生活条件的改善，你们这一代人不缺吃穿的金钱，不缺消遣的方式，不缺走向成功的资本。但是，在温室中培育的花朵是否能够抵挡外面的风吹日晒，主要看是否足够强大，是否具备抗摔打的能力。在快乐生活中要注重培养自己抗打击的能力。如何培养这方面的能力呢？要时刻牢记自己的目标，为了目标不懈地努力，全面培养适应生活、适应竞争的能力，才能一步步走向成功！人生要做好三件事：一是锻炼好自己的身体，身体是革命的本钱。二是要做好每个阶段的主业，不可不务正业。学生阶段，学习是主业，通过努力让自己学习成绩优异，让主业突出。工作时期，把工作干得出色。人退休了，养好心态，锻炼好身体是对自己负责，也是为家庭和孩子减少压力。三是处理好与周围环境的关系。在学校里要尊敬老师，不论是否教你课程的老师，见到老师要主动打招呼，向老师问好；要团结同学，关心和帮助同学，少与学习成绩差且有不良习惯的同学接触，多和具有正能量的同学交往，并向他们学习；要关心集体，建立集体荣誉感。

儿子，人生应有远大的目标。没有远大抱负的人，不会有大的出息！做男人要有责任心，讲责任担当，一个不敢、不愿担当的男人，不会得到家庭和社会的认可，也注定不会快乐！要不断培育正确的世界观、人生观、价值观，设计好人生的坐标，努力打好每个阶段的基础，搭建好每一个进步的阶梯！你说对吗？

今后，老爸将不断与你切磋处理问题的思路和办法，和你多交流多沟通，充分尊重你的想法，相互学习，取长补短。

祝我的儿子学习进步！天天快乐！

永远爱你的老爸

（二）高一上学期第四个月的一封信

主题：谈控制

儿子：

你好！

最近你回家的次数较多，是天气冷的缘故吧！每次看到你眼睛带着血丝，爸爸心里很着急，更多是心疼，是学习太辛苦了吗？是啊，中学阶段是人们最艰苦的时候，也是最能长知识的时候，中学时候养成爱学习的习惯，对一生都有好处！今年马上就要结束了，我们都要长一岁了。随着年龄的增长，要学会控制！奶奶常说：“到什么时候说什么话，长一岁要有一岁的提高和成绩。”到年底了，回头看看过去的一年，自己有哪些长进，明年在哪些方面应有所收获和改进。

儿子，明年你就要16岁了，16岁对一个人来讲即将成人，法律上也规定年满16周岁要承担法律责任。可以这样说，16岁之前是小孩子，16岁就是小大人了，在成为大人之前，儿子要储备怎样的能力呢？老爸认为：你不是小孩子了，虽然爸爸在你很小的时候就曾对你说：“你不是小孩子了”，那时是想让你早一点懂事，比平常孩子早一些成熟，少犯些错误！其实现在也是出于这种考虑，是应该建立控制意识，学会控制的时候了！

儿子，控制是成功的秘诀！一个人想要成功，是不会脱离控制的。记得外国一位总统说过，人的一生应在控制中度过！一个人的控制力（也被称为定力）是成功的关键。凡成大事者，其控制力都是超常的！肯尼迪家族的人叱咤美国政坛多年，其家族成员控制力大都是很了不起的！据说，他们在吃饭时从不说话，平时从不放纵自己，从不表露自己的感情，那是培养政治家的环境！爸爸不想让你成为政治家，但也不想让别人笑话！人的一生无拘无束的生活，只能存在于无意识控制之前，自从上了幼儿园，人就应该懂得控制，慢慢学习控制了。否则，将无法融入团队之中，更无法融入社会之中。不愿控制和约束自己的人，不会被社会认可，因为社会有社会的法则！人们只有按照社会法则约束和控制自己，主动适应社会才不会被社会抛弃！

怎样控制自己呢？要一点一点地积累，一步一步来！一是控制之功力来自平时。从每天的日常生活和学习中学习控制。想要控制，首先要明白控制什么，控制的标准是什么？在学习阶段，学生守则就是控制的目标和方向。热爱祖国、好好学习、关心集体、尊敬师长、全面发展，等等。围绕这些方面，做好这些方面，在老师、家长、同学眼里是一个好学生，就是学会了控制。二是控制之功力来自总结反思。总结反思是控制的最好帮手，总结反思可以不断提高自己的控制能力和控制效果，也是人一生都不可缺少的好办法。喜欢总结、会做总结、又能通过总结反思并不断提高自己的人，一定会获得成功！总结反思可以让人少犯错误或不犯错误！

儿子，控制是全方位的。就个性而言，你不大喜欢控制自己！爸爸也是一样，其实80%的人都是随性的，这也符合人的本性。不愿被束缚！在高中之前，由于社会角色比较单一，人处于幼儿、童年、少年阶段，人的控制能力较弱，社会对这个阶段的孩子关注度不够，容忍度较高。只要学习成绩良好，就会被家长、老师捧得很高，被看作好学生、好孩子，老师、家长都会为其骄傲！但是，到了高中阶段就不一样了，特别是16岁以后，人的社会活动不断增加，同学之间的交往也会增加一些实质性内容，思想意识更加活跃、更趋成熟，人的自尊心也表现得越来越明显。社会对你们的要求也会越来越高，如果不能学会控制的话，会被当作问题孩子，不会被认可。控制又是全方位的，控制贯穿于学习、生活、工作全过程，控制存在于言行、思维之中。控制有益于形成好的习惯和优点，从现在开始，儿子要懂得学会控制了，从一言一行、学习和生活、校内和校外，脑子要有根弦了！要想着这句话："到了该控制的时候，一定要控制得更好!"因为，你在老师和同学们眼里是优秀的，在爸妈心中是最棒的！

儿子，不要认为控制自己很累且没有快乐！其实，控制自己与幸福快乐并不矛盾。控制无限，快乐无穷！在学习方面控制得好，学习成绩优异，会得到爸妈、老师、同学的赞许，鲜花掌声均属于你！爸妈、老师以你为荣，你也会感到快乐吧！在团结同学、待人接物方面控制得好，赢得老师、同学、邻里的赞扬，你也会感到快乐吧！锻炼身体方面控制得好，多进行体育锻炼，身体强健，体育成绩优秀，有男人风范，吸引同学眼球，在同学们心中是他们的偶像。少生病，爸妈少担心，你也会感到快乐吧！可以看到，只要想着去控制，愿意去控制，就一定会做出成绩，就一定会感到幸福快乐！如果养成控制的良好习惯，在各个方面去努力控制，你将会是一个非常完美、受人尊重的人。当然，也一定是成功的人！

儿子，爸爸在你成长过程中做了一些事情，窃以为做得还算可以。在你面前，从不拿你的缺点与别的孩子的优点相比，给予你足够的尊重，帮助你拥有自信，让你在成长中改进自己，丰富完善成为一个佼佼者！和其他孩子相比，儿子已经走在前头，和亲戚家孩子比你更是非常的优秀。爸妈始终以你为荣，为你骄傲！永远是你坚强的后盾！

儿子，一个懂得控制的人是用心的人，在平时会主动观察自身和别人的缺点和长处，记下周围人和物的细微变化，不断地学习、提高，并努力改进自己。学会控制会让你成为一个全面发展的人！国家强盛体现在综合国力，一个人的魅力来自全面发展。对一个人来讲，一生能在一个方面作出突出成绩已不同寻常，如果能在多个方面有所斩获，儿子将是一个伟大的人！我相信儿子的能力，更相信你的潜能。学会控制，身体力行，不断通过学习和控制，达到自己设定的目标，品味控制带来的幸福和快乐！

儿子，新的一年就要到来，祝我的儿子在新的一年里身体健康，心情愉快，学习进步！

永远爱你的老爸

这封信，我思考了很长时间，这封《18岁》信件，是送给孩子的成年礼物。对前期的生活和学习以及父爱作个阶段性的总结，也是仪式感作怪吧！每个家长都不容易，应坚持每个阶段让孩子感受到对他（她）的疼爱和关心，感受到家庭的温暖和人间的温情，促进孩子与家长的沟通和理解，给下一代培养和教育留下点滴家庭文化。

（三）在儿子18周岁时的一封信（作为成年礼物）

儿子：

你好！

今天，你正式18岁了，长大成人了，爸别提多高兴了！祝贺你！弹指一挥间，从7斤4两的婴儿长到近一米九零的大个子，你出生时的情景还历历在目，我还依稀感受到在市立医院产房外，因过度担惊受怕而咚咚的心跳。时光荏苒，岁月如梭，转眼你已长大成人，时间过得真是太快了。

儿子，18年来，你给我们家带来了无尽的快乐、幸福和希望，爸一直以你为荣！自幼儿时期，你就是一个聪明的孩子，也是让人省心的孩子，你超越常人的智商，成就了你十几年的辉煌！不知多少人赞赏、羡慕你的聪明和较高的天赋，老师、同学、亲友说起你来都眉飞色舞，讲起你的聪明总是津津乐道。你在少儿时，曾获得市书画比赛特等奖，从小学到初中、高中，学习一直在级部名列前茅，而且多才多艺，全面发展。在大多数家长、老师、同学们看来，是多么的优秀啊！与那些不努力学习的孩子相比，爸妈又省了多少心啊！谢谢你，爸何德何能拥有你这么优秀的孩子！感谢上苍，给予我们一个如此优秀的儿子！

儿子，出生在我们家可能会影响你一生的前程。因为我们家思想过于传统，爸妈的水平和各方面的条件很一般。你智商较高，个性较强，你喜欢无拘无束，喜欢不拘一格，你喜欢畅所欲言，喜欢攻关克难，你喜欢在课堂上不受老师的束缚，不喜欢条条框框的约束。也许，你比较适合大城市优良的教育环境，你可能更喜欢国外那些教育方式，那里可能更能启发你的思维，发现你的优点，挖掘你的潜能。记得你刚升入高中时，曾给我说过的一句话："爸，别让我学习太努力，我不喜欢当学霸，高一用70%的努力，高二用80%的努力，高三用90%的努力。"你做到了，而且做得很好，即使你没有使出全力，你的成绩也一直名列前茅。为考上好大学，高三你付出了100%的努力。平时，爸虽然嘴上不说，但都看在眼里记在心里。今年你考出近700分的高考成绩，是对你多年努力的回报！十几年来，我的孩子不容易，越来越懂得人生道理，越来越努力，越来越成熟！一点一滴的成长，爸都感到欣慰！18年啦，现在回想起来，那些点点滴滴、琐琐碎碎的事儿，仍能让爸清晰地记起，仿佛是在昨天。

忘不了，1997年的冬天，我们住在拥挤的单身宿舍，房子里因没有暖气而用电炉取暖，有天夜里你从床上滑到地上，小脸差点就趴在火红的电炉子上。我惊醒后把哭泣的你从地上抱在怀里，眼里含着泪水，幸亏啊！从此，再也不敢让你睡在床边。每每想起，自责总刻在心里。

忘不了，1998年的夏天，我们有了自己的房子，你刚刚蹒跚学步。有一天，我在看电视，妈妈在洗澡，你哭闹着找妈妈，我不耐烦地将你放下，结果你脚下一滑，直直地向后倒去，摔到后脑勺。当时，我害怕极了，孩子的头摔出问题该怎么办呢！这事后，在照顾你方面，我不敢再任性偷懒。

忘不了，1999年的秋天，你喜欢在咱家阳台上边吃饭、边看飞来飞去的鸽子，更喜欢我抱着你做往楼外扔的动作，有一次在不经意间打开了阳台窗户，后来想起特别害怕，一旦失手该如何是好呢？以后，这样的危险动作，不敢再做！

忘不了，2000年的冬天，快过年了，我带你去单位加班，不经意间，你站在我桌前拖动鼠标，将我正处理的文件隐藏了起来，我很着急，责备了你。一转眼，发现你不见了。后来，发现你躲在办公桌下面，你站在桌子下怔怔地看着我，两只手左右伸展着，像一只受气的小企鹅，真是萌翻了天。也忘不了那年“五一”，我带着你去河南旅游，住在我一个同学家里，你为了逃避上幼儿园，央求妈妈长住那里不再回家。

忘不了，2001年的秋天，我骑自行车带着你，你的一只脚被卷进自行车后轮，我感觉不对劲马上下车，把你的脚从后轮中拿了出来，带你到附近的医务室观察。你一路哭啼一路埋怨，直到在医务室的叔叔阿姨面前，还用小手指着我说："让你停你不停，呜……让你停你不停，呜……"引得叔叔阿姨们大笑不止！我可爱的儿子啊，把你的脚蹭掉一点皮，爸爸好心疼！也忘不了我俩在家属院内老人们的门球场上，骑在场边的矮墙上面玩坐火车游戏，你在前爸在后，你喊着"喂哇、喂哇、喂哇，爸爸到哪儿了？"爸说"到北京啦"；"喂哇、喂哇、喂哇，爸爸到哪了？"爸说"到上海啦"……现在想起来，真想再回到从前，多么幸福啊，幸福得想落泪！更忘不了，冬天来了，为了第二天能穿上暖和的衣服，你撅着小屁股费劲地向暖气片里塞棉袄棉裤的情景，而且，边塞边嘟囔着我们听不清的话语。太可爱了，我的儿子！

忘不了，2002年的夏天，爸爸去×县工作，每周回家一次，每次回来你都特别高兴，每个周五下午不管是在幼儿园还是在家里相见，你总是高兴地扑倒在爸爸怀里，父子情深啊！爸爸又何尝不在日思夜想自己的宝贝儿子呢？也忘不了那年冬天，快过年了，我带你到购物广场参加市少儿书画大赛，你趴在地上作画的姿势和神态，爸一辈子也不会忘记。记得那次活动一等奖的奖品是洗衣机、二等奖的奖品是电饭煲、三等奖的奖品是电熨斗。之前，你曾获得多次一等奖和二等奖，可那次你获得了三等奖。走在回家的路上，爸推着车子，你坐在车的后座上，怀揣着电熨斗，对我说："爸爸，得个电熨斗挺好的，咱家正好缺少一个电熨斗呢！"此时，爸爸没有因你没获大奖而遗憾，内心却感到非常欣慰，我的儿子太懂事、太可人了，幸福感笼罩全身！

忘不了，在小学时，你的聪明、调皮。记得你一位老师曾说的一句话：如果我的儿子能有你儿子一半聪明，我也知足了！记得你二年级时，有段时间经常往家里拿一些整排的持枪小人（玩具），我心里想自己的孩子从不乱花钱，从不从家里偷偷拿钱买东西。后来，你妈到学校门口小卖部询问才了解到，你把打扫卫生时捡到的五十元钱没有上交老师，而把钱全部放在学校对门的老太太那儿，用来买玩具。你妈把那老太太数落了一顿，爸也感到孩子的生存环境不好，有的家长对自己的孩子太疏于管教！从此，我对你的教育更加用心，你的一言一行都看在眼里。还记得，你在小学时的富态，陪你打篮球也没能让你瘦下来，想起你当时胖胖的样子，总会让我开心一笑！儿子，知道为什么吗？因为你自小时候开始，喜欢被爹妈抱着，自己活动得太少了！

儿子，初中是你重要的转折点，顺利度过了人生叛逆期，并一步步走向成功。从初一时的默默无闻到被保送至市重点中学，你完成人生第一次蜕变。记得你初一时开始注意自己的外在形象，每天早晨都要洗头、刷牙，而且有意识地控制自己的饭量，身材也越来越好了。初一时，你的学习成绩还不是那么突出，先是前五十、后是前三十、二十名，初二曾获得级部第二名，从此奠定了你在初中级部的位置，为保送重点高中奠定了基础，也为今后的学习积累了信心。

儿子，初中是你变化最大的一个阶段，从一个小学生变成一个小大人，你感觉自己懂得不少了，开始对身边的人，特别是对大人们的话越来越听不进去了！你在青春期时的冲动，给爸爸提出了挑战，我想尽一切办法影响你、扶正你，和你讲过的那些话语没有忘记，那是共同成长的花絮，爸累并快乐着，又怎么舍得忘记呢？你对老师的认识依然没有多大的改变，对老师的付出依然没有正确的对待，师长之恩情，我们应一生珍惜，永不忘记！从内心里感谢老师们为你付出的努力和牺牲吧！

儿子，初中时你开始对自己进行掌控，虽然还不太完美。你懂得不与坏孩子接触，看见坏孩子躲得远远的。你知道关心堂哥了，时不时地想起他，和他一起打篮球。你懂得尊重邻居和门卫，家属院里好多人都夸你懂事。你懂得与同学搞好关系，与学习好的同学成为铁哥们。虽然还不懂得学习的重要性，没有深刻认识为什么学习，但学习努力程度不断增强。那个阶段，在其他孩子不与家长交流时，你仍是愉快地敞开心扉向爸妈诉说，也成就了你豪爽、外向的性格。儿子，还记得那年5月份吗？从学校接你回家，我们与一个骑电动车的小青年相撞，虽然过错在于小青年一方，但你过去安慰他，并向我要钱送他到附近的医务室包扎。那天，爸爸虽然没有表露什么，但心里是高兴的。你的情商开始显现，懂得换位思考，内心充满善良！儿子，当时我在想，你的智商足以让你成才，如果再付出努力愿意培养、提高情商的话，你的生活会更加幸福完美，事业也一定前途无量！

儿子，高中阶段你变得更加成熟。在学习上，你不喜欢死读书。你曾说过，等到高三再努力学习。我想只要学习成绩不是太差，能够快乐就行了！三年过来，你还是比较快乐的，在家能经常听到你的歌声。虽然如此，你还是不断给爸一些惊喜。高一时学习成绩在级部前五十名。高二时进入前五名，并当上宏志班班长，担任校学生会重要职务，获得省级优秀学生干部荣誉称号。高三时，你多次考试在级部排名第一，爸爸为你高兴，以你为傲！你的潜质和能力促成你想学就能学好，想干就一定能干好！怪不得你的老师、同学和家长夸你最有潜力，进入大学，走向社会，你一定会有出息！

儿子，高三是你多年来学习最用功的一年，看到你学习到深夜，爸爸在楼下心疼地睡不着觉！你是一个信诺言、敢担当、掌控能力强的孩子。现在想来，如果你自高一时努力学习，可能会有更好的结果！高三这一年，也是爸爸最煎熬的一年，想着给你创造最好的环境，不分你一点心！好多事情都顺着你，不与你争执，让你把心思都用在学习上。一切为了孩子啊！儿子，还记得高一、高二时爸爸给你写的那二十几封信吗？写信的目的在于你进入高中后，身体、思想等各方面会有大的发展和变化，用这些信影响你对一些事情进行思考，在智商和情商提高方面对你有些帮助！记得在第三封信时，你说的那句话："爸爸，这个方式还不错，我能经常看看，提醒一下！有句话写得很好，把我多年的困惑消除了！"看到你在爸爸给你的信上圈圈点点，我很高兴！去年 10 月份，你曾给我说："只要学习好，其他的就不用管！"听到这句话我很着急，用心教育的孩子怎么会这样呢？学习成绩好只是一个方面，除学习之外还有很多更重要的事情。这句话萌生了我为你写书的冲动。我用一个多月的时间，写了《闲来空谈》这部书稿，希望你以后用心读一下。记得前几天，你对我说：人生最难做的是"分寸"！你说的很对，爸为你感到欣慰，你在一些方面已经超越了这个年龄段的孩子们。是啊，人的一生都要与"分寸"打交道、作斗争！不管是做人还是做事，都离不开它！控制好了什么事都能成功。反之，将一事无成！

儿子，还记得经常对你提及的那句话吗？奶奶常对我说："你十二三岁，就到城里上学，一辈子能见几面啊！"我去离家近 25 里路的县城读书，交通不便必须住校，有时候两三个月才能回家一趟。所以，我每次回家，都很珍惜与父母、兄弟姊妹在一起的时间。真的如此啊！回家的次数是可以数过来的，和家人团聚的日子是可以数过来的！要对人讲感情、对亲人讲亲情啊！人在小时候总盼着快快长大，父母年轻的时候也盼着孩子们快快长大，同时，也不愿孩子长得太快，孩子长大了，父母也老了。孩子长大了，像小鸟一样翅膀硬了，飞走了，飞远了。老人的心啊，也好像被掏空，跟着远去了……长大的孩子像高空的无线风筝，曾经的捧在手心，变成总想攥在手里，自己的孩子身在何处，父母的心也必定前往，断不了的牵挂，断不了的思念，断不了的情感，少不了的日思夜想，少不了的担惊受怕啊！

人是自私的。记得一位白发苍苍的母亲曾说："自己的孩子别太优秀，优秀的孩子是给国家培养的，给别人培养的，不是自己的！"爸爸不这样认为。孩子有出息，首先是孩子的福气，一辈子不再为生计操心，可以体面地生活，起码在精神上是富足的，心情是愉悦的！在这个世界上谁不想过得更好一些呢？谁又不想出人头地啊?！其次，优秀的人是家庭、家族的荣耀。自己家的孩子有了出息，整个家族甚至是亲戚邻居都会感到脸上有光，更何况父母呢！当然，也会给社会传递正能量，带动身边的人刻苦学习，努力工作，为国家、为社会、为他人作出自己的贡献！儿子，请放心，不管你走到哪里，不管在什么时候，爸都会以你为荣，永远做你坚强的后盾！放心去干吧，好好努力吧，爸不会扯你的后腿！

儿子，过去的18年，你表现得相当优秀，是家长、老师、同学们眼里的佼佼者，师长和同学们对今后的你有着更高的期待和希望。因为，你是一个全面发展的孩子！在今后的生活和学习中，你要努力保持每天有个好心情，学会欣赏每天的夕阳，期待次日的阳光。你会实现一个个目标，当然，也会遇到一个又一个的困难，压力人人有，关键是如何将压力变成动力，将动力化解成办法，将办法演变为成功。其实，目标的大小与压力的大小不成正比，有了正确的思路和办法，不仅会有效地释放减少压力，还会从中收获最大的快乐。儿子，要学会如何通过办法排解压力达到目标。

儿子，为了应对以后的事情，爸给你提几点建议：一是坚持先做人再做事，一定记住先把人做好。这是我们家一辈子的坚守，更是家族几辈子人的基本原则。二是要用长远的眼光看问题，用辩证的眼光看问题。遇事前后左右多想想、多看看，不可钻牛角尖，更不可任性。三是遇到困难不要怕，不轻言放弃，更不能被困难压垮。只要精神不滑坡，办法总比困难多，要学会用一些正确的办法克服困难。困难和坎坷是每一个人必须经过的，不能吃苦的孩子，不经过困难历练的人，是不会成功的，当然，也不会拥有完整的人生。人生的困惑，生活中的困难和委屈，是来考验和帮助我们的，解决了困难，减少了困惑，你的能力就会提高。在大学中要注重全面发展，尤其是提高处理复杂问题的能力，为走向社会积蓄生存的本领。四是少说话，多做事。今后说话不可太直率，做事不可太轻率，尤其不要说可能会伤害他人的话语。我们家的人大多心直口快，是优点也是缺点。说话前要经过大脑，做事前要考虑结果和效果。优秀的人常遭嫉妒，一定要学会隐藏自己，保护自己。五是要善于思考和总结。要养成总结的习惯，每天睡觉前想一下当天的收获和失误，每周至少让自己静下来几个小时，把自己悟出的道理记下来，把下步打算和办法写出来，这对一生都是有用的。一个善于总结和反思并不断改进自己的人，一定会取得成功。六是要有团队意识和集体荣誉感。凡事不可太自我，要学会融入集体中。要与人为善，多为他人着想，多想想他人的不容易。大学生活中会遇到不同省份的同学，不同的文化和习惯交汇，要学会接受、适应和改变。在某些时候，既然改变不了别人，那就改变自己吧，对同学特别是亲近的同学，要学会体谅、宽容，相互关心，共同学习、提高、进步。七是要学会“舍得”。人生的目标不可过多，人的精力有限，能抓住几个主要目标就足够了，比如把自己的身体照顾好，把自己的学业搞好，把与老师、同班级同宿舍同学的关系搞好。根据自己的实际情况，可以多参加学校、班级组织的一些专业活动、课外实践活动。一些无关紧要的事情，尽可能不要去做，不要浪费自己的时间。八是做事情一定要有耐心，不要怕麻烦。我在去年2月份给你的信中专门提到这一点。没有耐心什么事情都做不好，特别是在身体健康和与人交往方面，一定要有耐心。人只有拥有耐心，心态才不会浮躁。切记！切记！

人生漫道真如铁，而今迈步从头越。18岁是人生的新起点，具有里程碑的意义。从法律上讲，从此就是完全行为能力人了，要对自己的行为负全部法律责任。从家庭上讲，就要离开家庭独自闯荡了，自己今后的路怎样走，不能再靠父母了。从个人方面讲，作为成年人，要不断地成熟，考虑问题不能再像个孩子，不可再有孩子气。但是，对我们来讲，你永远是父母的孩子，不管今后在学习和工作中遇到怎样的困难或问题，生活中受到怎样的委屈，父母永远为你解忧排难，永远是你坚强的后盾！儿子，今后还应保持原有的好传统，与父母多联系、多交流、多沟通，让父母在幸福中享受你的成长！分享你的快乐！

今天，就说这么多吧。请别嫌老爸啰嗦！前两天，听了你讲的一席话，老爸感到自身存在很多不足之处，应向你学习，爸爸会努力的！

祝我的儿子永远身体健康！幸福快乐！

永远爱你的老爸

第四节　培养孩子容易出现的问题

一、忽视自主能力的培养

少年阶段是孩子思维能力和行为能力提升的关键时期，应加强思维能力的培养，锻炼和提高行为能力。一些家长忽视对孩子思维和行为能力的培养。比如，在高中阶段不洗衣服、不做家务的孩子比比皆是。甚至，有的孩子吃饭还需要家人为其放好碗筷。有的家长过于担心孩子安全，每天接送孩子上下学，不让孩子骑车去学校（我国《道路交通安全法实施条例》规定，12 周岁以上的孩子可以骑车上路），让孩子失去锻炼和提高自己的机会。有的老师唯分数论，给学生灌输“只要学习好，什么都不用管”的思想。

在孩子少年时期，家长应把孩子当成小大人来看待，应尽早、科学地给孩子提供锻炼能力的机会，帮助孩子培养自主意识和能力。一是充分发挥孩子的自觉性和主动性，促进全面健康成长。俗话说，穷人的孩子早当家，为什么早当家呢？是迫于生活的无奈，过早地承担了家庭和生活的压力。早当家好处多多，锻炼的机会增多，成熟也会提前。二是品味生活与体会社会。通过多行动、多经历、多思考，对其成长会产生积极的意义。三是对孩子早一点放手，可以帮助孩子形成良好习惯，培养对个人事务和家庭责任的担当意识，将责任与义务根植于心。让孩子自己的事情自己做，家庭的事情抢着干。

二、习惯性地辅导孩子作业

学习是孩子分内的事情，家长无辅导或检查孩子作业的责任和义务。辅导孩子作业或检查孩子作业，容易让孩子形成依赖心理，对提高学习能力产生不利影响。有的家长不注重提高孩子的自学能力，为了辅导孩子学习，自己努力学习各学科知识。看似对孩子负责，却不懂得学习的真谛。我们应分清哪些事情可以代劳，哪些事情不可以代劳！培养孩子的根本目的在于做人做事能力的培养。少年阶段，孩子的行为能力已经相当强大，应放手让孩子去实践、探索、锻炼。比如，霍去病 19 岁时，被封为骠骑大将军，是西汉杰出的军事家、著名的爱国将领、伟大的民族英雄。自古英雄出少年，少年时期的培养相当重要。

三、与孩子交流未能与时俱进

一些家长除忽视孩子自主能力培养、不能提高孩子学习能力之外，还存在与孩子沟通交流不畅问题，主要原因是未和孩子一起成长。比如，依然把孩子当成小孩子（童年期孩子），没有用心观察孩子生理和心理的变化，不了解孩子认识事物和处理问题的具体情况，不掌握孩子的优点和短板，更不清楚通过什么方法让孩子更加优秀和完美。表现为在与孩子日常沟通和交流时，对交流的内容和分寸把握不够，出现交流或沟通障碍。记得一位同事曾讲到，自孩子读初二以后，基本上不与其交流，感觉与孩子渐行渐远，内心很是失落。一些人在与孩子交流中出现“无从下口”的问题。主要原因是不了解孩子，未掌握与孩子交流的方法技巧和语言艺术。

那么，如何与孩子进行交流呢？建议做到以下几点：

首先，应尊重孩子。包括说话的语音语调，切忌居高临下。孩子不是家长的私有财产，应充分尊重孩子的人格和尊严，更不能对孩子喝来唤去。这里讲的尊重，还包括对其生活和学习、行为能力的认可。对孩子已经达到的能力不认可或对孩子获得的成绩不予理睬，会对孩子造成心理伤害。

其次，关心孩子心理需求。家长在关心孩子的基本生活之外，应该更加关心孩子的心理和内心情感的变化。作为家长应详细了解孩子每个阶段的特点及具体情况，提高与孩子相处的质量，努力降低好心办错事的概率。在孩子 0～6 岁的培养方法中提及观察法，应观察孩子的一举一动，进行加工分析，掌握孩子的心理状况。另外，少年阶段的孩子心理活动更活跃，观察孩子不可表面化。应结合孩子的具体表现进行分析判断。

最后，传授生活、工作和学习的经验和方法。与孩子交流，除让孩子在享受亲情和家庭温情之外，家长答疑解惑传授方法，是给孩子最大的福利。

综上，提高孩子的综合能力，做好第一任老师（也可能是终身老师），增加孩子与家长交流时的体验感、获得感和幸福感！增强孩子与家长交流的主动性和积极性，应作为与孩子交流的初衷与归宿。在每个孩子心中，父母都是神圣的，期待父母成为最优秀的父母，能够带给他（她）们足够的荣耀，这是自尊心的需要，也是人性的需求。所以说，作为家长，我们应以身作则，努力提高自已，成为孩子的良师益友。

四、对孩子“三观”的培养不重视

少年时期是“三观”建立的关键时期。孩子对好与坏、对和错缺少鉴别能力，自我控制力较弱，比较容易学“坏”。比如，有的孩子在少年时期步入社会，如果与具有不良习惯的孩子交往，很容易学“坏”。在学习成绩过度看重的社会，对一些学习成绩较好的孩子，不注重对“三观”的树立，可能会存在“一好遮百丑”的问题。忽视孩子正确“三观”的培养，可能会导致孩子自私、任性、独行，应引起高度重视。同时，应关注孩子的同学或朋友圈子，注意观察孩子日常的言行表现，防止交友不慎出现风险。

五、对孩子的性格纠偏不够重视

少年时期，孩子的性格完全展现，发现性格问题应尽早介入及时解决。在观察和认识孩子性格问题方面，可以参考本书童年时期的情商部分，加强孩子性格引导、培养或纠偏，这里不再多谈。针对孩子过于内向和外向的性格，可以适时加强调节和控制。同时，应关注孩子的心理问题，促进孩子心理健康。

六、补习班或兴趣班过滥

大多家长存在从众心理或“不吃亏”思想，看到或听到别人孩子上了补习班或兴趣班，如果自家孩子没上补习班，感觉孩子“吃亏”，这是不理性的行为。主要原因是对孩子的天赋和优点了解不够，不能科学对待孩子的人生走向。有的家长不能客观分析孩子的具体情况，甚至不顾及孩子的感受，让孩子在兴趣班和补习班之间游走，让孩子失去生活的快乐。过多的兴趣班或补习班，不仅造成金钱的浪费，还会牺牲孩子的宝贵时间。关于素质教育，一些家长认为，孩子多几个特长即为素质提高，这是不正确的。个人认为，素质教育是对孩子综合素质的教育，从“做人”的思想境界、道德品德、心理健康及“做事”的学习能力、思考能力、行为能力的综合培养和教育。素质教育首先是对“做人”（德）的教育，做人方面如果没有教育好，其他皆等于零。其次是“做事”（才）的教育。常言道：有德无才会误事，有才无德会坏事，培养孩子应德才兼备！

第五节　对培养孩子的理论探讨

一、自我教育决定人生成败

从教育作用及类型划分，教育可以分为以下四类：家庭教育、学校教育、社会教育和自我教育。家庭教育是基础、学校教育是补充，社会教育是完善，自我教育是关键。外因通过内因起作用，自我教育是内因的表现。比如，同一家庭培养的孩子，接受同样的学校教育，其“三观”、品行、能力、成绩等可能相去甚远，这是自我教育不同导致的。孟子曰：“天降大任于斯人也，必先苦其心智，劳其筋骨，饿其体肤，空乏其身，行拂乱其所为，所以动心忍性，曾益其所不能。”从某种意义上讲，上天对待每个人是平等的。对一些家庭经济条件较差或“出身”不是很好的人来讲，老天给予艰难的环境和较差的条件，在于考验其内心，锻炼其心志，增加其历练！我们不可埋怨天地，没有谁能随随便便成功！如果年轻时不能发愤图强或经历磨难，你的人生将一事无成！常言道：“自古英雄多磨难，从来纨绔少伟男。”

加强自我教育首先应见贤思齐，传递人生和社会正能量！见贤思齐内容广泛，涉及方方面面。努力学习和坚持传递正能量，即做到见贤思齐。比如，看到他人刻苦学习、努力工作、孝敬老人、尊重他人、勤俭持家、关爱社会弱势群体，等等。应向他人学习并认真做到身体力行，不可停留在表面或口头上。其次，加强自我教育应建立责任意识。应做一个对自己、对家庭、对子女、对他人、对社会讲责任的人。否则，人们一旦缺失责任心，将成为自私的人，不被家庭和社会认可。在艰难困苦面前，不是所有人都能够做到撑得住压力、受得住委屈、守得住清贫、耐得住寂寞、经得起考验，大浪淘沙，扛过去的人，坚持到最后的人，才会成功！千淘万漉虽辛苦，吹尽狂沙始到金。加强自我教育的人，能够达到个人修行的最高境界，实现终极的人生梦想！

二、“逆反”不是孩子的问题

前面提到孩子逆反问题，也作了原因分析，为什么还要重复提及“逆反”这个话题呢？主要目的是让家长们高度重视孩子逆反问题，提高对孩子逆反的认识，帮助顺利度过逆反期，让孩子少犯错误，不留遗憾。多年以来，在孩子“逆反”方面，家长和社会给孩子贴上了问题标签。上面已经提到，孩子逆反产生的原因来自生理因素、心理不成熟及家长、老师不理解。如果明白孩子的特点和心理需求，改进培养与交流方法，给予孩子及时的帮助，逆反会消失或者不出现逆反现象。

比如，在孩子 10 岁时，参照 14 岁孩子认知能力进行培养，孩子认识能力达到一定程度或心理成熟后，不会出现“逆反”现象。再如，孩子在说出不尊敬家长的语言、做出不合时宜的事情时，家长或老师如果掌握正确的方法，让孩子学会换位思考，能够起到缓和关系、减少不良情绪的作用。孩子“逆反”是因内心诉求和心理需求得不到回应和满足，而采取的消极做法。建立和孩子沟通的良好机制，孩子一般不会出现逆反。帮助孩子顺利度过逆反期相当重要，一些人走向社会后消极怠工，甚至一辈子不务正业，这是青春期“逆反”的延续。家长应尽家长之责，做到真正了解孩子、尊重孩子，在培养孩子方面多一分用心、少一些简单粗暴，不断提高自我管理能力，为孩子健康成长营造良好环境。

三、健康的家庭优于健全的家庭

为什么提这个话题呢？一段时间以来，中国家庭离婚率不断攀升。离婚对家庭的破坏力不言而喻，也增加了社会不稳定因素。离婚的原因多种多样，但主要由夫妻双方缺少责任心、事业心、不能共同提高、感情基础不牢固所导致。近几年来，一些单亲家庭或离异家庭的家长，在分析孩子不够优秀时，将原因归结为家庭不健全。认为孩子在成长过程中缺少家庭的温暖或缺少父爱（母爱），未对孩子的天赋、性格、能力等方面进行分析。

个人认为，健康的家庭优于健全的家庭。一是从不健全的家庭走向成功的人，比比皆是。比如，历史上的伟人，老一辈革命家小小年纪，就早早投身革命，能够得到多少家庭的温暖呢？甚至有的人父母早早去世，又有谁能够得到父爱或母爱呢？二是兄弟姊妹多的家庭，孩子普遍缺少父爱或母爱。比如，20 世纪六七十年代出生的人，兄弟姊妹比较多，父母为了生计疲于奔命，年龄稍大的哥哥姐姐照顾弟弟妹妹衣食住行，大多也能够健康地长大成人。当然，兄弟姊妹之间却很少提及缺少父爱或母爱的话题。三是年轻孩子多为独生子女，集千般宠爱于一身，鲜有吃苦受罪，缺少拼搏精神，养成了自我、任性、脆弱的毛病。孩子不够优秀和家庭健全与否关系不大，应从其他方面寻找原因。四是一些健全的家庭中存在家暴、负能量、简单粗暴地对待孩子等问

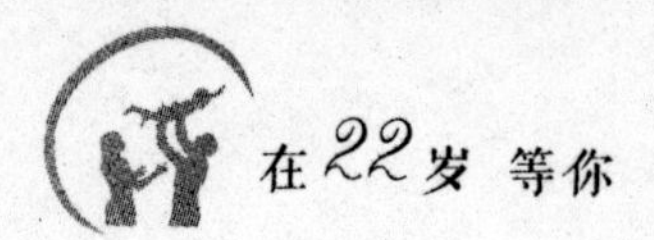

题。孩子生活在缺少正能量的家庭中，不会茁壮成长，还可能养成一堆坏毛病。相反，一些出自单亲家庭的孩子，在爸或妈的培养下，走向成功的也大有人在！对单身男女而言，结婚不一定为了追求幸福，但对想从不和谐家庭中走出来的人来讲，离婚一定是为了追求幸福！

这里谈及健全的家庭不如健康的家庭，主要目的在于不能让家庭成为单亲家长对孩子放松管理的理由，更不能成为孩子不努力学习和提高的借口。即使缺少家庭的温暖，在18岁以后也应懂得人生道理，应该把缺失的疼爱通过努力去弥补，增强战胜困难的勇气和动力，让内心更加强大，活出更加精彩的自己！常言道：人生总有苦难日，权当风雨来磨炼！

四、以君子为荣，以小人为耻

自小时候开始，父母就教导我们说实在话，做老实人！但坚持一辈子把人做好难度相当大。几千年来，小人层出不穷，这是人性的阴暗所致。我们在加强自身修养，坚持做君子之时，应避免小人的祸害。君子与小人的区别在于君子知廉耻，守敬畏；小人做人无廉耻，做事无底线；君子周而不比，小人比而不周；君子喻以义，小人喻以利；君子坦荡荡，小人长戚戚。

小人主要有以下几个特点：一是唯利是图，不择手段，心狠手辣。二是心胸狭窄，睚眦必报。三是做人无原则，做事没底线。四是善于伪装，颇有城府，脸皮厚心眼黑。同时，小人也可以分为以下几个类型：一是阿谀奉承型。二是过度嫉妒型。看到他人比自己优秀，不能积极学习努力迎头赶上，而是用诋毁、贬低等手段打击他人。三是忘恩负义型，以怨报德。

那么，我们如何提防小人呢？一是首先要看清小人。根据小人的特点，观察识别小人。二是与小人少接触或不接触，以防被小人算计。少接触不是不与小人打交道，打交道时应万分谨慎。三是大家共同努力让小人失去生活土壤，是对付小人的最好办法。四是以“感谢小人”之心解闷减压。当然，在与小人相处时，我们应学会做事的缜密，在防范小人时能力也会不断提高。在成长过程中要知荣知耻，不断提高加强自我修行，做君子留美名，即使不能成为伟人，也不要成为庸人，更不能做“小人”！这是“做人”的底线。应经常对照“小人”的特点检讨自己，是否做到弘扬正气、坦荡做人，要留一份清白于人间！

第四章 青年时期

本部分讲的青年时期，是指自 18～22 岁，与孩子们大学时期基本吻合，属于青年阶段的起步期。为什么谈青年时期的教育呢？常言道：扶上马，送一程。孩子升入大学后，由于缺少人生阅历，思想观念还处于基础阶段，能力还存在欠缺。如果不能继续加强教育，可能影响持续发展或面临失败风险。

多数家长认为，孩子年满 18 岁已长大成人，考入大学不在身边，可以不再操心费心，从而放松对孩子的培养和管理。但从多年的观察发现，一些孩子在报考志愿时没有明确的方向，不清楚报考哪所学校或学习哪类专业。主要原因是没有建立人生目标，没有对人生进行深入规划。

一些孩子升入大学后，存在船到码头、车到站的思想，放慢自己前进的脚步，不再像高中那样刻苦学习，一晃几年过去。到了毕业时期，考研失败，就业无门，一事无成，没有学到真正本领，无脸见江东父老。甚至一些考入名校的孩子，大学生活结束后也可能沦为平庸，不能继续学习深造，被迫找个不理想的工作或者被迫失业！

加强孩子大学生活的管理，可以产生良好的效果。比如，一位同学的孩子高中毕业后升入大学。开学前，这位同学和孩子讲：如果你在大学一年级能够当上班长、大学二年级能够加入中国共产党，等等。同学将为孩子在就业后提供 200 万元购房首付款。大学四年之中，孩子大一当上班长、大二加入中国共产党、大三被保送读硕士研究生。由此可见，帮助孩子树立目标的重要性。人生的成功或某一阶段的成功，确立明确的目标是基础，没有目标会失去动力和方向。

前面提及，人生的每个阶段都有其重要作用，尤其是在没有能力驾驭人生时，切忌偷懒。否则，将会受到惩罚。大学时期相当重要，前面提到在大学时期失败的例子，对一些高考升入名校后沦为平庸的孩子来讲，表面上看是失去继续深造的机会或者没有找到合适的工作。但从其内心深处来讲，对孩子自信心的打击和对人生的影响可能是不可估量的！自信是成功的基础，考入名校的孩子，在小学、中学时期建立了个人自信，大学时期如没有获得成功，会压榨其自信心，十多年来努力建立的自信可能会荡然无存，还可能产生自卑心理。比如，看到升入普通大学的同学，通过努力考入名校的硕士、博士，自己除心理失落（产生落差）外，还会产生自卑感。如不能及时进行纠正和改进，与其他同学的差距会越来越大，可能一生碌碌无为，大学时期不努力学习会付出惨痛代价！

如何才能将辉煌延续，让人生不走偏、不走丢、不掉队呢？个人认为，应在大学时期明确学习目标和发展方向，充分利用大学时光，打好人生的基础。谈青年时期培养的初衷和目的，在于让学习成绩不够优秀的孩子，通过大学时期的努力，确立人生方向，建立人生自信，打好人生基础，获得深造机会或顺利走向社会，成为对社会有用之才！让学习成绩比较优秀的孩子，在大学时期更加努力学习，成为国之栋梁。每个孩子都是祖国的未来，每个孩子都不应该掉队！

孩子在读大学后，来自家庭的关爱应持续或延续。孩子像父母手中的风筝，不论飞得再高再远，线永远留存在父母手中。孩子长大成人后，在情感方面更加需要家庭的温暖。建立和保持良好的沟通和交流，能够促进与孩子感情的维系和发展，让孩子深刻感受到距离虽然增加，但来自家庭的爱没有减少，反而更加浓烈，爱在心间又在身边！在儿子大学时期，我与儿子一直保持微信联系，每天一个问候的信息，让孩子深感父爱如山。通过经常性的信息交流，能够保持良好的父子和母子关系。在大学时期，家长除了关心孩子的冷暖和学习成绩外，应更加关注孩子的心理成长和人格培养。可以和孩子一起探讨人生、社会、未来、规划等，也应涉及“三观”、政治观点和人生价值。让孩子了解作为成年人应该关心、关注的重点，感悟生活和学习。大学阶段，对孩子认知能力的培养尤为重要，应特别注重。

第一节　大学时期应做好的主要事情

大学时期是人生的关键时期，应为步入社会储备能量。大学是成年人的小社会，人与人交往变得理性而复杂。与中学时期相比，情商更加显现。在中学时期，学习书本知识的能力比较重要，而在大学时期，情商变得越来越重要。大学时期是人们情商和智商充分体现并融合的第一阶段。

个人认为，大学生作为“天之骄子”，应树立宏伟目标，建立报国之志！一是建立目标。即在大学时期结束时个人应实现的目标。二是提高分析问题和解决问题的能力，为生活与工作打好基础。三是参加活动，锻炼口才，提高交往能力。四是做好体育爱好的巩固延续。五是大学时期是“开悟”的时期，应努力提升

"悟性"。六是积极向党组织靠拢。

一、建立大学目标

每位学生升入大学后，都应对自己的大学生活进行规划。比如，大学时期做些什么？基本目标是什么？最高目标是什么？在本科毕业后攻读研究生还是参加工作？是在本校继续深造还是到更高更好的学校学习？等等。大学时期是提高自学能力的关键时期，应在目标的引领下增强学习的自觉性，努力提高学习能力。大学时期是人生最美好的时期，对年轻的孩子们来讲，大学时期的重要性不言而喻，千万不可因为"打游戏"而荒废学业，打游戏成瘾等于"慢性自杀"。

二、提高分析和解决问题的能力

大学时期不仅是学习理论和专业技能的时期，也是思考人生道理的重要时期。人为什么活着？为什么努力？承担着什么责任(个人的、家庭的、社会的、国家的)？悟人生、悟自然、悟世界，是"开悟"的时期。为什么这样说呢？作为成年人，大学生具有一定的生活经历和思考能力，应努力增强"悟性"。通过"悟"提高认知能力，指明人生方向。在大学学习中不可再沿用中学时期的学习方法，重点提高思考能力。前几天，与某大学一年级中文专业的学生谈及学习方法。比如，对民俗科目的学习。学习的重点在于思考学习民俗的目的是什么？不能简单地记忆民族服饰、习俗等，应将学习民俗的作用上升到传承中华民族文化的高度，通过民族文化融合，感悟民族团结的意义，了解制定民族政策的基础和依据，等等。应加强思考与分析，坚持学以致用，以用促学。

三、丰富理论知识提高工作能力

一是为工作和生活打下坚实的理论基础。不论大学后步入社会（走向工作岗位）或者继续学习深造，均需要坚实的理论基础。对专业理论应学深学透，深入学习理论的真谛，全面了解事情的过程和本质，达到融会贯通的境界。二是提高运用能力，坚持学以致用。对计划在大学后走向工作岗位的人来讲，学习理论知识应做好与实践的结合，重点学习专业技能，以便在参加工作后熟练掌握和运用。

四、提升沟通交流能力

大学是成年人的聚会。大学校园是文化、知识、智慧交织与融合的综合性场所。大学校园是小社会，大学生之间的交往与工作后同事相处道理与方法相通。多年实践发现，大学时期沟通交流能力强的孩子，走向社会后大多比较出色。交流能力是人类社会最基础的能力，人生离不开与他人的交流。木讷的人、不喜欢与人打交道的人、沟通交流能力差的人，会失去一些人生机遇，难以取得社会的认可。

在大学时期，应积极主动思考人与人之间的关系，交往的真正目的和作用，储备工作和生活能力，以便步入社会后快速融入社会。建议孩子们在完成学习任务、获得优秀学业的同时，积极参加学校、班级组织的活动，加强人际交往与沟通，提高沟通交流能力、协调组织能力、与人相处的方法与技巧，丰富人生智慧。当然，大学生是相对单纯的群体，同学们之间没有真正的矛盾和对立，应珍惜同学情谊、同窗情谊、师生情谊、校友情谊。丰富、深厚、美好的情谊，会让人生更加绚丽多彩。

五、继续培养锻炼身体的爱好

在给儿子的第一封信中，曾讲到人生的三件事情。一是锻炼好自己的身体，保障自己生活幸福。二是把主业做好。学生的主业是学习，应努力学习收获好的成绩。参加工作后的主业是工作，努力在工作中有所成就。三是给自己创造良好的生存环境(主要是人际关系)。在高三时期，为了高考冲刺大多孩子不太注意锻炼身体。一般情况下，进入大学后学习任务不再像高三时那么沉重，学习也不再那么劳累，可以延续和巩固锻炼身体的习惯。锻炼身体和养生重在意识和习惯，让锻炼身体和注重养生成为习惯。比如，学习或看书一段时间后起身活动一下。在爱护自己的眼睛方面，坚持不长时间地看书或在睡觉前远眺十分钟，都可以起到较好的作用。再如，在等待同学时，可以利用几分钟的时间压压腿、扭扭腰，活动一下筋骨，不放过锻炼身体的任何机会，等等。

六、积极向党组织靠拢

政治成熟是成年人的重要表现。政治就在我们身边，不是遥远而不可及的事情。作为中华人民共和国的公民，政治意识不具有选择性，爱国爱党是基本要求。中国共产党是伟大的政党，已经过历史和事实证明，优于世界上其他一切政党。人生贵在修行，一个有着高度修养的人，会体现出“人性”的光辉。

个人认为，“党性”修养，优于人性修行。中国共产党是为全天下最大多数人而奋斗、让世界更加美好和谐的政党。积极向中国共产党靠拢，加入优秀的团队，正“三观”、走正道，应让自己在政治方面尽快成熟，牢牢把握自己的人生，不偏离正确的轨道。请相信，只有为他人而努力时，才会最大化地激发自己的潜能，“人性”的光辉才会更加耀眼，人格魅力才会最终实现！

第二节　对“前后、左右、上下、内外”理论和实务解析

前几年，在坚持做人做事原则性与灵活性的基础上，悟出“前后、左右、上下、内外”做人做事的理论与实践运用，并对“前后、左右、上下、内外”的理论内涵、方法运用进行了阐述。与身边人分享后，被几位研究生“戏谑”为“前后左右”哲学思想，能够启发朋友和亲人感悟人生，提高能力。个人认为，“前后、左右、上下、内外”除具有一定的理论内涵外，也属于方法论的范畴，在具体事务中，通过“前后、左右、上下、内外”的思考，可以帮助我们发现一些生活和工作的方法。

一位好友曾与我交流，其在缺少写作思路时，运用“前后、左右、上下、内外”可以丰富和提高对工作的认识，借鉴“前后、左右、上下、内外”方法论部分，会产生写作思路和灵感。近两年，这位好友通过运用“前后、左右、上下、内外”，认识能力和工作能力大幅提升，近期得到提拔重用。下面，与大家分享“前后、左右、上下、内外”（八字诀），启发大家提高对世界的认识，完善和丰富学习、生活、工作的方法，促进形成自己的思想体系和方法体系，提高综合管理能力。

一、对“前后、左右、上下、内外”的理论探讨

个人认为，前后、左右、上下、内外”八字相生相伴，“前

后”两字形成一条线，与“左右”两字组成一个面，加“上下”两字可以建立“三维空间”，添加“内外”两字，共同形成“宇宙”概念。

（一）对“前”和“后”的认识

1. 对“前”和“后”的理念探讨

个人认为：“前”是人们认识和看待事物的思维定式和行为偏好。“后”与“前”对应，表示一个事情的两个方面，同时，前后又是相互包含、相互对应的矛盾体、辩证统一体，彼此不可分割。“后”与“前”相对应，是对思维定式和行为偏好（行为活动）产生结果的纠正。运用“后”字，我们可以提前对行为活动产生的结果进行判断，是否能够实现想要的结果，是否能够达到我们做事的初衷！常言道：好心做错事，讲的也是这个道理。

运用“后”分析问题，可能会规避好心做错事问题的发生。优点和缺点都是双刃剑。比如，你长得高大帅气，用“前”字看是优点和优势。但是，如果用“后”字分析可能是缺点，因为容易被他人嫉妒。另外，“后”字暗含着后退、以退为进的策略。俗话说“人往高处走，水往低处流”，大家习惯这么认为，但人往“低处”走，也可能很有道理，不可否认其正确性。

比如，有的人惦念家人，从大城市来到小县城工作，也可能干出一番天地，既能为国尽忠，也能为老人尽孝，难道不正确吗？再如，大城市的人为了生态环境建设，拥有一定钱财后不在大城市里享受生活，而到祖国的大西北植树造林，造福子孙万代，这难道不正确吗？这里的“前”，不是向前看的前，是人们对事物或事情认识的固化模式或固有认识，在日常生活中运用“后”字，反其道而行之并获得成功的案例比比皆是，实为大智慧也！

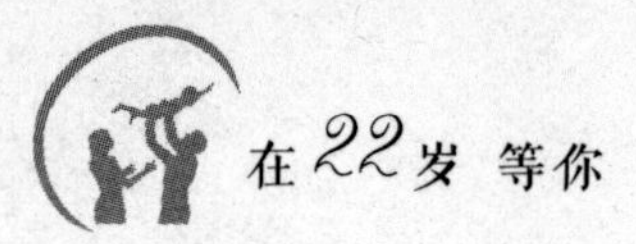

2. “前”和“后”的矛盾统一

多数人认为的“前”，是通过事物的表面特征来认知事物，属于矛盾的普遍性认知。在认知事物时应兼顾矛盾的特殊性，综合考虑问题产生的诸多因素或潜在（包含）的多种元素，能够把事情看得更透彻、更明白、更全面。当然，也会提高我们做人的素质和水平，减少一些祸患。比如，成年人看到十二三岁的孩子，可能会认为他能力不够强，可以通过武力降服他，体现了矛盾的普遍性原理。但如果运用矛盾的特殊性去分析，将会慎重看待这个问题。下面举个例子。某县城有个地痞流氓，一天，其故意向一名少年朋友找茬（欺负小孩子），一开始，这名小朋友还很礼貌地回应并故意躲避，地痞流氓反倒越来越猖獗。最后，小朋友开始反击，三拳两脚把地痞打得哭爹喊娘。殊不知，这位小朋友曾获全国少年武术冠军！这个地痞流氓如果能够运用矛盾特殊性原理进行认知，就不会轻易做出欺负小朋友的事情，更不会自讨苦吃，自取其辱！

仅知道“前”的人，往往会存在偏执倾向，思考问题喜欢钻牛角尖，做事走死胡同。比如，两个人为某事争吵，如果互不相让，不考虑吵架可能带来的不良后果，会一直吵下去。如果考虑到可能出现的不良结果，相互退让而不再争吵，是否会减少一些祸患呢？“前后”两个字能够帮助我们全面地、辩证地看问题，说话做事审慎而为，提高人生智慧，降低生活风险。

3. 对“前”和“后”的辩证认识

这里的“前”，可指人们对事情利害的看法。比如，一般情况下，我们遇到小人、被他人欺骗或者失去提拔加薪机会，均认为是坏事情，但如果考虑到一个事情的两个方面，用“后”的思维去考虑，也可能会是好事情。我们不妨这样去认知：通过失败历练了自己，使自己警醒和反思，发现自身存在的问题，从中找到努力的方向，提高能力让未来的路走得更坚实，让工作和生活更加顺畅，又何尝不是好事呢？再如，一个人得到表扬与肯定、职位升迁、获得奖金。一般来讲肯定是好事情，但如果不用“后”字思考，没有考虑到成绩背后隐藏的问题、困难和危机，眼前的好事情，今后也可能会变成坏事情。正所谓“祸兮福之所依，福兮祸之所附”！

优点和缺点均是“双刃剑”，在日常生活和工作中，我们在考虑“前”所带来良好结果的同时，也应用“后”的理念和意识，预防、降低可能带来的负面影响。当然，运用“前后”两字的辩证思维，也可规避和降低“好心办错事”带来的不良后果和风险！

（二）对“左和右”认识

1. 对“左”和“右”的理论探讨

个人认为：“左右”两字代表横向看问题，是对“前后”思维的发展，也是对“前后”横向和纵向的延伸。“前后”可以看作一条线，这条线横向延伸谓之左右，纵向延伸也可视为“前后”的左右。在十几年前，曾谈及由点组成线，线以点为轴转动可以成为面。但凡学习者，先由一个点、一个点地学起，如果能够把“点”系统地、有机地结合起来学习和运用，会产生“线”的概念。一个只注重学“点”的人，终究不会把“点”学深悟透，可能永远是名工兵或士卒。如果按照“线”的思维学习，考虑事情按条线观察、思考、分析，早晚会事业有成，能够成为某一方面、行业、领域的专家。如果按照“面”看问题，会帮助我们建立大局观（意识）。母亲常提醒我们：“做人做事要滴水不漏！”这是管理人才应具备的素质，更是领导者应具有的基本潜质。

2. “左右”所体现的方法论元素

从方法论来看，“左右”两个字告诉我们横向比较的方法。横向比较是最基础、最直接、最具有可比性的比较方法。为什么说是最基础、最直接的比较方法呢？因为，在一般情况下大家能够想到并运用横向比较方法。比如，男生与男生比、女孩与女孩比、同学与同学比、同事与同事比、年龄相仿者相比、家庭与家庭比、单位与单位比、国家与国家比，等等。

我们应用比较分析方法，衡量自身所处的状况，发现存在的问题，分析问题产生的原因，找出整改与提高的方法和措施。在日常工作中，比较分析是经常运用的方法，银行与企业的经营指标，可以通过与同质同类银行和企业的不同历史时期的数据进行比较，从中找出优势和差距。在进行比较分析时，应注意选择的样本、比较的数据、时期等元素具有可比性，以提高比较分析的科学性和有效性。

3. “左右”寓含着人与环境的关系

通过“左右”我们可以简单和形象联想到“左邻右舍”和“左膀右臂”。个人认为，“左右”是指人们生产生活所依存的基本环境。当然，也寓含着人与环境的复杂关系。人们不可能脱离环境而存在，更好地适应所处的环境是客观要求。但凡失败的人，均是被生存的环境所淘汰，故“适者生存”！

人们所处的环境大致分为三类：一是生活环境。包括人类的生存环境、个人卫生环境和自身交际圈子。比如，人类过度破坏自然环境，来自自然的负面作用会对我们进行惩罚，冰川融化、土地荒漠化、泥石流、干旱、洪涝灾害，等等。人们生活中多一些良师益友，可能会飞黄腾达；如果身边狐朋狗友较多，非失败不可！一个好汉三个帮，凡成大事者均离不开左膀右臂、得力干将或人生智囊。二是学习环境。试想，如果一个学生在校内学习最差的班级中，他的学习成绩能够优秀吗？如果一个学生的周围均是学习成绩较好的学生，并能够相互学习促进，他的学习成绩一定会提高！三是工作环境。工作中更是如此，甚至超过人们的生活朋友圈子。大家明白，如果和身边人搞不好关系，事业将难以成功。因为，身边的人可以帮助你取得成功，也可能把你害得足够彻底。不和你接触的人，不可能了解你的缺点，即使小人预谋加害于你，也要主动接近你，了解你的情况！另外，由于每天和身边人一起生活和工作，他们的优点和缺点都会成为我们的镜子，可以时刻提醒自己少犯错误或不犯错误。

从“左右”两字中，可以悟出团队意识和爱国主义。爱国主义是“左右”两字所寓含理念的最高境界，应热爱家庭、热爱工作、热爱团队、热爱单位、热爱生我养我的一方水土，更要热爱我们的祖国和人民！

（三）对“上和下”的认识

1. 对“上”和“下”的理论探讨

个人认为，“上”代表层级较高的事物，也代表事情发展的结果。“下”，代表初级的或低层级的事物，代表事物或事情的基础。简单地讲，“上”与“下”中存在基础、产生、成长、结果的条线发展关系。对人生来讲，可指人们从呱呱坠地到儿童、少年、青年、中年、老年。对职业生涯来讲，可指从一名职员到老总、从办事员至省部级高官。

“上”和“下”告诉我们，事物具有生存的规律和独立的体系，我们要应用条线思维，系统地看问题，用辩证的、历史的、发展的眼光看问题，把事情放在历史的长河里观察和审视，才能真正明白事情各个环节及其在过程（系统）中的作用。我们常讲

“中华文明上下五千年”，其中的“上下”，存在发展观和历史观。母亲常说“要瞻前顾后”，恐怕也是这个意思。这里的“前后”与第一部分的前后不同，存在“上下”的内涵，是事情产生发展过程中的前和后。我们在对待每一件事情时，应既考虑事情的基础、过程中的环节或要素，又要考虑到事情发展变化的结果。要运用条线思维，系统地、综合地考虑问题，不可孤立地、静止地、片面地看待事情，建立分析问题的体系观和系统性，锻育慧眼，以达入木三分。

2. “上下”所赋予的方法论元素

在对“左右”的论述中，谈到“左右”体现的横向比较。同样，“上下”体现出纵向比较分析。纵向比较是横向比较的延伸和发展。针对横向比较而言，纵向比较属于较为高级的方法，纵向比较增加了因素分析，横向比较是静止的，是对一个点、一个面或同一时期事物进行比较。纵向比较是变化的、动态的比较，不了解事物每个时期的大环境、小气候，难以得出正确的分析结果。如小孩子与成年人相比，还存在哪些不成熟的表现；职员与老总相比，还有哪些能力需要提高；等等。

纵向比较可以增加一些发展的元素，探寻事物事情的发展规律。上下比较适用性更广、元素丰富多彩，对结果的分析更加深入。我们可以通过上下比较，分析成功者的成功因素和人生经历，寻找自己的差距，减少成长的迷茫和困惑，加快成长的步伐。

3. “上下”对人生成败的重要作用

个人认为，“上下”告诉人们想要获得人生的成功，需要走“上层路线”。什么是“上层路线”呢？“上层路线”是指上下级关系中的单位、机构、部门或领导，也包括水平高的人和适合自己发展的大城市（平台）。

2004 年，与一位年轻的同事探讨人生，以一盆鲜花为例探讨人生道理。首先，人生如花盆里栽种的鲜花，花的萌芽、成长、开花、结果、花开花落都具有一定的寓意。平视花盆，花盆里面看不到的部分是土壤和肥料，代表着我们做人做事的基础、根本、能力。一粒种子种在花盆里面能够生根、发芽、长叶、开花，每一步都与我们做人的基础密不可分。其次，如果花盆里土壤营养丰富，肥料和水分充足，这盆花是否可以长得枝繁叶茂呢？是否可以象征一个人做人实在、工作能力突出，人际关系融洽呢？最后，我们能否从一盆花观察到，大多最美最大的花朵，通常会开在花枝的最上头或者最外面呢？它是否可以告诉我们做人做事应走上层路线的道理呢？

个人认为，这里的“上层路线”，包括以下几层意思：一是尊重领导、尊重上级。尊重不等于巴结，尊重别人是做人最基本的原则。二是经常与领导在一起，不一定是巴结领导，也可能是工作需要。主动接近领导能够学到更多、更好、更有用的知识、技能或经验。三是即使怀有讨好领导、占小便宜的意愿，但如果领导和自己都属于正人君子，自己得到了提升，做了官有了权，不以权谋取私利，不因位而骄淫，也未尝不可吧！

一盆花的寓意包含做人做事的道理。比如，想做个好人，应首先弄明白什么是好人，想知道什么是好人，就要去向“高人”询问，经“高人”指点如何做好人。这里的“高人”，是否也可以称之为“上”呢？找小人询问不可能获得如何做好人的答案和方法！再如，开公司、做生意达到一定程度，应学习先进的管理理念，引进高级管理人才，等等。先进的理念、高级的人才，可以称之为“上”！如此等等。

总之，“上下”告诉我们要用历史的、发展的、辩证的眼光看问题，“上下五千年”与“上下”道理相通。用长远的眼光看问题，眼界会宽、格局会大，可以减少人生迷茫。人这一辈子，只有自己活得明白，不做大老粗，明白人生道理，正确理解人生的意义，才能生活的自由自在！

20世纪90年代，社会上流行一句话：“当官一阵，朋友一辈子。”直到现在还有一些人这么认为。这句话乍听起来有些道理，细细品味真的不敢认同。首先，对“当官一阵”来讲，什么叫作当官、什么级别的干部叫作官或者敢称为官呢？其次，对“朋友一辈子”来讲，这句话是存在问题的。试想，我们和朋友感情较好，如果我们的孙子和朋友的孙子感情不好。试问，我们和朋友之间能够高兴和愉悦呢？我们这一辈子的交情算得上可以吗？答案是否定的。

个人认为，有的人看问题目光短浅，除格局因素之外，自私是主要原因。那么，什么是格局呢？审视一个人格局大小，可以通过自私、责任、全面、长远与否进行评判。自私的人、不讲责任的人、看问题片面的人、不顾长远的人，格局都不会大。否则，格局较大。以上四个方面中，自私与否是从生物学意义上分析的，讲责任与否是从社会学意义上分析的，考虑问题、处理问题是否全面是从方法论上分析的，看待事物和事情是否具有长远眼光，是从哲学方面分析的。

在日常生活中，社会上流行的、多数人认同的，不一定正确，我们应有自己的判断，不可人云亦云。凡事皆需要经过大脑思考分析，形成科学的认知或正确的结论，不可熟视无睹，不可视而不见！

（四）对“内和外”的认识

1. 对“内”和“外”的理论探讨

个人认为，“内”是指内部、内因和事物的内在性质及表现形式。与此相对应，“外”是指外部、外因和事物外在性质及表现形式。

一是“内外”包含部分与整体的关系。由于内外共同组成一个整体，就单纯的对“内”或“外”来讲，两者都是其中一部分，两者相生相伴。二是“内外”相互影响、相互作用。我们在运用“内外”认识事物、处理事情时，应注意运用作用和反作用的辩证思维。三是“内外”可以相互转化。多数情况下“内”和“外”是可以相互转化的，也可称“互为内外”。四是“内和外”不属于对立关系。你中有我、你中有我，可以相互借鉴，共同提高。

综合以上分析，“内外”思维能够带给我们全局观念。人一旦有了全局观念，认识事物就会有深度、有高度，处理事情的水平也会达到较高的层级。个人认为，全局观以大局观为基础且高于大局观。从“面”（前后左右）的角度看待事物可以称为“大局观”，加之“上下内外”可以形成全局观念。

那么，我们如何自我培养全局观呢？一是多观察、分析、感悟不同事物、行业等存在的关联性、共同点。通过对一些直观事物内外辩证分析，发现其存在的深邃道理，这里的道理是指相通的道理、普遍规律，也就是“公理”。二是借用外部的智慧，提高内部创造性。比如，把国外的、系统外的、单位外的、部门外的一些好的经验、做法、借鉴到自己的工作之中，将会获得较好的成效。

2. 正确认识和处理内因和外因的关系

当今社会，人们较为浮躁，匆匆忙忙之中，升官发财成为一些人的主业，缺少自我反省，遇到挫折、困难或不顺心的事情，总以各种各样的理由搪塞，甚至把责任推给他人。这里的“他人”，可能是自己最亲近的人。从“内外”的辩证关系分析，外因通过内因起作用，内因在处理事情中起关键或决定作用！为何提及这个简单道理呢？在于提醒大家在浮躁的社会中静下心来，经常性地给自己的心灵洗洗澡，不要在茫茫迷雾中迷失方向，失去自我！我们应紧紧抓住“内因”核心要素，借鉴对外因的综合考量，学习他人正确的待人接物的眼光、策略、方法，借鉴外部因素和自身能力的辩证关系，提高自身综合素质。

3. 正确认识和运用“两个自我”

在《闲来空谈》中已经谈及这个道理，但没有明确地提出“两个自我”概念。个人认为，每个人的躯体和精神都存在“两个自我”，只是平时没有注意或感受到而已。

(1) 站在自己立场上的“自我”

绝大多数人喜欢或习惯按照自己的想法认识自己或看待他人，这是第一个“自我”。

(2) 站在他人立场上的“自我”

站在他人立场上看待自己（第二个“自我”）。如果站在他人的立场上或者换成他人的角度看待自己，是否会出现不同的认知呢？有的人说话做事顾及他人的感受，不自觉地运用了第二个“自我”。孔子曰：“己所不欲，勿施于人”，发展到“己之所欲，亦勿施于人”！经常性地用他人的眼光看自己，有利于我们发现日常看不到的地方，可能会获得意外收获。经常性通过第二个“自我”审视自己，可能会得到更大的惊喜。凡是能够跳出自我束缚的人，应该不会想不开，更不会做傻事。像诸葛亮与司马懿的斗法中，诸葛先生成功运用了两个“自我”的智慧！

(3) 做好自我评价

应科学地进行自我评价，别人眼里的自我与别人口中的自我，不一定是“真我”。他人评价我们优秀，我们不一定真的优秀。他人评价我们水平一般，我们也不一定如此。要运用第二个自我，对自己进行科学的评价，有利于保持初心和本真。比如，我们优秀表现在哪里？优秀的原因是什么？是否做到了足够优秀？自己的优秀能否延续？如何保持和延续？再如，我们表现较差体现在什么地方？差的原因是什么（主客观）？缺点是否致命、优点能否给社会作出贡献？等等。要努力成为真正了解自己的人！如果你是善于伪装的人，他人看到的你只能是表面现象，你的内心活动他人无法了解。

(4) 坚守初心，守望灵魂

当地对人的评价存在“好人”与“能人”之说。个人认为，“好人”的特点表现为品行端正、素质较高、工作能力较强，但不一定获得较高的职位或较多的财富。“能人”与“好人”相反，基本素质可能不太高、工作能力也不一定强，但能够获得较高的职位或较多的财富。

去年和一位朋友交谈，其对人生感到迷茫，主要原因是坚持做人做事的原则和底线，会丢掉或失去眼前的、看得见的利益（职位的提升或经济利益）。我问这位朋友想要做“好人”还是做“能人”呢？做人做事应遵循自己的本心，如果一生以成为“好人”而努力，应用长远的眼光看问题，不在乎眼前的利益，身外之物总是要失去，浮华总会散去，原来看重的事情也可能变得一文不值或者不再重要。只有坚持初心和本心，我们的灵魂才会变得安宁，内心才会保持一分安定，生活和工作也会拥有那份定力。

（五）“前后、左右、上下、内外”对人生的启示

“前后、左右、上下、内外”告诉我们，做人做事要运用矛盾论、辩证法、历史观、发展观等理念，加之善于思考总结，以求达到真我境界。

1. 建立条线思维

学习和工作均应认清事物的发展规律，切忌在具体环节上过分纠缠。要树立正确的成绩观，不以一时一地的得失论英雄，不因一时的失败而沉沦，也不因一时的成功而自喜。要用历史的、发展的眼光看待和评价得失成败。不以历史的、发展的、辩证的眼光看问题，不可能看清弄懂事情的真正价值。当然，也不会把事情做好。

2. 善于研究发现事物之间的联系

凡事皆规律！应认真研究各条线之间的区别与联系，探寻不同种类、不同行业、不同职业、不同层级的发展规律。前面提到条线思维是点线结合，条线以某个点进行旋转，会形成“面”的概念。个人认为，“前后左右”可以形成大局观念，是管理者应具备的基础理念。在一个“面”上可以居高临下，说话做事做到滴水不漏。

3. 牢固树立团队意识

人具有社会化属性，完成大目标、大事情，离不开团队合作，不可能脱离社会。离开团队或没有社会，我们又能算得上什么呢？团队意识和团队精神，可以上升到家国情怀，可以升华到爱国主义。

4. 建立立体、全方位、多维度的理论与实务框架

个人认为，综合运用“前后左右”建立“大局”观念，加上“上下内外”形成全局观念。“前后、左右”组成一个“面”，属于大局观。如1948年9月12日开始，林彪、罗荣桓考虑辽沈战役如何能够做到“三少两多”，耗费时间少、伤亡人员少、消耗物资少，缴获国民党物资多、俘虏国民党将士多，等等。而党中

央和毛主席考虑的问题是辽沈战役为解放全中国能够产生哪些积极的作用。全局观考虑的因素中增加了“上下、内外”元素，增添了国际国内局势和发展变化因素。全局观大多是战略性的，大局观多属于管理层面。大局意识和全局观念存在以下关系：全局包括大局，大局是全局的基础和铺垫。大局服务于全局，全局指导大局。大局固化了边界，内部的因素可以随时变化，但都在大局以内。大局观和全局观的关系，体现了二维平面与三维和四维空间的结合。

个人认为，“前后、左右、上下、内外”做人做事理论体系，既存有“三观”的理论内涵，又具有方法论元素。通过“前后、左右、上下、内外”运用，既可以帮助我们认识世界，提高认识能力，又可以为我们提供改造世界的方法。就方法论而言，可以是三维的、也可以是四维的。思维可以发散，方法可以多元。在前几年撰写的《现场检查三十六计》中，对“前后、左右、上下、内外”理论体系进行了运用，检查方法也包含“前后、左右、上下、内外”方法元素。大家可以在日常生活中品味、运用、实践，形成自己的思想理论体系和方法体系，丰富思想智慧，提高学习、生活和工作能力。

二、“前后、左右、上下、内外”实例运用

“前后、左右、上下、内外”具有一定的哲学道理，属于管理学范畴。前些年，曾和一位德高望重的老人，谈及“前后、左右、上下、内外”可以用于做菜、吃饭、走路等日常小事、琐事时，这位老人说：“是的，哲学适用于一切事情！”

（一）“前后、左右、上下、内外”之生活运用

2017 年 10 月份，一位亲人计划去医院看望其因病住院的表

姑。看望其表姑的背景：这位亲人经营一家公司，其表姑在几个月之前支持资金 20 万元用于公司经营，资金占用时间为三个月，三个月后归还本金，没有偿付相关利息，也没有宴请其表姑一家，这位亲人从内心里感到亏欠其表姑的人情。

某一天，这位亲人问我：去医院看望其表姑购买多少金额的礼品为好？我们用“前后、左右、上下、内外”对此事进行分析。

一是用“前”字分析，评价该亲人欠其表姑人情的价值。借款 20 万每月按 1 分利率计算，三个月的利息应为 6000 元，请客吃饭花费应在 1000 元左右，购买看望其表姑礼物的价值应在 7000 元左右。

二是用“后”字分析。本是出于回报情意，但存在被视为做事“比较势利”的可能。其亲人可能会认为，遇到被帮助才重礼相待，不是亲情而为。可以解释为好心可能办错事。

三是用“左右”两字分析。如果看望其表姑时其他亲人在场，会引起其他亲人的羡慕和妒忌，与其他亲人相处可能带来不利影响。即使看望其表姑时没有碰到其他亲人，购买 7000 元礼品的事情如果被宣传出去，可能会在亲人圈内落下不好的影响（因为没有如此对待其他亲人）。

四是用“上下”两字分析。其表姑年龄 40 多岁，如活到 80 岁还有 30 多年时间。在 30 多年中其表姑可能会遇到大灾小病等事情，是否能够做到每次看望并以重礼相待呢？答案是否定的。如果坚持做到，所付出的代价和承担的压力会相当大！人与人交往的时候，应该坚持不给他人压力，也不要让自己背上包袱。当然，做不到一如既往，就会被人看不起或嫌弃，属于做人的失败。

五是用“内外”两字分析。相对于自己来讲，父母、岳父母、妻子、兄弟姊妹等近亲人是“内”。在看望其表姑的事情上，能否做到对待自己的父母、岳父母等近亲人一样呢？当然，答案也是否定的。如果不能做到会被近亲人嗤笑，这样做人做事不会被亲人认可。当然，也违背了看望亲人增进感情的初衷。

那么，如何做好此件事情呢？一般情况下，在当地看望表姑可以购买价值 500 元左右的礼品，考虑到表姑曾经帮助的因素，可以购买价值七八百元钱的礼物。值得注意的是，为让其表姑不产生误会，在看望时应给表姑讲清楚，等自己有钱了把表姑支持的 20 万元按贷款的市场利率（也可按更高的利率）支付利息。同时，可以在其表姑身体康复或出院后，邀请吃饭以表亲情和谢意。

总之，看望其表姑一事属于亲情范围，应属于“私事”。其表姑帮助资金用于公司周转属于“公事”。人们在做事时应坚持“公私分明”，不可无原则交叉。否则，事情会一团糟。工作中更是如此，更应该公司分明，不可公私不分。私事讲感情，公事讲原则，不可混为一谈！

（二）“前后、左右、上下、内外”之工作运用

前几年，为了解支持地方地方经济健康发展，某市长安排我们单位制定支持地方重点企业的工作方案，市长组织召开专题会议，单位汇报工作方案。全市主要县区政府主要负责人、市级主要部门负责人也参加了会议。工作方案没有下发，会议上仅三份方案，两位市长（副市长）、本单位领导各一份。某日，某局局长来单位索要工作方案，本单位领导安排不可将工作方案外传。单位同事运用“前后、左右、上下、内外”和某局长的一席话，供大家品味。

1. 运用“前后”坚持原则

“前”字告诉我们，某局长索求工作方案，本单位没有理由不向其提供。但是，这个方案仅为初稿，没有实际参考价值。“后”字告诉我们，本单位主要领导不让提供工作方案，但未说明原因。如果对外提供工作方案，会造成没有完成领导交办任务的后果，被主要领导批评或者进行责备。为了本单位的利益，这是应坚守的原则。

2. 运用“上下”找弱点

某局在市里属于重点权力单位，应当给予充分尊重。但可以通过上下寻找其缺点。市长是局长的上级，局长级别和权力均低于市长。可以说：“那天开会时，只有三份，两个市长各一份，这是市长的要求。”

3. 运用“内外”求突破

在不想给予的情况下，可以通过“内外”两字进行应对。俗话说“内外”有别，信息的知悉范围不同，可以通过“保密”要求来婉拒。比如，目前方案还属于保密阶段，而且市长在会后提出对方案严格保密，严控知悉范围。

4. 运用“左右”和“上下”顾长远

运用“左右”两字，可以考虑今后单位之间的工作配合，单位之间存在“左右”（邻居）的概念。运用“上下”可以考虑今后的工作配合会长期存在，没有必要把因公的问题，产生单位与单位、个人与个人之间的矛盾，应做好相应的解释以缓和紧张气氛。比如：“目前这个方案只是初稿，市领导要求继续修改，主办部门也感到需要修改的地方较多，这个方案没有多大价值。贵局长不能因为一个没有价值的方案，让我们犯错误吧！”

第三节 学习、工作的理论和方法

一、善于文字拆分，丰富理论体系

多年研究发现，通过词语词组拆分，可以提高认识能力。思考的目的是看清事物的本质及内在，拥有自己的思想和主见，以免人云亦云。通过语言文字拆分，可以从中探寻人生道理，丰富和完善理论体系，提高对事情的认知能力，以求真知灼见。下面，以法律、服务、精细化、执行力、跑冒滴漏为例，介绍其存在的道理和知识。

（一）对“法律”的认识

什么是“法”和“律”呢？个人认为，法是道理（法即理），日常生活和行为所遵循的道理。“法”是制定法律的基础，上升到法律程度即为法理。立法的道理或法理一直存在，不论有无法律。什么是“律”呢？个人认为，“律”是监督，包括内部监督和外部监管。立法以后，外部监督将顺应产生。对内而言是对日常行为规范的自觉，也就是自律，所以称之为“法律”。从上面的理解可以看出，制定法律的基本作用是规范人们的行为，每一位社会参与者的自律是归宿是升华，是制定法律的初心。制定法律的目的和初衷不是为了对人们进行惩罚，而是让人们形成规范自觉和自律。当然，有了完善的法律，也是对每个人更多更好的保护。

结合“法理”介绍一下“情理”。我们习惯讲一切尽在情理之中，如果没有“情”，也就不存在“理”。“情”可以称为“情感”，包括亲情、友情、人情，等等。“理”即道理，是人们交往

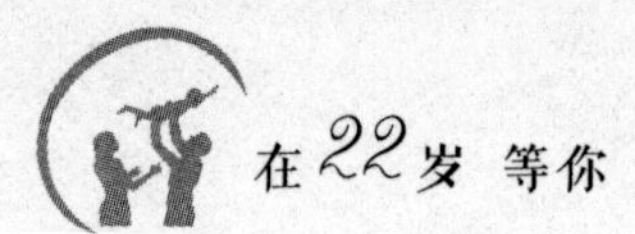

所遵循的道理或规则。比如《老年人权益保障法》，对老人尊敬敬重是立法之道理，老人对孩子进行抚养、教育、关心和关爱，孩子欠老人一份人情，这是对老人尊重和赡养的道理。所以说，法律不是冷冰冰的，法律的建立包含和遵循着“情”的理论，在人们犯了错误之后应该受到惩罚，才会出现“法不容情”。

（二）对“服务”的认识

什么是“服”和“务”呢？个人认为，“服”是信服、佩服、征服、服从或心悦诚服。“务”是义务和实务，是在与他人的交往过程中实施的具体行为。“务”是因，“服”是果，“服”来自“务”。总体上讲，“服”是在“务”的基础上，产生的个人认同和社会认同。科学正确地认识“服务”，可以给工作、生活和带来积极的作用。

以家长给孩子“服务”为例。首先，在孩子18岁之前或没有生存能力之前，抚养孩子是家长应尽的义务和责任，家长如能认识到这一点，可能不会出现遗弃孩子、打骂孩子等问题。其次，要考虑或评价“服务”的效果，如果经常性地审视“服务”孩子的效果，是否实现预期的目的和目标，将不会出现溺爱孩子的问题，家长也会在“服务”孩子过程中成长提升。“服务”具有以下特点：

1. 固有原则

服务无处不在，一般情况下，服务不以人的意志为转移。一是人与人之间、人与物之间都存在服务概念。比如，教育孩子、给人指路、礼让他人、帮助他人，等等。再如，我们住的房子、使用的物品、食物、公园的花草树木，等等，都给人们提供服务。二是“服务”不是服务行业的专利。毛泽东说“为人民服务”，是指公务人员为百姓服务。监管也是服务，各行各业都存在服务。比如，医疗、物流、电力、交通，等等。当然，为他人服务是神圣和伟大的，不应认为所处服务行业就低人一等。在社会管理中，人与人之间是平等的，只有社会分工不同，没有高低贵贱之分。

2. 规矩意识

一是凡事皆标准。服务存在服务的规矩和标准。就服务来讲，服务的内在需求与外在需要决定提供服务应坚持的规矩、规则或规范。否则，应提供未提供、服务质量不高或者不到位，将会受到惩罚。比如，为孩子提供的保护不到位会损害孩子的利益，孩子不能健康和快乐地成长。从某种程度上讲，是对家长进行的变相惩罚。为客户提供的服务质量不高可能会产生投诉。当然，违法违规可能会受到纪律、行政、刑罚等制裁，可能承担民事赔偿责任。

3. “三性”原则

服务应坚持适用性、及时性、有效性原则。一是适用性。在提供服务前应认真研究提供服务所适用的范围、内容和对象，保证服务的适用性。二是及时性。包括提供服务的时限性要求，在服务中提高效率。工作和生活中应坚持“两效”原则，只有拥有好的效率，才会产生好的效果。三是有效性。有效性是从服务方法、分寸和质量来讲的，通过服务让服务对象获得满足感，提供服务者获得成就感。

4. 结果导向

结果导向原则可以提高服务的目的性。提供服务的目的是获得服务对象的认可。

一是服务要兼顾近期、中期和长期目的。在服务时不应紧盯眼前利益，要综合考虑通过服务可能带来的中期、长期影响，更

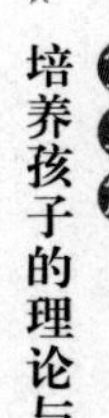

要注重评价服务可能带来的中长期危害或风险。

二是从服务的结果（质量）来看，可以分为高质量、中质量、低质量和无效果。对无效果的服务一定要重视，应从无效果的服务中审视服务人员的态度。当然，无效果的服务一定会产生较大的风险隐患。

三是服务具有相互性。客观上讲，服务是相互的，不存在单独提供的现象。为什么提及这个问题呢？在日常生活和工作中，多数人容易看到为别人提供的服务，往往忽视自己也会从服务中获得收益和快乐。比如，为他人服务好自己会心情愉悦，会获得更多的社会认可。再如，对待使用的物品，如果我们爱惜物品，能够延长物品为我们服务的时限。

四是在特殊情况下，高质量的服务也可能带来不良结果。比如，有的客户不理解，好心办错事。经常听人讲，在当今的社会上，人们不再像之前那么善良。我们在生活和工作中不可丢掉善良，但我们的善良也不可用错地方。

五是防止过度服务。一般情况下，符合服务对象利益的超范围服务会带来好的效果。但也要注意过度服务而导致的相关问题。有的人认为，为客户（孩子）提供的服务越是周全周到，带来的效果就会越好，这是不正确的。当然，为孩子提供的服务应以不降低孩子的主动性为前提。否则，将变成溺爱。每个人、每个单位都有其短板，优势业务要突出，把握好服务的范围、方法和分寸才是关键所在。

（三）对“精细化”的认识

年初，一位机构高管谈起精细化管理的话题。我随口而问：“什么是‘精’？什么是‘细’呢？”这位高管愕然道：“还真的没有进行思考。”大家经常讲的或经常听到的话语，却少有人揣摩。

个人认为，“精”是条线思维和宏观概念，“细”是对点（环节）的思考和微观概念，“精”和“细”你中有我、我中有你，相互渗透和补充。“精”是框架由“细”组成，“精”为“细”提供方向和指导，“细”以“精”为导向。比如，对一个单位的管理，首先应建立管理框架和体系，再从“细”处入手去完善。当然，缺少对精和细的深入研究，难以达到“化”的境界。“精细化”是点线面思维的有机结合！

对机构或单位来讲，“精细化”管理是内部管理与控制的目标和归宿，“精”是建立条线管理理念，对工作事项的产生、发展、高峰、结果进行系统性控制。“精”，要求管理者不断探寻事物发展的规律，建立经营管理思路和框架。“细”是在“精”的前提下对事物发展的环节（节点）控制。“精”是“细”的导向，“细”为“精”的基础，“细”“精”相互服务。“精”决定“细”的高度，“细”决定“精”的宽度。精细化管理是管理的最高境界，总的要求是从“精”处着眼，从“细”处入手，达到或形成管理的高度、深度和广度，从而提高管理的密度和硬度。

精细化管理既是管理的理念，也是管理的方法，通过精细化管理，加强方向指引和减少无效劳动或低效运行，真正提高管理效能。精细化适用于所有内容，是管理学的重要原则和方法。如何提高对“精”的认识，掌握“细”的方法，可以参考“前后、左右、上下、内外”有关内容。工作条线形成之“精”，“细”可以突破单个条线，实现对条线的穿透，在突破多个条线后形成网状管理。“精”与“细”结合起来，形成网状结构，有厚度、宽度和深度、韧度。

目前，社会上讲“网格化”管理，是对精细化最好的诠释。比如，有的人常纠结看问题做事情没有高度，不能获得预期结果。这种情况的出现，大多是把注意力集中在某个点或者缺少长远眼光、发展眼光、辩证思维，没有建立条线思维造成的。不能把一件事情放大到战略全局和管理大局中看待，不清楚环节所起的真正作用或得失取舍，不明白事物发展的规律和本质，不可能把问题看透，出现困惑是必然的。所以说，应首先建立"精"的理念和思维，以指导我们的行为和行动。

性格决定命运，细节决定成败。坚持凡事必于细，但如何没有"精"作指导，越是过于细致越可能带来较差的结果。因为，没有条线思维作指导，不能真正了解细节、环节在事物发展过程中所起的作用。比如，不清楚把细节做到什么程度，当然，也会迷失方向，形成"细而难以出"的魔咒，感到层级较低，永远达不到应有的境界，困惑且痛苦。

没有建立条线思维，不用发展的眼光看问题，会感到格局较小，所以说，我们首先要建立自己的格局！我们身边不乏一些过于细的人，大多女同志心思比较细致，做事情也很细致，但难以成为管理的佼佼者。因为，其所关注的、所做的"细"，缺少"精"的指导，缺少条线思维。比如，家长帮助孩子做事，没有考虑可能会产生的不良后果。有人讲，可以为孩子"服务"一辈子！试想，如果你的孩子没有能力，谁又会给你的孙子服务呢？如果不能用历史的、发展的眼光看问题，拘泥于一时或一地，所做的判断和付出的努力，都可能是低端而没有质量的，还可能成为教育孩子失败的帮凶。

（四）对执行力的认识

1. 对执行力的理解

什么是"执"呢？个人认为，"执"属于理论部分，为"行"做基础，包含制度、依据、要求和认知。"行"属于实务部分，指具体的行动和行为。“执行”是在制度、规定等外力要求或自身职责义务等内因需要的基础上，对日常生活、工作、学习等具体行为的基本要求。执行是人的意念与具体行为或行动的结合。“执行”与“知行”谐音，我们从“执”和“行”的理解中，可以悟到“知行合一”的理念，可见“执行”的重要性。“知行合一”中的知即行，行即知。个人认为，知而不行为不知，行而不知为不行！

什么是“力”呢？是执行的过程、力度、效率和产生结果的效力（有效性）。对人们来讲，执行力是人们获得学习、工作、生活成绩或良好结果的基本要求。建议大家在单位管理、部门管理及个人管理中，学习一些心理学的知识，让自己心理健康和成熟，提高执行力快乐工作。

2. 执行力的本质属性

关于执行力，我在前面曾提及智商分为三部分，分别是学习能力、执行力、认知能力。执行力属于智商的范畴，执行力重在效率。执行力的内容包括行动或行为的效率和效果。一方面，做事情的速度快，效率高。另一方面，实现结果的质量好，效果好。做事“又快又好”是执行力的最好体现。小时候，常听老人讲某人干活又快又好。我也常讲：“没有好的效率，不会产生好的效果或结果。”执行力在智商的三个部分中起着关键作用，学习能力强缺少执行力，也不会获得高分。缺少执行力，不努力探索事物的本质和规律，认知能力也难以提高。广义上讲，执行力是一个过程概念，包括执行的意愿（态度）、执行能力、执行程度和执行结果。

3. 执行力的分类

个人认为，执行力可以分为四个层级，分别是高等执行力、中级执行力、较差执行力和无执行力。一是高等执行力是我们追求的最高目标，也是我们经常说的高质量或保质保量。二是中等执行力是指执行力水平一般，执行结果和质量不高不低，属于中等水平。中等执行力不会产生良好效果，但也不会出现很大问题，处于无功无过的状态。三是差的执行力。从执行力的结果看，处于不及格状态。差的执行力会影响工作、学习和生活，会产生或隐藏一些问题，如果执行力长期较差，终将会导致失败。四是无执行力。是指有禁不止，有令不行，不好的结果会马上出现，长此以往将出现重大风险和问题。日常管理中均可以按照以上四类进行分析和评价，给个人、家庭和单位管理进行及时提醒，并研究和采取提高执行力的方法。

4. 执行力的作用和意义

执行力对人们来讲相当重要，执行力是做人做事获得成功的重要保障。有目的、有想法、有办法，没有执行，一切皆是泡影。执行力是个永恒的话题，会陪伴我们一生，如影随形，无处不在！有的人懂得正确的道理，明白执行的作用和意义，却不付诸行动。有的人制定良好的计划，不去积极执行，从某种程度上讲还不如不懂道理，还不如没有计划。法律上讲知法犯法，罪加一等，就是这个道理。一些人明知故犯，属于从重处理的情节，是不可饶恕的。经常发现一些人做人缺耐心，做事无毅力，三天打渔，两天晒网，正确的道路不能坚持，懒惰思想严重。也经常听到一些家长和老师讲，某同学天赋较好聪明伶俐，但不努力学习，是在执行力方面出现了问题。

（五）对“跑冒滴漏”的认识

一般情况下，多数人听到“跑冒滴漏”都会和企业生产与经营联系在一起。个人认为，“跑和冒”属于该获得（收入）没有获得，"滴和漏"属于支出部分。"跑冒滴漏"在日常生活、学习和工作中普遍存在，无处不在。所以说，正确全面理解"跑冒滴漏"的内涵，有助于加强自我管理，增加事业成功的机会，减少损失和失败的风险。

1. 对"跑"的认识

"跑"是指机会丢失或失去，让成功的机遇溜掉。工作和生活中均存在"跑"的问题。比如，能够出彩的工作没有出彩，能够引起领导认可的工作没有获得领导认可，对领导关注的工作没有做好，应该考出好成绩而没有考出，等等。比如，一项工作在前期做得非常扎实，后期总结或产生结果时没有做好，失去让领导认可的机会。

2. 对"冒"的认识

"冒"是指能力、优良传统、业务水平没有保持、失去控制力或财富外溢。可以表现为以下三种情况：

(1) 能力或优点没有保持、延续或提高

如一杯水。水杯之壁代表控制水的能力，如果控制水的能力不断提高，杯壁会一直向上延伸，至 1 米、2 米……试问，这样的杯子还容易让水外溢吗？当然，不容易产生"冒"的问题。

(2) 片面看问题或能力不够全面

片面看问题或能力不够全面，容易产生"冒"的问题。我们可以把一杯水看作一个方面的能力，10 杯水代表 10 个方面的能力，10 个方面能力相互融合可以形成一个水盆或一个水缸，试问，往水盆或水缸里倒水还容易让水外溢吗？小容器容易"冒"，大容器不容易"冒"。我们不可以满足于"一招鲜吃遍天"，应积极学习、培养和提高生活、工作的综合技能。人们不可以满足于一种技能，而应放在更大的空间、平台上看待自己，最大化地发挥自己的潜能，为社会作出更多的贡献。

（3）骄傲自满，盲目自大

骄傲自满的人最容易出现“冒”的问题，学习如逆水行舟，不进则退。盲目自大与骄傲自满相近，属于“大老粗”，没有长远眼光，也不懂得左右结合内外兼修，必然停滞不前。

3. 对“滴”的认识

“滴”是指看得见的小支出、小损失。“滴”告诉我们，应重视小损失，防止酿成大祸患。比如，有的企业认为自己每年可以赚100万元，损失10万元无所谓。但是，如果长时间地不把一些小损失当回事，会影响管理的精细化，侵害管理层的管理理念，产生粗放经营，最终导致经营失败。再如，有的人不明白小事情积累与大成绩的关系，对一些小问题、小缺点、小差错等不当回事，不注意在工作中树立良好形象，对工作标准定得不高，对自己要求不严。有的人对工作不负责任，不注意收集日常工作中有价值的线索、问题，拿工作制度和纪律不当回事，日积月累必会带来重大损失或损害。

4. 对“漏”的认识

“漏”指漏洞，也可称为看不见的重大风险或损失。比如，地漏，一般藏在阴暗或隐蔽的角落，人们不容易发现。制度漏洞、管理漏洞、致命的缺点一旦被非法利用，将会带来无法挽回的风险或损失。所以说，在管理中应高度关注“漏”的问题，从制度上完善、从方法上控制，一日三省吾身，不断完善自我管理，堵塞漏洞，弥补不足，防止出现重大风险。

从以上分析可以看出，“跑”和“冒”属于“人”的部分，表现为没有抓住机会、保持优势或失去控制能力。“滴”和“漏”属于“支”的部分，是现有资产的损失或消失。前两者是该获得没有得到，后两者是不应该损失而损失，是一个问题的两个方面。“跑、冒、滴、漏”自成体系，包括认识（理论）和方法，可以适用于生活、学习、工作和管理等诸多方面，可以进行深入研读，加强学习、工作和生活运用，减少日常中的“跑、冒、滴、漏”。

上面提到对词语或词组的拆分思考方法，通过对词语的拆分思考，丰富我们的理论知识，提高认识事物的深度和高度，帮助看清事物的本质。在日常生活中，应加强对词语的拆分思考。比如，对“经理”（什么是“经”？什么是“理”?）、“报送资料”（什么是“报”“送”“资”“料”?）等进行拆分。应树立自主意识，不可充耳不闻、不可视而不见，应勤于思考、精于思考、善于思考，敢于大胆创新，从事物深处探索其本源，争取达到融会贯通的境界。

二、对学习、工作的理论探讨

多数人认为，参加工作以后重在实践或运用学校里学习的理论，但少有人注意到在具体的工作中（基层工作）也可以悟出理论或道理。

（一）论宏观与微观

个人认为，宏观和微观均属于相对概念，宏观与微观不分大小，同等重要。任何事情之间都存在某种联系，宏观中有微观，微观中有宏观。宏观是全局观和大局观的总称。比如，社会与家庭比较，社会属于宏观，家庭属于微观。但家庭中也有宏观，一个家庭的发展也存在宏观概念。宏观中存有微观支撑，微观中也具有全面性（宏观）。认知的过程从微观中来到宏观中去，再回到微观之中。工作亦是如此。

在工作中我们会常遇到一些小事情。比如，通过电话下发会

议通知。会议通知主要包括时间、地点、人物、内容等，简单的几项内容具有规律性。经常遇到一些同志不能很好地下发通知，说不清楚，甚至丢三落四。比如，下发通知的规律性在于把时间放在第一位。为什么把时间放在第一位呢？因为，时间具有排他性特点，时间是唯一的，稍纵即逝。地点和人物可以无限制地重复或复制，时间的这个特性，告诉我们一个日常道理，就是要有时间观念，浪费别人的时间等于图财害命！

宏观与微观，大中见小，小中见大。全局中有局部，局部又有全局。我习惯说："能把小事情做到极致也了不起！"通过审视身边人可以发现，能有多少人把一件事情做到极致呢？又有多少人能把简单的话语讲好呢？又有几人能够悟出人生道理，生活的明白自在呢？

（二）对"到位"的认识

日常工作、学习和生活中，经常听到人们讲没有把事情做到位。比如，管理不到位、说话不到位、办事不到位，等等。那么什么是到位呢？个人认为：到位包括四个部分，分别是认识深入充分、思路清晰、方法有效、获得良好的结果，四者缺一不可。怎样做才能做到"到位"呢？下面，以贷前调查为例进行分析。

首先认识是基础。贷前调查的基础是什么呢？这包括贷前调查的目的和意义、完善的信贷管理制度、贷前调查人员的工作能力等。其次思路是统领。这里包含贷前调查的原则、要求和规划。贷前调查的原则和要求是客观、公正、全面和真实。应坚持全面了解并真实反映客户经营管理情况、贷款资金需求、贷款资金的风险、全面及时收集资料、完成贷前调查报告的时限，等等。贷前调查的最重要的作用是收集信息。再次方法是关键。这里的方法包括，如何收集客户全面的经营信息，如何进行分析加工获得真实的信息评价，如何发现企业经营管理中存在的问题，如何分析判断信贷资金存在的风险？等等。最后结果到位。即获得良好的贷款管理结果。

根据以上分析，我们在缺少监管经验或现场检查经验时，如何对信贷业务贷前调查进行检查呢？当然，离不开认识、思路、方法和结果。一是对照贷前调查的基础进行检查。二是对照贷前调查的原则要求和规划进行检查。三是对照贷款的结果进行检查。如果某笔贷款已经成为不良贷款，这笔贷款在管理中一定存在认识、思路和方法等方面的问题。大家可以举一反三，对照其他学习、工作和生活事务进行思考和借鉴，提高认识能力，丰富方法体系。

（三）对自信与自卑的认识

自信与自卑是孪生兄弟，形影不离。个人认为，从心理学的角度讲，自卑由优越感而产生，但说到底是内心不够强大。自信是能力的体现，前面提到小成绩可以带来小自信，大成功能够产生大自信，没有成绩不会产生自信。在生活和工作中多数人会产生自卑心理，这是正常的心理活动。自信可以体现在一个方面，也可以多个方面，综合能力的强大会产生相对多方面的自信。就自信与内心强大相比，自信至内心的强大还有相当远的距离。内心强大是综合概念，是自信的最高境界。

这里，重点谈一下自卑，自卑的产生由以下多个因素导致。

1. 来自比较

比如，出身或家庭问题。出身卑微或家庭条件不好的人，看到同学、同事们家庭经济条件好、不用打拼也可以有车有房，或者家庭社会地位身份不同时，容易产生自卑心理。

2. 能力不足

比如，学习能力、工作能力、交往能力，等等。个人能力的不足可能会产生自卑，能力不足是自卑的重要因素。能力强的人获得成绩多，自卑自然会减少。应特别注意的是，一些起初家庭条件不错的人，在小时候或短时间拥有优越条件，但随着时间的推移，可能不如原先家庭条件较差的人，这种自卑或嫉妒带来的痛苦，其程度难以想象。能力是解决自卑的良药，能力不足会产生挫败感，挫败感是自卑心理的体现。

3. 性格因素

内向的性格容易产生自卑。人们通过社会交往可以改变自己的性格，身边常围聚一些正能量的人，会慢慢产生自信或减少自卑。帮助别人实现自己的价值，也会降低自卑心理。豁达的性格能够降低自卑元素。

4. 经历或阅历不足

经历或阅历的增长会减少或减轻自卑。经历丰富阅历增加能够提高认识能力，能够帮助舍弃一些无用的关注，明白人生道理或看透世事，自卑心也会降低。

5. 生存环境较差

环境对一个人的影响是巨大的，如果你处于精英团队，自信心也可能随之产生。因为，精英团队的优越感是固有和天然存在的，久而久之会形成思维定式，认为自己也是精英。

6. 目标不够远大

在低层级的人群中，如果你的目标远高于其他人，你会建立较大的自信。这种状态虽然很累，但应长期坚持。因为远大的目标必然带来超强的动力。

自信与自卑相对应，自信会给人们带来意想不到的良好结果。但是，观察发现一些人的自信来自经验主义，盲目自信的人也不在少数。盲目自信是无知的表现，无知者无畏！有的人虽是

“草包一个”，但常常表现得盛气凌人、高人一等、看不起他人，甚至拿他人的“缺点”开玩笑，说到底是人品和做人出了问题。这不算自信，可能是无耻吧！内心强大是自信的最高境界！我们应科学地评判自身的优点和缺点，努力让优点更优，补齐短板，切忌盲目自信和自大。要加强内心修行，传递人生正能量，以求获得真正的自信。同时，每个阶段的自信有着不同的内涵和标准，都对人生产生正向影响。

这里谈及自信与自卑的真正目的，在于告诉大家应关心自己的心理问题，年轻的孩子心理不太成熟，经历困难较少，大多心理比较脆弱。建议多看些心理学方面的书籍，走向社会之前应做好心理辅导。近几年，接触到一些“90后”的同事，大多比较优秀，有追求、有目标、有干劲，也有一些心智不太成熟的人，学习能力较低，表现出较多的缺点。请大家加强自我认知，不可盲目自信，也不可无端自卑，弄清自卑的产生原因，对症下药，保障心理健康，找回属于自己的自信，阳光生活，快乐工作，为个人、家庭、团队和社会作出一份贡献。

（四）牢固建立“自主”意识

这里讲的“自主”意识是以自我为中心！以自我为中心体现外因通过内因起决定作用的哲学道理。我们应正确看待以自我为中心的内涵，这里的自我不同于世俗的“自我”。自我为中心是指充分发挥自己的主观能动性，最大化提高自己抵御风险的能力。自主意识可以帮助规划人生方向和目标，不听从于命运或他人摆布。自我为中心还包括自力更生、创新意识、责任担当等内容。下面，简要介绍自我为中心的表现形式。

1. 在认识方面

凡事应有自己的分析和判断，看到的、听到的、学到的理论与现象、方法与技巧，应做到多问为什么，在与实际结合中科学学习、正确运用，牢牢掌控“自我”。即不盲听、不盲信、不盲从，形成自己的理论体系和方法体系。

2. 在学习方面

以自我为中心即增加学习的主动性，应立足一个“早”字。学习知识不可等待老师教，也不可等到年龄大了再学习相应的知识和技能，应开展好自学，自学能力强的人，会获得较好的学习效率和效果。当然，学习的知识越多，会比同龄人更加成熟，能够捕获更多的成功机会。

3. 在生活方面

没有别人更了解自己的身体，不可简单或过分听从他人的养生方法，即使他人的方法很科学，也应结合自身实际情况。因为每个人的身体素质、生活习惯、遗传因素等千差万别。要把自己的心理调节好，生活安排好，身体锻炼好，形成自己的生活规律和养生方法。

4. 在工作方面

应自我反思、自我丰富、自我提高、不等不靠，强化创新意识，开动脑筋，勇于创新。以自我为中心体现着知己知彼的理念和方法。为什么把“知己”放在“知彼”之前呢？因为“知己”是内部因素，我们应清楚自己的情况，与知彼（外因）有机结合，才能作出科学的分析和判断。

5. 天上不会掉馅饼，成功只能靠自己

依赖他人不仅会降低自己的主观能动性，而且终会受制于人。只有理性建立凡事靠自己的观念，才会永远立于不败之地！记得母亲常说的一句话：“靠树树倒，靠山山空，靠海海干”，也是要求做人做事应不等不靠！以自我为中心是自力更生的重要体现。比如，毛泽东在延安时期提出“自力更生”的思想。我们应摒弃“等、靠、要”思想，积极行动起来，自己的问题，终究还要靠自己解决。

这里谈及要以自我为中心的真正目的，在于充分发挥自己的主观能动性，建立属于自己的心理王国和精神家园，创造属于自己的广阔空间。

（五）能力的培养是最大的福利

前几年，悟出家长对孩子、单位对员工的最大福利是培养孩子和员工的生存能力和综合素质。多年来，有的家长在培养和教育孩子方面存在一些问题。过分关注孩子学习成绩，给予孩子物质保障。比如，有的家长将不让孩子“吃亏”体现在物质方面，给予孩子力所能及的物质条件，并想方设法满足孩子的物质需求，而对孩子的精神世界和生存能力关注不够。

在提高孩子能力方面，绝大多数家长要求孩子好好学习、天天向上，但在给予孩子学习方法方面却少有问津。多数领导在工作中习惯于给员工物质奖励或精神奖励，下达工作任务，提出工作要求，但在如何完成工作任务，运用什么方法和提高工作效率方面鲜有涉及。多数新入职员工只能靠自己学习和摸索，严重制约了成长速度，影响了工作效率和工作质量。多年来，一些单位的绩效观不正确，完成任务、多领工资或奖金成为王道，写作能力强的职员越来越少。殊不知，文字材料是单位的喉舌，写作能力差等于把自己与社会孤立开来。

前几年，与一位公司高管交谈，谈及员工跳槽的问题。我提到：我们不仅要关注员工跳槽问题，还应担心员工跳不出的问题

一是员工跳槽说明单位管理方面出现问题。个人认为，员工跳槽的原因主要有以下方面：对工作状态不够满意、工作太忙或

感到太累，对工资待遇不满意或收入较低，对职务职级不满意或感到上升空间被堵塞，等等。总的来讲，是企业（单位）文化出现问题。如果企业文化优良，员工在工作时倍感温暖，心情非常愉悦，彼此之间相互帮助和关心，做人有魅力，做事有能力，彼此像是一家人，员工对单位产生依存度、归属感，和谐的工作氛围，能够减少跳槽的发生。中华民族的维系靠的是什么？是家国情怀和家的感觉！社会上丧失良知的人属于极个别现象，良好的企业文化是留人的重要保障。留人先留心，留人必留心。否则，人们身在曹营心在汉，终究会给单位带来麻烦，甚至会招来灾难。

二是员工跳不出去说明员工能力存在问题。比如，一些单位在招聘时把个别单位人员拒之门外，这是单位管理层级的问题，更重要的是企业文化和员工能力的问题。我曾在本书情商部分提及贵人分三等，凡是主动或愿意教给我们工作经验和方法，能够提高我们工作能力的人都是我们的贵人。在参加工作后，应懂得珍惜和感恩，没有多少人主动帮助我们提高综合能力。古语讲：同行是冤家！教会徒弟，饿死师傅！对此，我不敢苟同！个人认为，不积极主动帮助他人提高能力的人，是自私自利的人，也注定是不善于学习的人！

（六）论心理成熟

个人认为，一个人的成熟可以分为两个方面：一是生理成熟。生理成熟比较容易理解，具有生物意义上的能力，可称为“生理成熟”。达到生理成熟比较容易，给予身体足够的营养或者身体营养稍微不足均可达到。二是心理成熟。心理成熟是一个人成熟的基本条件，也是人类区别于其他动物的重要标志。人具有社会特性，属于社会化元素，心理成熟决定着人们的素质和修养，决定生活的质量。下面简要介绍人们心理成熟的表现（四部曲）。

1. **换位思考**

换位思考是考虑他人的感情、能力、利益等，能够站在他人的角度看待问题，认识自己和世界。换位思考是考量人们心理成熟的基本条件。对人们来讲，当学会换位思考时其心理也开始成熟起来。纵观芸芸众生，大千世界，又有几人主动换位思考，又有几人养成或形成换位思考的偏好或习惯。多数人不喜欢换位思考，有的人甚至一辈子不会换位思考，任着自己的性子来，不顾及他人的感受。一个只顾及自己感受的人，心智是不成熟的。试问，自私的人心理健康都成问题，又谈心理成熟呢？人是社会化动物，不可能生活在“空气”中，不懂得换位思考，不懂得善待他人，归根到底是人性的自私在作怪。

2. **建立责任**

责任心是人们做人做事的基本要求，没有责任心或不讲责任的人，无法与人相处，难以在社会和家庭立足。责任心内涵较为丰富，可内可外、可大可小。“内”可以对自己负责任，“外”可以为他人讲关怀。从小处讲可以为家庭作贡献，大处讲可以对国家和社会讲担当。前几年，为儿子撰写《闲来空谈》，其中收录九十句话语，责任心贯穿始终。比如，有的孩子具有较强的学习能力，但不努力学习；有的孩子在大学时期不讲责任，任意地挥霍爹妈的辛苦钱；有的人总让他人对自己讲责任，却不为他人负责；有的人当了领导有了本领，却不“传、帮、带”；有的人从社会和单位中获得“成功”，却不愿牺牲自己的点滴利益。这些都是缺少责任心的表现。

3. **拥有自信**

建立自信或拥有自信是心理成熟的中上级标志。自信心有大小之分、有部分和全面之分。但是，不管拥有哪个方面的自信，都代表心理成熟和能力的提高。拥有自信的同时，还应增强战胜困难的勇气。我们应敢于面对和战胜困难，勇于自我剖析，努力解决自己、单位、社会存在的问题，让自信心成为生活和工作成功的重要支撑。

4. 荣辱不惊

这是心理成熟的最高境界和标准。一个有梦想、有追求的人，为他人、为单位、为国家、为社会努力奋斗的人，是具有大格局和人生高度的人。能够加强自我修养，坚持一辈子修行的人，敢于奉献人生、乐于传递人间正能量，方能达到荣辱不惊的境界。我们应加强内心修炼，参透人生与世界，舍小我，求大我，以忘我，达真我！

总之，心理成熟与否首先表现在认识方面，其次表现在能力方面。心理健康是心理成熟的基础，一个心理不健康的人，心理难以成熟，还可能存在心理疾病。我们常提及心理阴暗的话题，为什么会出现心理阴暗呢？其原因来自“三观”不正确。君子坦荡荡，小人长戚戚！母亲常提到：君子早晚会遇到君子！人们应不断增强心理控制力，感恩一切美好的事情，传递人间正能量，方能真正享受美好生活和阳光雨露！

（七）建立正确的婚恋观

恋爱来自两性的欣赏与吸引，由生理因素和精神因素引起。近些年来，在大学时期谈恋爱的同学越来越多，但真正了解婚恋目的与责任的较少。个别学生甚至存在不正确的婚恋观，在谈恋爱问题上存在攀比心理。比如，有的男孩在谈恋爱时感觉很有“面子”，有的女孩子未被男生追求感到没有“面子”，都是缺少正确的婚恋观所致。家长和老师应在婚恋方面对孩子进行指导和干预，帮助孩子建立正确的婚恋观，了解恋爱的缘由和婚姻的意义，在婚恋问题上不可儿戏。

常言道："男大当婚，女大当嫁。"但对大学时期的孩子来讲，学习应为主业，把书读好、学习和提高生存的本领应为这一阶段的重点。当然，我们不反对大学生婚恋，但应注意以下几点：

1. 不可荒废学业

应把相互关心、帮助、促进、提高等作为相爱的基本目的，如果恋爱过度影响学习或荒废学业，应终止谈情说爱。缺少正能量的恋爱不会获得好的结果！

2. 不可盲目恋爱

不可随意坠入爱河，不可任性走进婚姻。虽然爱情可以让人失去理智，但在恋爱中仍应保持头脑清醒，应多一分理智。对恋爱对象应严格考查，慎重决定是否进行恋爱。应重点考察恋爱对象的人格人品、责任担当、生存能力等内在元素，不可过分注重外貌长相、家庭背景等外部因素。恋爱中应坚持做人的底线和恋爱基本要求。由于从众心理，简单盲目选择恋爱对象，受到伤害的比比皆是。有的人甚至与多名异性存在恋爱关系，这是不道德的，也是很危险的！由此导致的悲剧并不少见，有的甚至会丢掉性命，教训惨痛！

3. 讲求责任担当，做好自我保护

讲求责任担当，做好自我保护，以免伤害感情和身体。即使走进婚姻也需要自我保护，更何况恋爱呢？恋爱中要对自已负责，应与恋爱对象保持适当的距离，男女同志应注重精神享受，相互帮助提高能力，讲求思想共鸣，追求精神需求。近几年来，大学生与社会青年在谈恋爱问题上较为随意，婚前同居甚至生孩

子的屡见不鲜。个人认为，这是不负责任的表现。大学生应建立高尚的情操，充分考虑言行的后果，严格约束自己的行为，为自己负责、为爱人负责、为家庭负责、为社会负责！

恋爱与婚姻相差甚远，有着不同的内涵和外延。恋爱从不缺少激情，婚姻中多为成熟稳重。恋爱的美好容易获得，幸福的婚姻需要苦心经营。恋爱中两人角色平等，婚姻中存在男女分工。可以将恋爱的缠绵和情话带入婚姻，但不可对恋爱中非原则性承诺在婚姻中较真。凡事皆条件，随着条件的变化男女之间也会发生角色变化。比如，在恋爱中女生特别关注男生对自己照顾，需要男生对自己"甜言蜜语"。男生注重或喜欢女生的美丽与温柔。在婚姻中女人更加需要男人的责任担当，为自己、为家庭"遮风挡雨"。男人更加需要女人贤惠睿智相夫教子。建议在步入婚姻殿堂之前，应做好婚前辅导，充分深入认识婚姻的责任和意义，学习经营婚姻的方法，努力经营方可享受婚姻的美好与幸福。

（八）人生是一部管理学

人这一辈子一直与管理打交道，不论生活和工作都离不开管理。个人认为，管理学的基础是心理学，如果不清楚自己的心理状态，找不到自己心灵的归宿，工作生活会很迷茫。如果不了解他人的心理，不明白他人所想所思，与他人打交道也难以获得良好效果。建议大家学习一些心理学书籍，注意研究自己的心理和他人的心理。人的一生首先是自我管理，不应总想着管理他人，言传身教是最好的管理。当然，把自己管理好的人会更加成功和完美。我们应不断增强自我管理能力建设，管控好每日的思想和言行，严以律己，一日三省，加强自我教育、培养、改进和完善，从自我管理中实现自我提升，将自我管理用于学习、生活和工作，呈现更加完美的自我！

（九）法律意识与底线思维

前面提到“法律”概念。法律是我们言行的基本准则和做人做事的底线。建立法律意识和底线思维，能够帮助我们快乐一生。坚持并强化法律意识和底线思维，能够给我们带来以下帮助。

一是保障一生平安，幸福生活。安全需求是人们生活的第二层次需求，平安是幸福的基础，平安即是福。建立法律意识，遵纪守法，可以免遭违法犯罪之苦。

二是建立法律意识能够帮助获得法律的保护。日常生活中，一些人由于缺少法律意识，不学法、不知法，不懂得用法律武器保护自己，自身受到不法伤害和侵害不报警，不索赔。有的受到伤害后，不懂得保护证据，给公安机关侦查增加难度，甚至让不法分子逍遥法外。

三是建立法律意识能够减少受到诈骗和伤害的次数。一般情况下，诈骗分子喜欢寻找缺少法律意识和知识的人下手，对知法、懂法的人躲着走。

四是建立法律意识能够规范自己的言行，减少、杜绝或中止违法行为。法律知识能够增强逻辑思维、审慎思维和缜密思维能力，帮助我们审慎而行，减少心浮气躁，减少无知行为。法律意识即制度意识，在做事情时首先要寻找其基础和依据。凡事按制度、规定和规矩来，没有依据的事情不要做。

建议在日常生活中有意识地、主动地学习法律知识，并进行贯通运用。在闲暇时间读一些法律书籍，观看一些法律节目，在增长法律知识的同时，帮助建立法律意识和逻辑思维能力。应牢固树立守法光荣、违法可耻的意识，让生活和工作更加富有智慧，更加充满阳光。

（十）做人的高度、厚度和深度

在本书的前言部分提及：人的高度在于格局，人的厚度在于积淀，人的深度在于研判。

1. 格局属于“上下”两字所寓含的道理

个人认为，格局可以用“自私、责任、全面、长远、与否”（十字）概括。因为格局有大小有无之分，所以加了与否。其中：“自私”是从生物意义上讲的，自私的人格局不会大。“责任”是从社会学上讲的，讲责任的人格局大。“全面”是从方法论上讲的，片面地看问题或综合能力不足的人，格局不会大。“长远”是从哲学上讲的，鼠目寸光的人不会格局大。同时，“长远”与否又决定并影响着“自私、责任、全面”与否。格局在于“三观”的沉淀，拥有正确的“三观”“无私”境界、传递正能量的人，能够拥有大格局。格局体现了高度与宽度的结合，有别于胸怀宽广。格局，体现文化底蕴和行为能力积淀。

2. 人的厚度在于积累和沉淀

厚度包含和蕴藏着底蕴，缺少生活的阅历，不注重学习和实践，不注重积累和总结反思的人，不会拥有那份沉重与份量，也不会充满力量。

3. 科学运用方法提高看待事物的深度

看待事物和事情的深度，需要勤于思考、善于思考、精于思考，才可达到融会贯通。思考问题的深度，可以通过提高“悟性”增加，可通过加强分析研判实现。

4. 加强融合实现“三度”统一

“高度、厚度、深度”（三个“度”）应有机结合，保持统一性和整体性。三者的关系是：做人的“高度”对人生起到引领作用，具有方向性、目的性、标杆性。“厚度”讲求积累和沉淀，丰富内涵和外延，包括理论与方法论体系。“深度”主要表现在“做事”方面，适用于对事物认识上，能够看懂事物的发展规律，认识问题深刻到位，表现为看待问题的眼力和功底。

总之，高度与深度属于“上下”部分，厚度属于“左右”部分，我们可以通过深入认识高度、深度和厚度，建立人生基础，确定人生方向。实现做人做事的高度、厚度与深度，非一朝一夕之功，需要长期辛苦地思考、践行和积累，要求我们在日常生活中坚持做到学习和借鉴，不断提升高度、积淀厚度、探寻深度，以求融会贯通，达到完美境界。

三、学习业务和工作的方法

学习是一生的事情，不论阶段和年龄。参加工作以后，对业务知识的学习更为重要。下面简要介绍一些学习和工作的方法，供大家参考。

（一）学习业务知识的方法

学习业务应建立业务管理的体系框架。前面提到“精细化”管理，我们在学习中应建立条线思维，系统地学习业务知识。比如，某项产品出台的背景、产品开办所需要的条件、产品开办过程中可能产生的风险、风险防控方法或办法、可能会出现的结果，等等。一个人如果运用条线思维学习业务，日积月累定会成为这一方面的专家。如果不按照条线思维进行学习，随着知识点的增加会产生混乱，可能导致知识点之间理解困难，从而感到杂乱无章。一个点、一条线，以一个点为基点，线可以转化为面。建立“面”的管理架构是管理者必须具备的，对于“面”可以做到滴水不漏，对“面”上存在的问题或点和线可以尽收眼底。

在工作中应坚持学于无形。比如，向文件、领导、同事学，随时随地地学习和思考，对业务知识应及时进行记录，不定期地归类总结。在学习上应勤奋、用心，坚持疑点不放过，多问“为什么”！

在工作中写作能力相当重要。凡事皆规律，写作也应遵循内在规律和方法技巧。

一是建立文章框架。应坚持框架的科学与逻辑。比如，一篇文章可分为几个部分，几个部分之间存在逻辑关系，文章各部分谁先谁后存在逻辑顺序，不可颠倒。那么，如何进行顺序排列呢？建议从基础开始、掌握过程或丰富内容、回到结果或要求上来。如领导讲话，一般包括召开会议的背景、召开会议的意义和作用、涉及内容、存在的问题、提出要求，等等。

二是文章每一部分也具有逻辑性。谁在前（基础）、谁在中（发展）、谁在后（结果或要求），存在逻辑顺序，也不可颠倒。以高度重视某项工作为例。首先，要提高思想认识。其次，建立（成立）组织。再次，明确运行机制。最后，要明确分工，落实责任。

三是对文章内容进行审视，查看是否符合语言逻辑，用词是否正确、准确，是否词能达意。

有人曾问及不会写文章的原因，个人认为，主要有以下几点：一是对事物事情的认识不充分，不到位。可以运用“前后、左右、上下、内外”对事物事情进行认知。二是缺少对文章写作规律的研究，没有掌握写作技巧。可以对文章按类别进行分析研究，从中掌握其写作规律和技巧。三是语言文字积累不够。学习语言可以观看《新闻联播》，新闻联播所用语言精准性较高，有高度、有内涵。在日常工作中多注意学习和思考，努力积累语言文字，提高语言文字功底。

前些年，总结出工作人员的三大法宝，即“能写、会查、善演讲”。下面，进行简要介绍。

一是“能写”。“能写”是指写作能力，这是工作的基本能力。对单位来讲写作能力是喉舌，所做工作需要文章总结、升华和宣传。对个人来讲，汇报工作、反映工作、总结工作，都离不开写作能力。

二是“会查”。“会查”是指精通业务。检查是每个单位的重要能力，只有业务精通或熟练的员工，才能对他人的工作进行检查和指导，促进单位管理能力的提升。

三是“善演讲”。“演讲”是指沟通交流能力（口才）。沟通交流能力在工作和生活中相当重要，“能写”（文字综合能力强）、“会查”（业务能力强）的人，不一定“善演讲”。多年工作和生活经验告诉我们，沟通交流能力是写、查能力的综合体现和最高境界。“能写”的人不一定“会讲”，“会查”的人也不定“能讲”。既“能写”又“会查”的人也不一定“善演讲”。个人认为，“善演讲”是个人综合能力的最高体现，年轻同志应高度重视“善演讲”能力，热爱生活、勤于思考、善于思考，不断提高自己的理论水平、工作能力，形成自己的理论和方法体系，达到融会贯通，方可达到“善演讲”的境界。

（二）充分利用会议时间学习

一些单位的会议比较多，虽说近几年得到整治，但会议仍然偏多。较多的会议客观上浪费或牺牲了工作时间。由于年轻同志进入工作岗位时间不长，需要学习和提高的业务能力较多，客观上要求年轻同志应充分利用会议时间，学习知识、思考问题、总结经验和提炼方法，提升自己的工作能力。那么，如何利用会议时间呢？

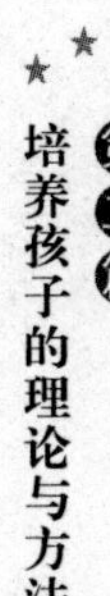

1. 运用因素分析法掌握内容

思考领导讲话针对什么事情（认识方面）、讲话内容是否能够涵盖事情内涵和外延（因素分析）、讲话的语言组织能力如何（语言的方法论），等等。

2. 运用原因分析法求因

分析领导为什么这么讲，讲话内容正确与否（原因分析法）。不可认为领导讲的事情、道理或提出的要求都是正确的。一些领导特别是基层的领导，受多种因素影响，在言语上自我约束不够，讲话能力不强，说话随心所欲，泛泛而谈。有的人讲半个小时，可能管用的话也不多。还有一些领导讲话无新意、无方法、空洞无物、千篇一律。

3. 运用趋势分析法达己

领导讲的内容和自己有什么关系，如何进行学习和运用，从中学习知识，感悟道理，结合生活与工作实践丰富生活智慧，提高工作能力。这是“会听”的关键所在！学习不是有形的、固定的，应学于无形，真正会学习的人不分时间和地点。我们不仅要向水平高的人学习，学习其成功的经验。也要从一些水平低下的人身上借鉴其失败的教训。

总之，在学习上应做到最大正能量，珍惜自己的生命，不浪费一分一秒的时间，这是对人生的基本要求。要让每天的生活具有意义，拥有正能量。这里的“正能量”包括内容较广，如读书（加强个人修养或提高业务知识）、学习（向他人或电视节目学习为人处事之道）、工作（精益求精完成好自己的本职工作）、锻炼（把自己的身体养好）、思考（看到听到的事情，见贤思齐或警示自己）、感悟（让自己心静下来，给自己的心灵做好洗涤），等等。如果坚持每天做一些或者更多正能量的事情，那么你将是一个伟大的人！

（三）与人交往以尊重为先

人与人是平等的。不管你官多高、权多大，金钱财富多还是年龄大，都没有理由和资格不尊重他人。如果你是善良的人，对待弱势群体也要尊重。有的人当个“小官”或挣点小钱，就向天昂头，不可一世，对身边人不屑一顾。典型的小人得志，空虚轻浮，如世间尘埃一样不值一提！人们常说：不尊重老人，是对自己年老时不尊重。不懂得尊重他人之人，说到底是对自己不尊重。

注意交往的态度和细节。人与人交往时态度相当重要，不可表现出轻佻、轻浮和傲慢，不可表现出对他人的不重视，不可表现为高人一等。应和蔼可亲、平易近人、充分尊重他人。与人交往时应全面掌控，包括肢体语言、语速语调等都应把握好分寸。有的人在与他人面对面交流时，习惯翘二郎腿、说话大嗓门、伴有不良小动作等，这都是不礼貌的。与人非面对面交流时，也应注意一些细节。比如，应习惯性地称呼“您好”或“你好”。交谈结束后应等待对方挂断电话。在某些情况下，对方可能存在忽然想起一些事情，我们若挂断电话，会让对方感到不被尊重或不被重视，还可能产生误解或误会。

（四）与“领导”相处的艺术

儿子升入高中后，在给其信中提到人生应做好三件事。一是锻炼好自己的身体（身体是本钱）。二是坚持做好自己的主业（务正业）。三是处理好与周围环境的关系（人与环境）。处理好学习和生存环境，掌握好与领导的相处艺术相当关键。这里讲的“领导”，包括我们的学长、老师、校长和单位的领导。为什么这样说呢？因为上述这些人极有可能成为我们人生的贵人，他们可以帮助我们树立正确的“三观”、丰富业务知识、提高学习能力，也可能认可我们的人品与能力，从而得到提携。

下级服从上级的决定是我们党的基本要求，在单位时尊重领导、服从领导，也是每人的行为准则（领导安排违法违规问题除外）。要与领导处好关系，否则，会失去（减少）学习、提高和进步的机会，人生机遇将会被压缩或侵占。当然，与领导搞好关系不是说与领导走得近，更不是巴结领导。曾有人说：和领导走的近即巴结领导，这种思想存在认识误区。个人认为，“领导”大多德才兼备，有丰富的工作经验与较强的工作能力，领导为单位或部门遮风挡雨，带领大家往前奔，理应受到大家的尊重。比如，与“领导”接触或经常性地向“领导”求工作生活之道术，能够更多地接受领导对自己的指导和帮助，有利于让学习、生活和工作更好，考上好大学、得到领导的赏识等，可能会名利双收，何乐而不为呢？

那么，如何与领导相处呢？下面重点介绍参加工作后，与单位领导相处的思路和方法。

1. 敢于表达自己的观点

在与领导相处过程中切忌“奴才”意识。一些没有修养、没有能力的所谓领导，喜欢下级给自己当奴才。这种人不明白做人做事的目的和方法，可以说：不知前、不知后、更不知左右，不会有好的结局！也有一些“领导”，在上级面前点头哈腰，在下级面前盛气凌人，这样的人做人做事都会出现问题。当然，围绕在他身边的人，也不会真正有水平，往往会出现人未走茶已凉、树未倒猢狲已散的局面。

2. 多思考早打算，为领导当好参谋助手

每一位职员都有为领导当好助手的责任和义务，除把本职工作做好之外，应将对工作的认识、工作中存在的问题、好的工作的思路和方法、打算等，及时向领导汇报，让领导了解情况更全面、更直接、更及时。同时，我们也可以通过与领导的交流获得领导对工作的指点，丰富和提高工作能力。

3. 把握好交流环境和分寸

在与领导相处中尊重是基本要求。向领导汇报工作应多以书面、少用口头，重要的工作更需如此。另外，在向领导提出工作建议时，应多为单独相处之时，讲究说话的语气和方式，可以直截了当，但不可随心所欲。

4. 坚持底线和工作要求

比如，不打听不应知道的事情，说话做事不可太随便。与领导相处多了，会了解一些秘密事情，应做好保密工作。工作中管住自己的嘴，尤为重要!

（五）做好“五行”与工作的结合

个人认为，“五行”是指五个状态，包括阴阳平衡、太阴、太阳、阳转阴、阴转阳。从气候和季节分析，“五行”可分为不热不冷的季节（阴阳平衡）、太阴（冬天）、太阳（夏天），阳转阴（秋天向冬天过渡）、阴转阳（春天向夏天过渡）。

1. 工作中的“五行”表现

（1）阴阳平衡

代表人们想干工作、工作任务不太繁重、工作能够取得成绩、工作压力不大、整个人很轻松、很舒服的状态。这是享受工作的状态，即阴阳平衡。

（2）太阴

是指一个人想干工作却没有任务的时候，闲来无事，无所事事，浪费生命。

(3) 太阳

是指一个人想干工作，但工作太多、太忙、太累的时候，不能享受工作的快乐。常言道："压力太大，心烦意乱。"

(4) 阴转阳

是指工作由少到多的转变。比如，每年的年初单位考核刚刚结束，属于制定年度工作计划、短期内没有重要工作的时候。

(5) 阳转阴

是指每年的年底，各项工作基本完成，从繁忙到相对轻松的时候。如果在工作中从年头忙到年尾，应多加注意身体，因为，太阳会损害阳气！

2. 工作中阴阳不平衡的应对方法

(1) 在工作压力较大时的应对方法

一是建议对自己分内工作进行归纳与总结，通过对工作归纳和总结，寻找和研究工作规律和方法，形成每类工作理论和方法体系。同时，通过对工作的归纳总结，增强对各条线工作的认识，找出各类工作之间的区别与联系，有利于形成大局观，促进各类工作相互补充。

二是把每项工作做个文件夹（包），电子版和纸质版均应保存。就某类工作而言，上级安排的工作存在连续性，在完成某项工作时，之前做过的该类工作的一些材料、信息和方法，具有参考价值。参考这些工作信息和成果，可以节约工作时间、提高工作质量。有的工作任务要求完成时限较短，如果没有基础信息资料，工作质量难以保证。

三是做好工作与学习、生活等事项的有机结合。在工作中应有意识地将工作中获得的理论与方法、所感所悟与学习和生活结合起来，促进提高自身工作能力、学习能力和生活能力，通过努力工作获得综合成绩最大化。从心理上讲，可以减少或降低工作压力，让自己累并快乐着！如果工作中经常被领导表扬，会产生成就感、荣誉感和优越感；不能在工作中获得成绩，会让人感到挫败或绝望。成绩的取得能够培养自信，自信和能力会提高工作效率。另外，越是能在工作中获得成绩，可能更加愿意承担较多的工作任务，这是良性循环。

(2) 在没有工作压力时的应对方法

对年轻的同志来讲，刚刚参加工作不久，这种状态不太常见，应倍加珍惜。这个阶段是丰富知识、充电补课、总结经验、积蓄力量、提高能力的良好时机。应静下心来，深入思考、归纳和总结，深入认识工作意义和工作特点，进一步厘清工作思路，学习工作经验和方法，丰富理论知识，建立方法体系。

(3) 从工作少到工作多时的应对方法

针对工作由少到多、由轻松到繁重的情况，要提前调整好工作状态，特别是做好心理预期，做好迎接重要工作任务的心理准备，防止在工作压力大时出现心浮气躁。

(4) 从工作多到工作少时的应对方法

工作状态由繁重到轻松转变时，应加强对多种工作的归纳总结，积累工作经验，提升工作能力。同时，保持好工作状态。

（六）身体健康标准与工作的结合

凡事皆标准，有的详细有的简单，从身体健康的标准来看，我们可以获得对工作健康标准的启发。

1. 身体健康与“五快、三良好”

中医认为，人的健康标准为“五快、三良好”。“五快”包括以下内容：一是吃得快。这里的快不是指吃饭的速度，而是指面对酸甜苦辣咸的饭菜，什么都想吃、什么都敢吃。二是睡得快

（不失眠）。三是指便得快（不存在排泄方面的问题）。四是说得快。是指讲话思路清晰，语速较快。五是走得快。是指身手敏捷，健步如飞。“三良好”包括人格良好（正确的“三观”和良好的生活态度）、能力良好（器官机体的生理能力）、人际关系良好（具有良好的社交环境）。

2. 工作状态健康与“四快、三良好”

个人认为，工作的健康标准应做到“四快”和“三良好”。“四快”包括工作安排得快、学习领会快、要求执行快、获得良好效果快。“三良好”包括工作心态良好、工作能力良好、工作关系良好。工作中的“四快”“三良好”比较好理解，不再进行解释。日常生活和工作中，我们应把健康标准铭记在心，时刻提醒和评价自己的生活和工作状态是否健康，及时改进生活和工作方法，提高生活和工作能力，享受生活和工作应有的快乐。

（七）过红绿灯与人生、工作的结合

参加工作 20 多年，上下班一直由自行车陪伴。今天和大家分享骑自行车上下班的优点与好处。骑自行车车速较慢，可以观察道路两旁的风景和发生的故事，可以思考在办公室没有完成的工作，还可以锻炼身体保持健康。当然，低碳出行可以为保护环境尽绵薄之力。

前几天，悟到过红绿灯与人生的结合。红绿灯是每个人每天需要面对的交通信号，人生和过红绿一样，应做好以下几个方面：

一是坚守原则和规矩。做人的规矩和底线不可突破，否则，会受到惩罚。比如，通过红绿灯有交规规定，闯红灯会受到处罚。

二是提前规划努力提高。过红绿灯时应提前观看前面的车辆以及绿灯的时间长短。比如，在绿灯时间还剩 30 秒时（如果自己正常通过绿灯需要 25 秒时间），应该怎么做呢？建议前 20 秒尽可

能提高车速，为顺利通过绿灯留下充足的时间。因为，在过绿灯的过程中可能会出现一些自己无法预知的事情。比如，从我们左右两边出现闯红灯的行人或者其他车辆，躲避他们可能让我们失去通过绿灯的机会。

仔细想来，人生也是如此！人生前半期刻苦学习、努力工作，是为人生后半期留下余地。尽可能地往前冲，也会给自己留下生存空间和荣耀时间。青少年不努力，难以实现或获得人生的成功和快乐。通过绿灯时如果还剩余几秒钟，通过绿灯时的感觉比较从容。如果卡着点通过绿灯，人们心理会出现紧迫情绪或感到不安。如果左右出现闯红灯的车辆或行人会相当危险！我们可以将通过绿灯的心境与安享晚年的心境进行比较，是否存在相通之处呢？在年轻时对身体、物质、精神进行积累，安享晚年会多一分从容！

（八）对“入口”和“出口”的运用

个人认为，入口为因、出口是果，入口是事情的基础，出口是事情的结果表现和征兆。入口有背景，出口来评价，工作也是如此。凡事皆有相应背景，票据业务讲贸易背景、信贷业务讲交易背景、会计业务讲结算背景，人们的身体和养生也讲背景。一年有四季，人生讲阶段。春天吃什么、夏天穿什么、秋天如何养生、冬天进补什么，都与时间背景和节气特点密不可分。下面，以学习、身体、工作为例，介绍“入口”和“出口”。

一是对学生学习来讲。学习态度和能力是入口，学习成绩是出口。不论良好的或较差的学习成绩，都应对学习态度和学习能力（入口）进行评价、纠正或提高。二是对身体来讲。身体状态是出口，吃什么穿什么、如何锻炼是入口。不管身体棒或差，均要对吃穿、锻炼、生活规律等进行评价、纠正或提高。三是对工

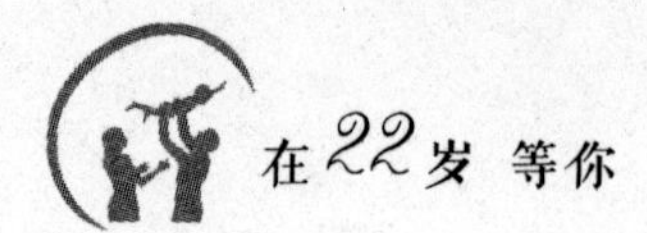

作来讲。工作态度、工作能力和工作方法是“入口”，工作成绩是“出口”。不管工作成绩突出与否，均应对工作态度、工作能力等进行评价、纠正和提高。

“入口和出口”属理论范畴，也包括方法论内容。通过“入口和出口”的辩证认识，加强因素和结果的评价，能够指导我们对获得结果进行原因分析。没有对“入口”的掌控，难以获得好的结果。同时，“入口”又属于因素分析及行为的控制，体现于逻辑分析能力的培养和运用。比如，对银行管理的流动性认识。可以从“入口和出口”进行解释，有入必有出，出来混早晚要还的！能够帮助我们形象地认识流动性的内涵，提高资产质量和运用效果，保持资金的流动性，应付“出口”之需要。在日常生活中也应充分运用“入口”和“出口”的理论和方法，加强对学习、工作和生活的因素与结果的分析判断，把好“入口”关，获得最佳结果。

（九）做人应低调，做事要高调

多数人认为，做人与做事都应低调。我对此不敢苟同！个人认为，做人应低调，做事应高调。

1. 对低调与高调的认识

什么是“调”呢？从字面上讲，“调”是指说话的声调和腔调，高、中、低或大与小。高调与低调用到做人做事方面是指心理状态和生活状态。高调是人们内心高亢和外露表现，把自己的资源与能力完全体现或者超能力表现。比如，一个人没有能力购买豪车，通过向银行贷款或向他人借款购买。低调是内心的谦和与谦恭，外在多表现隐藏成分。低调是对自己的生活、工作、学习能量与状态“打折”处理。比如，在面对他人夸奖学习努力、生活能力强、工作和学习成绩突出时，表示没有做到学习努力或工作生活能力一般，等等。

2. 做人应低调

谦虚与低调意思接近、经常串用。凡事皆条件，低调也是具有条件的。有修养、有成就、水平高、能力强的人，方可称低调。在前面谈及谦虚，谦虚具有条件和标准，人们不可随便称谦虚。当今社会，不知道谦虚道理的人大有人在。有的人学习能力差、工作能力差、成绩平平，又何谈谦虚和低调呢？一段时间以来，网上出现一些优美的段子，如人要向沉甸甸的麦穗、高粱穗、水稻穗等向下低头的果实学习低调，但没有解释其中道理。

个人认为，高与低相对应，只有身处高位才可用低调表现自己。只有处于高位者才可能下俯，如果处于最低位或自身已经趴在地面上，又如何下俯呢？难道要向土行孙学习钻地本领，装出低调不成?！在万事万物的成长阶段，在人们没有做出成绩之前，让其低调而垂下头是不可能的，也不合时宜！迎头赶上，已告诉我们这个道理！成长阶段的麦穗、高粱穗、水稻穗有向下低头的吗？都是向上高昂着头！如果我们的学识和境界均处于刚刚浮于地面，试想再进行低调，是否很可笑呢？谈低调的目的在于除出于自我保护、防止嫉妒外，还要告诉大家“不可人云亦云”的道理。全面、辩证地看问题，方能获得真知灼见！

3. 做事应高调

做事高调体现出做事的态度、积极性、主动性、担当精神和责任意识。可以从影视剧中看懂做事高调的道理。比如，在攻打一个山头时，首长下达命令，执行者均会说一句话：“保证完成任务！”这就是高调的表现。如果说“让我试试吧”，估计领导不会把机会给你，还可能影响军心和士气。试想，在领导安排一项工作时，我们如果不积极去承担任务，不积极向领导争取工作的机会，这样保持低调合适吗？有些人拥有较强的工作能力、工作经验、工作方法，而借口“低调”而不传授年轻的同志，表现上看似不外露自己的能力（看到他人费力摸索而不提供帮助），其实是缺乏善良之心。看似为了“低调”，其实是怕他人学会后超过自己，是不善学习和自私的表现。曾提到真正热爱学习的人，不怕身边人超过自己。身边人水平高了，自己的能力自然会水涨船高。有财富而不施，为不仁也，见朋友遇到困难而不帮助，为不义也。

建议大家在工作和生活中体会“仁义”二字，以求坚持仁义道德，修行自我品德。此外，请牢记嫉妒来自身边的道理，即使清楚谦虚的道理和条件，但在周围环境特别恶劣时或不能改变环境时，应适应环境以求年轻时自保，等到拥有了话语权，再努力改变环境和传递正能量吧！

（十）说话做事不留后遗症

俗话说：“说话做事别后头子沉！”那么什么是“后头子沉”呢？个人认为：“后头子沉”即“后遗症”。后遗症可能是现实的，也可能是潜在的。可能是物质的损失、遭受问责处罚，也可能是心理的不安。怎样才能做到不留后遗症呢？建议努力做到以下几点：

1. 说话做事应经得起推敲

有的人在说话或做事时不遵循道理，不讲究逻辑和方法，简单粗暴不顾及他人感受。有的人说话做事不计后果，图嘴一时快乐或者不能预计可能带来的不良后果。一些激情杀人的恶性案件，大多因为当事人说话不注意、不考虑后果造成的恶果。有些时候，看似一些很正常的话语，仔细思考与推敲后会发现，也存在不符合逻辑和规律的问题。

2. 工作结果应经得起检查

首先，要坚守制度底线，按照规定套路出牌，遵章守纪，不逾越规矩，这是工作的基本原则。其次，做好自我保护。不懂得保护自己的人，不会保护单位或集体的利益。应提高业务能力、综合素质，保证工作质量和效果。工作的后遗症一般表现为工作质量差产生的问责。比如，银行机构出现不良贷款被问责、服务质量差被客户举报、查处违规问题不力被信访等，会产生较大的经济损失、操作风险、法律风险和声誉风险。再次，在管理制度不完善时可以借助于理论。每件事情、每项工作、说话做事都应存在理论基础，制度不完善时，我们可以探求理论、完善理论、创新理论。

3. 做人做事应经得起历史的检验

看事情不可一成不变，更不可目光短浅。要用历史的、发展的、辩证的眼光看问题，切不可让浮云遮望眼。经得起历史检验，主要审视以下几点：做人做事拥有长远眼光还是短期行为，是否体现人格魅力还是小人得志，是否做到虽然不得志但可被后世景仰，还是曾“风光”一时却被后世唾弃。做人做事不留后遗症，是坚持结果导向的具体运用，以结果审视我们的言行。应牢固树立风险意识，充分考虑说话做事带来的不良后果和风险。母亲常说：说话做事要“瞻前顾后”，是防止后遗症的重要理念和方法。

第四节　面试的方法与技巧

为什么提及面试呢？个人认为，面试是学生们走向社会的重要环节，甚至在走向社会后，还要经历不同层级、多种多样的面试。从某种程度上讲，面试比笔试更加重要，通过面试能够考察人们的综合能力。在面试中成绩好的人，往往更加容易取得工作的成功。近十年来，曾给一些孩子讲解面试的方法和技巧，绝大多数能够顺利通过面试。下面，简要介绍一些面试方法。

一、候场时应做好的事情

个人认为，在等待面试时应做好以下三件事情：

（一）保持好仪容和仪表

要坐有坐相，站有站相，不可交头接耳或大声喧哗，表现良好的教养和成熟稳重。为什么这样说呢？在候场时招录人员单位的领导或中层管理人员可能去探班，观察被面试人员的场外表现，提前考察被面试人员的个人涵养或基本素质。如果在候场时不加注意，可能会产生不利影响。

（二）注意了解已面试人员的面试时间

一般情况下，面试前会告知考生面试所需的基本时间。比如，5 分钟、10 分钟、20 分钟，等等。多数情况下，如果面试用的时间超过预告时间，说明参加面试人员面试情况较好。否则，面试情况会较差。比如，预告面试时间为 10 分钟，某人参加面试用时不足两分钟即面试结束，基本可以判定面试失败。通过分析自己和其他面试人员面试所用时间，判断自己的面试情况，对自己面试成功与否做到心中有数。

（三）掌握面试考场内部有关情况

这里讲的有关情况，主要包括面试场所的空间大小、面试官人数、面试官的座次、参加面试人员的座位位置、面试场所门口至座位的距离，等等。可以通过之前面试人员进入和退出面试场所时，观察面试场所的情况。

二、进入面试场所至坐在座位上应注意的事情

（一）弥补身高劣势

比如，女生可以穿高跟鞋或者男生穿“内增高”的鞋子。如果平时没有穿过此类鞋子，应提前进行适应，防止因为对所穿鞋子不习惯而出现扭脚等问题，引发负面影响。在面试时，可能因为某个小动作、小失误导致面试失败。当然，出现意外情形也会影响考生面试的心理状态。

（二）保持走路姿态

注意步幅大小，调整走路的习惯或特点，表现成熟和稳重。如果平时走路步幅太大或太小要进行调整。如果平时走路太快或太慢，也要进行调整。让自己的步幅不大不小，走路不紧不慢。

（三）做好身体与衣服的结合

比如，要求考生着正装参加面试。但对未毕业或毕业不久的大学生来讲，穿着正装的机会比较少，有的孩子甚至没有穿过正装，应提前做好准备。建议孩子在大学期间适时穿着正装，可以避免在面试时穿着正装出现不舒服的问题。有的孩子在面试前选择正装，但会因为时间紧张一时买不到合适的正装，而影响穿着效果。

（四）做好过程控制

进入面试场所，应从面试官所在方位，从离自己最近处环视面试官，走向自己应该坐到的椅子或座位前面（离座位应保持 15 厘米左右）。同时，应注意自己的身体状态，身体应挺胸收腹微微前倾，面带微笑和淡定从容。进入面试场所后，不可目不斜视、低头弓腰、直奔自己应坐的位子。

（五）控制面部表情

在走到面试座位前，向主考官微微颔首并问好，然后坐下。为什么要微微颔首呢？这样的表达动作能够表现成熟状态，显示稳重大方。特别是对女大学生来讲，更能显现女性的内柔、贤达和成熟之美。有人说要鞠躬九十度，以示对考官的尊敬和尊重。个人认为，鞠躬 90 度多出现在古人的拜师礼、祭祀和遗体告别、忏悔、谢罪等情景中。初见考官，考官与考生素昧平生，无功不受禄，何来鞠躬 90 度之大礼呢？这里应强调的是，如果考官在考生所坐位置放两把或多把椅子，考生应坐在什么位置呢？个人认为，不管放多少把椅子，要以坐在主考官正对面为宜。

（六）保持坐姿端庄

坐在座位后，上身要昂首挺胸、微微前倾，下肢应平行而立，两腿不可交叉。男孩子双手可以自然下垂放在两腿之上，女孩子双手应相互重叠放至小腹处。

三、面试过程总体要求

（一）面带微笑

面带微笑除显示自己成熟之外，还能给人美的享受，能够拨动面试官的心弦。在某种程度上，从外表和气质的欣赏，可能会会弥补业务和能力的不足。

（二）不急于答题

在面试官发问后或答题前，应停留 10 秒钟左右，不可马上答题（即使是自己特别熟悉的题目）。为什么这样说呢？稍微做些停顿，能够让自己充分思考题目的内容，理清回答的思路和内容的顺序。当然，也能够让面试官感受面试者的从容和成熟。

（三）坚持逻辑性

说话要具有逻辑性，即使对自己不熟悉的题目，坚持逻辑思维可以帮助获得较好的成绩。可借鉴“原则性与灵活性”“前后、左右、上下、内外”之中的方法论部分。

（四）语速语调适中

语速不可太快或太慢，保持每分钟 230 字左右为好。声音不可太高和太低，声音太高容易让人产生不舒服的感觉，声音太低对方会出现听取困难。讲话吐词应清晰，不可含混不清，切忌嘴里半截、肚子里半截。

（五）语言简洁

回答要直奔主题，切中要害。简洁是智慧的灵魂。两个字可以表达的意思，不用三个字表达。比如，“星期天”（三个字），可以用“周日”“周天”（两个字）来表达。

四、对自我介绍的解读

个人认为，自我介绍主要考察面试人员学习能力、协调能力和人格信息。在自我介绍时，可以参考以下内容：

一是介绍姓名、年龄、毕业于什么学校什么专业，获得什么学位，获得奖学金情况，专业特长、英语水平、获得的相关奖励等。以上是学习能力的结果体现，用不着讲述学习态度。比如，怎样努力学习。

二是在组织协调能力方面，可以谈自己担任学校、学院、班级的干部及参加的相关活动。这里也应突出结果运用。比如，当过校学生会主席、班长等，组织能力毋庸置疑。不需要谈通过什么活动锻炼什么能力，等等。

三是上述内容介绍完毕后，应对个人人格方面进行描述，可以用简短的话语来表现。比如，如果此次面试能够得到各位面试官的认可，有幸被贵单位录取，给自己提供一份体面而有意义的工作，有助于实现孝敬父母、帮助他人、传递正能量的人生梦想。为什么要进行人格方面的描述呢？通过自我介绍，让面试官了解自己的人生价值取向，能够博得面试官和用人单位的好感，为下步面试打好基础。

五、如何应对不被录取

如果考官问如果不被录取，将如何对待？这个题目主要考查考生的心理素质和逆商。这一类面试题目对年轻的学生具有挑战性，年轻人大多没有经历太多的坎坷，奔着被录取的美好愿望而来，如果面试官问这样的题目，大多数人没有做好心理准备，会出现常说的“晕场”。个人认为，可以从以下四个方面应答。

（一）对不被录取的认识

如果不被录取，说明自己在某些方面存在缺点和问题。比如，在理论水平、学识能力、临场应变等方面的存在欠缺。同时，也有可能因为录取指标的限制，没有其他考生更加优秀。

（二）针对不被录取采取措施

在理论能力、知识储备、工作能力等方面查找自己的不足，继续或持续努力学习，迎头赶上。

（三）明确对不被录取的态度

对不被录取略感遗憾，但要感谢招聘单位和考官给予这次面试机会，让自己找到不足和努力的方向。

（四）表达对招聘单位的认同和追求

可以谈今后还将高度关注贵单位招聘信息，如果有机会成为贵单位的一员，将积极报名努力争取。自己认准的事情，不轻言放弃，体现对事业的执着和追求。

六、如何开展某项工作

这类问题目主要考察面试者的工作能力，建议用“认识、思路、方法、结果”（八字诀）进行应答，不论哪类工作，管理是相通的，均可借鉴“八字诀”的内容和方法。比如，入职后如何开展吸收存款工作？

（一）充分认识工作

对存款的内涵及对银行的作用和意义进行认识。存款是商业银行的立行之本，存款是发放贷款的基础，没有存款也就没有贷款（除非拆借资金，当然拆借成本相对较高）。

（二）明确工作思路

思路是什么呢？前面讲到思路是工作原则、要求和规划的总称。就吸收存款的思路而言，应坚持服务客户、与客户交往之中体现诚信和做人的良好人格，并对存款余额和日均进行规划。比如，半年时间完成（达到）多少存款余额。

（三）采取有效方法

吸收存款的方法是体现工作能力的关键。对于刚刚毕业的学生来讲，首先，广泛利用自己的资源。资源包括亲戚、同学、朋友等，并通过资源努力扩大资源的广度。可以通过一个熟人或资源，发展十个熟人或资源。其次，对存款客户进行细分，找出目标客户或客户群体，上门营销。再次，结合贷款或其他业务对客户进行营销，通过贷款或其他业务带动存款的吸收。这是通过为客户提供优质服务而达到吸收存款的关键方法，应长期坚持和使用。

（四）科学评价结果

定期或不定期地对吸收存款工作进行评价和总结，对成功的、失败的、效果好的、效果不好的情况，均要进行总结和反思，建立纠偏机制，及时纠正工作行为，以提高工作的针对性和有效性，通过对结果的评价让工作能力螺旋式上升，从结果导向进行再认识、再提高，不断丰富方法体系，提高思路和方法的有效性，不断提高工作能力。

（五）树立团队意识

但凡工作离不开团队的分工与协作。在日常工作中，应以部门利益、单位利益、社会效益最大化为重，不以个人利益出发，在团队发展中实现个人利益和自身价值的最大化。团队意识，可以帮助我们达到做人做事的较高境界，为发展打下良好的团队基础，为生存营造良好的人际环境，员工之间相互帮助、共同提升体现责任意识、大局意识和奉献意识。

（六）体现感情激情

应建立为人民服务的情感，有感情才会有热情和激情，才会提供高质量的服务。服务不是冷冰冰的，应带着感情去工作。同时，工作中还要有激情，激情能够激发内心的力量，激情会产生动力提高效率。激情能够体现出对工作的热爱，有激情有干劲的人、传递正能量的人，能够获得良好工作的成果。

七、如何认识和应对到艰苦的地方工作

在面试中，考官如问到入职后是否愿意到基层和艰苦的地方

工作，考察应聘者如何认识在艰苦地方工作的意义。个人认为，首先，回答“愿意”。为什么呢？一是如果回答不愿意，可能会产生不尊重考官之嫌。二是面试成功后，也不一定去艰苦的地方去。三是即使由于工作、生活等其他原因，不愿意去艰苦的地方，入职后也可以给单位进行沟通。其次，围绕艰苦地区（基层）的优势和作用进行回答。可以借鉴以下内容：

（一）艰苦的地方能够锻炼自己的意志

去艰苦的地方工作预示着经历苦难。比如，生活条件的艰苦、学习条件差、工作环境一般等。但对年轻人成长而言，到基层和条件艰苦的地方，对一个人的成长能够起到积极作用。常言道：“不经历风雨，难以见彩虹！”一辈子顺风顺水的人，难以成为人才。没有吃过苦的人，没有经过艰难困苦历练的人，不会真正成熟！试问，哪一位伟人不是从基层走来？哪一个没有经历磨难？

（二）艰苦的地方能够快速提高综合能力

在基层工作能够深入一线，了解第一手资料，从具体工作中悟出真知灼见，学习和积累基层工作的经验。不了解基层的人只会“闭门造车”，如“空中楼阁”，不接地气，一辈子也只能作表面文章。前几年曾谈到，没有通过实践检验的理论，不能指导实践的学问，都可能是“伪理论”“假学问”。

（三）帮助建立家国情怀和社会担当

在基层工作与机关工作不同，在基层（市级以下的县城、农村、乡村、山村），直面百姓，直接面对具体问题，与百姓亲密接触能够增强与百姓的感情。近几年，国家越来越重视扎根基层、为国担当、为民服务的干部。只有亲密接触基层，才能倾听百姓心声，真正了解百姓，清楚百姓需要。可以深入了解和接触具体的工作，并通过建立家国情怀展示人格魅力。

（四）艰苦的地方属于相对概念

如果录取到中央部委，省级政府相关岗位也可以称之为“基层”。建议建立辩证思维，提高认知能力。

八、如何对待他人升迁或提拔

比如，有的考官问：“你和某位同志一起入职，其工作能力和业绩均不如你，结果那位同事被提拔，而你没有被提拔，如何看待?”建议从以下方面回答：

（一）正确对待他人对自己的评价

不可简单、片面地理解他人的话语。别人谈我们工作能力强、成绩多，可能属于夸奖和美誉之词。当然，也可能存在他人的能力没有被领导发现，或者我们还不太了解他人的成绩。应通过“前后、左右、上下、内外”客观全面看待和评价自己。要正确对待他人之话语，不可偏听偏信！

（二）岗位存在特殊性

每个单位都存在特殊时期或特殊岗位，那位同事的优点和特点，可能更适合被提拔所从事的工作（岗位）。比如，那位同事是女同志，被提拔的岗位是前台、工会、群工，等等。

（三）查找自己的不足

比如，工作能力、管理能力、专业技术能力、单位认同等。明确改进和努力的方向，全面提高自己的水平。另外，管理岗位重管理能力，自己业务能力强，也不一定适合管理岗位。

（四）端正态度戒骄戒躁

应一如既往地把工作干好，而且要更加努力工作。干好工作是分内的事情，责任使然。应牢固坚持人生初心，做好自己的事情，不贪图浮华和虚名，实现个人价值和人格魅力！个人认为，如果能够认识并做到上述几点，估计离被提拔重用不太远矣！因为你的工作能力和人格魅力已经达到较高境界！

九、如何处理自己被提拔而他人未被提拔

自己得到提拔而他人没有被提拔或重用，这在日常工作中经常遇到。一般情况下，在他人得到提拔而自己没有被提拔时，心情大多不畅，要进行思考和分析原因。建议对该类题目用以下方法进行回答。

（一）客观认识背景

首先，自己得到提拔可能因为自己工作态度好、工作能力强、工作成绩突出，并得到领导欣赏和同志们认可。其次，他人没有被提拔可能是工作态度、工作能力、工作业绩等不够优秀。

（二）掌握科学思路

即处理这项事情的原则、要求和规划。首先，自己得到提拔不可沾沾自喜，应努力回报领导和同志们的认可。在重要的岗位上要更加严格要求自己、刻苦学习、努力工作、带动大家，发挥更大的作用，取得更多、更好、更突出的成绩。其次，他人没有被提拔仅说明他人总体上不够优秀，不能对他人全盘否定。每个人都具有优点，我们要学习他人的优点，不断完善和提高自己。

（三）灵活运用方法

有的考官问，如果没有被提拔的同志有不良情绪，如何应对

呢？可以分为两种情况。首先，对于比较熟悉的同志或感情较好的同事。可以帮助查找问题和不足，提出工作建议并进行关心安慰。同时，应结合其特点进行劝告。如果不喜欢学习和进步，缺少正向追求，除安慰外不可再多说什么。其次，对于感情一般的同志，那就说一些安慰的语言，找找自己的缺点或说一些谦虚的话语。

（四）坚持结果导向

即运用结果导向原则，对该问题进行评价，考量考官在什么情况下问及这个问题，意欲考察我们哪些方面的能力或者哪些人格方面的事情。凡事预则立。首先要考虑事情的结果，以可能获得的结果作为处理事情的导向，形成良好的思维意识和思考习惯，加强思路研究和方法选择，方可取得良好的效果。

十、如何处理紧急性工作或应对突发事件

个人认为，越是急于完成的工作，我们越要沉着冷静。面对突发性事情不要自乱阵脚，不可乱了方寸。首先，要冷静，让大脑高速运转，充分调动自己的精力和资源，积极妥善应对紧急性或突发性工作。其次，要提高工作效率。这是应对紧急性工作的基本原则。在提高效率的基础上有条不紊地开展各项工作。再次，在应对方法上应突出急事急办、特事特办的原则，提高事情处理得紧密性、时效性。当然，处理紧急性工作也离不开“认识、思路、方法和结果”的理论和方法。建议加强对“八字诀”的感悟，提高认识和能力。

十一、如何认识应聘单位

多数情况下，面试考官会问及为什么报考应聘单位，涉及对所应聘单位相关情况的了解。主要目的在于防止应聘者对应聘单

位不了解，入职后不能较好地适应工作或者出现跳槽等问题，给应聘单位带来人员流失或工作被动。当然，也可能考查考生对工作的认识能力。在应聘前对应对应聘单位进行了解，建议在上网了解的同时，向应聘单位同行业的熟人、朋友、家长等进行了解。网上介绍的事项大多比较宏观和笼统，不能帮助我们深入了解有关内部情况。在应聘时，可以多从应聘单位的核心价值入手，表达自己的追求、坚持和梦想。寻找应聘单位的优点，如企业文化、高管能力、团队优势等，增加考官或用人单位对自己的好感。同时，积极反映和表现自己的认知能力、交流能力和综合能力。

第五节　做人做事理论探讨

一、论“大老粗”

在我们当地，多数人习惯于用“农村妇女”来形容说话做事能力不高的人，这句话带有明显的群体歧视。试想，在中国历史上，“农村妇女”培养出多少伟人和贤哲，为国家和民族作出多么大的贡献！试问，有几人的祖辈不在农村？喜欢贬低或看不起他人的人，没有品位和修养。

个人认为，缺少修养、头脑简单、水平低下、人云亦云的人，可以称之为“大老粗”。有的人在看到别人的孩子优秀时，认为是他人孩子努力的结果。如果自己的孩子不够优秀，就认为孩子不努力或不争气。把孩子优秀与否的原因归结到孩子自身，却没有意识到自身存在的问题，如培养方法正确与否、是否做到言传身教、孩子天赋如何，等等。当然，也不会想到他人在培养孩子方面付出的努力和牺牲。

那么，人们为什么会成为“大老粗”呢？究其原因主要有以下几点：一是看待事物表面化，思维简单化。不明白因素分析、原因分析和趋势分析等逻辑分析的道理，缺少主动学习和思考的意识。二是思考问题利我化。这里的“利我”是指不愿向他人学习，不愿提高自己，不愿承认自己的不足。这是虚荣心作怪！当然，也有一些家长在培养和教育孩子方面付出较多，但是孩子仍不够优秀，应从孩子的天赋和基础、培养孩子的理念与方法、学习环境和教育质量、学习习惯与能力等方面查找原因。

人间自有公道，付出总有回报！在培养孩子过程中，家长应加强个人修养、家风培养、能力提升，才能达到良好的效果。我们不可心浮气躁，言行不可简单粗暴，不可情绪化、表面化，应加强自我管理的精细化，且莫成为“大老粗”。现在的年轻人多数学历层级较高，在思考问题、管理工作与经营家庭时，要慎微、慎思、慎行、慎独，切忌看待和处理事情简单粗暴，防止成为“大老粗”，促进自己成长、成熟、成功。

二、论“不图回报”

感恩与回报相伴相生，感恩在于思想，回报在于付诸行动。这里谈“不图回报”是理念认识，属于人生智慧。假如你帮助他人，帮助产生的结果或许算得上大恩大德，如果总想着获得回报，可能会惹来不必要的麻烦，也会违背帮助他人的初衷。

为什么讲“不图回报”呢？主要基于以下考虑。

（一）信息不对称

比如，某一天你因病住院，考虑到被帮助的人已了解到你

"住院"的相关信息。被帮助者应该去医院探望，但是他（她）却没有前去探望。如何看待这件事情呢？

第一，他人可能没有了解到"住院"信息。不可先入为主，认定他人不感恩、不报恩。第二，即便他人了解到"住院"信息，没有来探望也属正常，可能因为忙于工作、家庭事务，难以挤出时间看望。社会是美好的，人心是善良的。王阳明认为，如果自己是圣人会看到满大街都是圣人。如果自己是小人也会把别人当小人。我们不要让自己的灵魂那么不堪，在看低他人的时候，也贬低了自己。

（二）能力不对称

比如，你帮助过的人在节日拜访你，会涉及所带礼物的价值问题。你认为被帮助者生活得很富裕，所带礼物的价值应在500元以上，结果他带了300元左右的礼物（可能过得不富裕）。不要认为他（她）小气，给自己埋下生气或埋怨的种子。

（三）认识不对称

不同的人对事情认知的能力不同，不同的认知会产生或带来不同的反应。比如，我们感觉帮助某人完成一件大事情，且费了很大力气。但是，他人不一定这样认为。可能会认为帮助其完成事情时，没有费多大的劲，也根本算不上大事情。

（四）时间淡化作用

一般情况下，随着时间的推移对感谢之情会有所淡化。比如，一些经常看望我们的人，时间长了不再看望或者不再联系我们，也属于人之常情，不可对他人产生怨言。有的人随着时间的推移越来越看重感情，这是修养较高的人，应更加珍惜与他们的友情和亲情！

总之，帮助他人的价值不可用金钱来衡量。君子之交淡如水，交往切忌庸俗化！回报与否自在人心，做好自己即可，不要让他人的缺点惩罚自己。同时，在帮助他人时应与正能量相结合，不可在帮助中做违背法律、违背道德的事情。对身边的人应以帮助其提高能力、加强修养为重点，不可利用手中的权力获得不义之好处。

当然，如果在帮助他人时以图回报为目的，会让自己走向歧路，可能会把帮助他人之事变为权钱交易、权色交易、权权交易等，违法犯罪不说，也会给家庭和社会带来灾难。如果你是一个有修养的人，帮人存有图回报之心，也将损害个人修行和魅力。不图回报是智慧，不图回报即是最好的回报！不要盯着别人欠自己的那点人情，忘却自己对恩人的感谢！帮助别人应为我们人生的坚持，传递人间正能量应善始善终，帮助他人应从正能量开始，不可以负能量结束！

三、论原则性与灵活性

前面提到对“前后、左右、上下、内外”的认识和运用，是在原则性和灵活性的基础上获得的感悟。为什么还要提及原则性和灵活性呢？因为多数人在理解“前后、左右、上下、内外”（八字诀）时存在困难，将原则性和灵活性的方法进行介绍，可以帮助对“八字诀”的理解和运用。

什么是原则呢？从理论上讲，它是理论与实务的交集。从理论与实务交集（理论之后部分、实务之前部分）来看原则，可以发现原则存在于理论之中，是理论的一部分。同时，也存在于实务中，是实践的理论基础。从辩证的角度来讲，原则中有灵活，灵活中有原则。原则属于世界观的内容，灵活属于方法论的范畴。我们既不能坚守原则教条地处事，也不能毫无原则地进行灵活。原则是一种生活的态度、工作坚持，也是做人做事的总体要求。原则要坚守，灵活要适度，应把握分寸。

比如，一位同事参加单位竞聘（中层岗位）。领导现场提问："××机构擅自变更营业地址应该如何处理？"一是用原则来破题。可以将机构违规分为主动违规和被动违规两个方面。对主动违规明知故犯的，应坚持原则，按照相关法律法规处理即可。如果机构是被动违规，应考虑灵活性。首先，机构被动违规说明监管部门没有将法律法规传导到位，监管工作还存在监管政策传导、机构对法律法规学习不到位等问题。其次，对能力欠缺的一般都会酌情考虑从轻处理。如何处理呢？当然原则还是要坚持，违规就要受到处理，但可以考虑从轻处理。处理的思路是以教育提高为主、处罚为辅，方能达到最佳的效果。当然，在灵活性的使用上，应考虑"达己"，考查自己方面是否存在问题。灵活性的运用应注意理论和实务的结合，充分考虑可能获得的结果。

将原则与灵活有机结合，我们做人做事不会教条、死板，在某种程度上能够帮助提高生活和工作的创造性。任何事情不可能一成不变，在坚守做人做事底线的同时，应加强能力提升。比如，坚持加强自身修养，对非正能量的人和事也不可"嫉恶如仇"，应认识到大千世界无奇不有，多种多样才是其本来面目。十年树木，百年树人，建立理想社会非几辈人之功！我们只要做到加强自身修行，传递人间正能量，做中华民族优秀文化的学习者、践行者、传递者，应心满意足矣！

四、坚持"良知"加强修养

良知，在某种程度上也可以称为"良心"。孟子曰："人之所以异于禽兽者几希。”“几希”是指“恻隐之心”“羞恶之心”“恭敬之心”“是非之心”，这四种与生俱来的道德情感和道德意识，构成了良知的主要内容。“致良知”是开启、扩充、运用人的正能量。良知，自在人的内心，不论圣人与凡愚。

鲁迅先生说：当一个社会道德败坏的时候，一个人能够不为所动，坚守自己的道德，这种人就是民族的脊梁。我们不一定成为民族的脊梁，但应堂堂正正地做人，这根脊梁就是人的良知。社会上为何屡屡出现冷漠、猜忌、良知缺失等不和谐现象呢？个人认为，主要是人与人之间信任感日渐降低，不安全感逐步增强。它一直在抑制我们的良心，遮蔽我们的良知。同时，我们大脑中的现实考虑和利害计较也抑制了良心作用的发挥。

殊不知，我们每个人的命运都是无常的，每个人的生命都是脆弱的，没有人敢放言厄运不会降临到自己头上。在别人危难时伸出援手，你帮助的不仅是现在的他，也可能在拯救未来的自己。当我们下意识地为自己披上坚硬的铠甲时，将难以感受生命的温度。当别人的不幸无法让我们产生疼痛时，在我们不幸时也将处于绝望境地。所以说，冷漠的人是让良知蒙尘，看起来是一种自我保护，其实是一种无形的自我伤害。与其说冷漠的人道德水准低下，还不如说他只是羞于或怯于表达自己的道德情感。如果经常让人们的道德情感自然而然地转化为道德行动，那么我们的良知就会时时呈现，从而体验到一种由内而外的纯净和自足的快乐。

任何社会都不乏抱怨的人和冷漠的人，而极度缺乏行动的人和勇于尝试的人。我们应从一点一滴做起，不管这个社会多么的自以为是，或是对我们采取怎样的态度，也不管别人奉行怎样的价值观，或是怎么看待和评价我们，做一个有良知的人，并且在良知的照耀下过一种健康、快乐、平静、幸福的生活，是我们应始终坚持的事情。我们不需要由他人的掌声来证明我们的良知，也不需要由外在的奖赏来肯定我们的道德。我们要做的事情就是去唤醒身边所有的人的正能量，让所有人的正能量一一汇入宇宙能量的无限脉动之中！开启正能量，就是敢于从社会责任出发，不刻意迎合社会，做一个敢于唤醒良知、引领良知的人，坚持传递人间正能量！

五、锤炼成色实现完美自我

世界上许多人的生活不是自己真正的生活，而是按照别人的标准、在别人的目光中上演的一场秀。他们每天戴上各种各样的面具，去应付各种各样的人，自以为八面玲珑，殊不知早把自己丢掉！这种人表面上看似很会做人，其实是与真正的做人之道完全背道而驰。真正做人应该是什么呢？慎独！慎独之“独”，不仅是独处，更是独知！

人活着首先应关注自己的内心品质，其次才是积累更多的外部生活资料。因为人的总体生活质量的高低，最终取决于内心的感受和评价，而内心品质的好坏，不能由外部的生活资料的多寡来决定。所以，一个人要为自己负责，就是为自己的内心品质负责，因为这是你的独知，除了你之外没有人帮得了你。诚，可以帮你获得良好的内心品质。儒家所说之诚，主要在于一个人的内在品质，如何面对自我、塑造自我，处理人与自我的关系。王阳明说：做人之道，首先是成色，其次是斤两。做人要论成色（内在的人格），不要论斤两（外在的事功）。就好比一两金子跟一千斤金子相比，虽然数量悬殊，但只要成色是24K，就足以无愧了！

人格是指个体在对人、对事、对己等方面的社会适应中行为

上的内部倾向性和心理特征，表现为能力、气质、性格、动机、理想和价值观等方面的整合。“人是什么”比“人有什么”和“他人的评价”重要得多。当拥有不低于社会正常水平的生活保障之后，人们就应该重视自己的人格修养和精神品质，而不能一味地追求更多的物质。在价值观扭曲的社会中，一个人越能锻造强大而完善的人格品质，就越能抵御来自他人和社会的侵袭和伤害，越能提高自己的生活质量。反之，若你坚持在价值观扭曲的社会中追求更大的物质化，就不免承受人格扭曲的痛苦，甚至出卖自己的良心和灵魂。即便真的获得外在的成功，但仍会失去人生最宝贵的东西，也难以感受到真正的幸福和快乐。叔本华说：“对于病态的人，所有的快乐犹如口中的美酒，总带有一股胆汁的苦味。”

人格，首先是道德品质，一个人成功与否都与道德品质有关。社会上总有一些人对道德的认知存在误解，以为培养道德品质是社会的义务，是外在的伦理规范和要求，这是不正确的！道德首先是人们内在的精神品质，只有当它表现于外时，才构成与他人的伦理关系。一个人内在的精神品质，将从根本上决定人生品质。所以说，人们如果想要拥有高品质的人生，就应该拥有高水准的道德。在这个喧闹的世界无论有多少同类，不论走到世界的任何角落，你的内心世界都只有你自己在感受，与你相伴的人也只有你自己！无论善念恶念，他人可能不知，但自己心知肚明。“诚”和“慎独”的本意都是为自己负责，而这里的负责不是一种义务，而是一种权利，这是上天赋予的权利，没有人可以剥夺，也没有人可以越俎代庖。从这个意义上讲，一个真正懂得为自己负责的人，一个致力于提升道德品质的人，就是在享受上苍赐予他的权利，而不是在履行社会强加给他的伦理义务。

我们应锤炼人生成色，经得起人生考验。在浮躁的社会中，越是坚持高尚人格的人，可能越是难以“成功”。一个人越是缺乏良知，越是不择手段，反而越有机会“出人头地”。用经济学语言来讲，叫作“劣币驱逐良币运动”。我坚信这是一种病态，绝非常态！因为一个社会不可能在缺乏道德、信仰和正确价值观的情况下，能够运转自如且长期存在。成功固然需要外部的物质条件，但必定来源于内在的精神品质。同时，恰恰是我们的人格和精神品质得到完善，所折射出来的成功才是健全的、长久的，才真正值得拥有！那种缺乏人格力量支持的成功，只能是病态的、虚假的，也注定不会长久！

结 束 语

历时一年多的时间，终于将这本书写完。用时长的主要原因是平时工作太忙，利用闲暇时间写作，时间难以保证。在写作过程中，对事物的认知得到加深，对生活的感知得到升华。感恩大家对我的鼓励，将点滴感悟写出进行分享。我们应常怀感恩之心，并将滴水之恩当涌泉相报作为行为准则。

那么，如何感恩呢？一是对他人的帮助首先要感谢，向对方表达感激之情。二是将他人对我们的帮助正向传递。他人帮助我们，我们应用同样的办法帮助其他人，向社会传递正能量。三是积极面对别人的帮助，努力提高自己的能力，让关心帮助我们的人以我们为豪，为我们骄傲。四是努力进行回报。通过孝敬老人、嘘寒问暖、帮助解决问题等方式，让我们的恩人生活得更加幸福。写作结束之余，意犹未尽，提四点建议，以求共勉。

一、融会贯通提高综合能力

书中所写理论与方法来自对工作和生活的体会，可以直接用于生活或工作之中。培养孩子的四个阶段，每个阶段的培养方法与工作相通，可借鉴运用。以幼儿时期为例：该部分包括对孩子特点的认识、培养孩子的方法、家长在培养孩子中容易出现的问题、培养孩子的理论探讨。一是在工作中可以了解自己工作的特点（背景、条件、发展、意义），通过对工作特点的认识，可以更加准确地认识工作的本质及工作之间的联系，为做好工作打下良好的基础。你若是公司职员或公司老板，可以分析一下公司所处什么行业、行业的特点是什么、公司发展处于什么阶段。二是工作方法可以借鉴培养孩子的方法。培养孩子属于管理学范畴，工作也需要。比如观察法、行为能力的培养、说话能力的培养、思考能力的培养，与提高工作能力的方法相通。三是培养孩子容易出现的问题。可以学习借鉴他人工作或经营中失败的事例，从中找到应该规避的问题，提前进行预防。四是理论探讨。理论来自实践，足不出户、闭门造车，只能沦为空谈。处于基层和第一线应该从实践中感知、感悟，丰富理论指导实践。不管你学历高低，只要认真实践、用心思考定会获得理论知识。个人认为，不管是工作还是生活，都可以通过思考和总结，悟出工作的方法和人生的道理。理论来自实践，身处一线的人们更有理由通过思考总结建立自己的理论体系，并用于指导实践，为他人、为后人、为社会贡献自己的聪明才智。

二、思考创新提升人生层级

创新是一个人的灵魂，用心是创新的基础。在国家鼓励大众创业万众创新的大好形势下，应多思创新。创新就在身边，即使凡夫俗子也不可妄自菲薄。创新可分为三种类型。一是发明创造。指对新事物、新方法、新思想等进行首创。二是实用新型。是指对产品的形状、构造或者其结合所提出的适于实用的新的方案。实用新型的创新主要体现在提高工作或生活效率上，实用之“用”，在于用的效率和效果。三是外观设计型。是指对产品的外形、图案或者其结合以及色彩与形状、图案的结合所作出的富有美感的新设计。通过外部表面的形象变化，达到美观艺术的效

果，提高物品的品质和附加值。比如，在精细化管理中，条线思维可以让理论体系更加完善、让点线结合更加完美，属于理论和实务创新。我们应用心工作、品味生活，注重思考和总结，不断提高认识能力、丰富理论、创新方法，用于指导工作和生活，提高生活和工作质量。

三、修行戒贪享受人生旅程

写这本书的根本目的在于传递正能量，促进人与自然、人与社会和谐共处协同发展。传递正能量是我们一生的课题，只有修行才能达到。人生总有苦难日，权当风雨来磨炼！把生活、工作、困苦、磨难当作修行，人生是一场旅行，更是修行过程。不能战胜挫折的孩子难以成熟，不经历磨难的人难成大器。我们应保持良好的心态，正确对待自己的得失，才能活出精彩人生，做个对家庭、国家和世界有用的人。不管你身在何处，都要积极阳光生活。内心强大，才能真的天下无敌。能把坏事变成好事的人是强者，能把压力变成动力的人是英雄，能把困难变为成功的人是智者。

人生的意义在于传承，包括生物的传承和文化的传承。修行的目的是传承。在传承之中应努力做到以下几点：

一是不要把任何事情当作手段。读书可以把考上重点大学当成目标，但不能把读书当成手段。工作可以把升职加薪当成目标，但不能把工作当成手段。活着可以把成功当成目标，但不能把生活当成手段。应坚持更宽广、更智慧、更具兼容性的生活态度，坚定目标追求，体验、欣赏和享受事情过程，过好生命中的每一天。

二是绝大多数事情都可以赋予某种意义。当人们面对不喜欢的事情时，如以抗拒的、消极的心态去面对，在处理事情的过程中会痛苦万分。如果以坦然的、积极的心态去承担，告诉自己既然这件事情无法逃避，不如以勇敢的姿态去应对，可能还会有好结果出现。我们应用理性的、智慧的方式，把被动接受且难以接受的事情，变成勇敢面对而且主动承担的事情。

三是坚持一次只做一件事情。一个人想在工作中轻松高效地处理繁杂事务，不仅要养成“一次只做一件事”的习惯，还要有意识地训练一种高度的专注力，那就是当在做一件事的时候，心里就只有这件事，仿佛世界上也只剩下这件事。这种状态是儒家常讲的“敬”，也是佛家常讲的“定”。

四是修行的方法是戒贪。应坚持做到端正“三观”，一生永不贪。在这个世界上，之所以会有伟人与凡夫、先知与俗子的差别，归根结底不在于体力强弱，也不在于智商和情商的高低，更不在于出身的好坏，而在于能量的大小。人类历史上那些在各个领域建功立业的伟人，之所以能够影响世界、改造世界、改变历史，关键在于他们的生命能量比普通人强大的多。他们的生命能量是正确的“三观”带来的，正确的“三观”就是树立远大理想，摒弃自私自利之心，为世界和谐、社会进步、他人幸福而努力奋斗。

五是可以把违背道德、触犯底线的人欲叫作“贪”。贪，是一切邪恶的罪魁祸首。这里的“贪”具有多样性，包括“贪财”“贪色”“贪图享受”！去掉“超出合理范围、违背正当原则的欲望”，坚持一生永不“贪”，就是人生最好的修行！

四、坚持终生学习感悟提高

本书中提到学习是终生的事情，人们大多明白活到老、学到老的道理。个人认为，在学习方面应做到活到老、学到老、悟到

老、提高到老、传递正能量到老！活到老、学到老是学习的习惯和基本要求，“悟”是学习的重要方法，“提高”是学习的目的和结果，传递人生正能量是学习、做人和做事的最高境界。人的一生很短暂，但努力无限、奉献无限、追求无限、传递正能量无限！我们应常怀感恩之心、律己之心、无私之心，以“忘我”之状态，达“真我”之境界，让生活充满阳光，让世界充满希望！

2021年，是我们伟大的中国共产党建党100周年。作为一名有28年党龄的党员，我激动满怀期待这本书的出版，为伟大的“母亲”献礼！同时，也祝愿我深爱的祖国永远繁荣昌盛，祝愿中华民族和中国人民永远幸福安康！